Web移动端开发技术与应用

□ 主 编 付朝晖 刘 亮
□ 副主编 何 晶 宫蓉蓉 刘 立

中国教育出版传媒集团
高等教育出版社·北京

内容简介

本书为Web全栈开发校企“双元”合作系列教材之一，采用“项目导向、任务驱动”的编写模式。本书结合企业前沿技术和案例，内容包含Web移动端开发的需求分析、设计、开发、测试等，对接IT互联网行业，以及企事业单位、政府信息化/数字化部门的移动端网页、小程序等前端、移动端开发岗位。本书站在初学者的角度，以丰富的图解、实用的案例、通俗易懂的语言，用项目任务的形式详细讲解Web移动端开发所必须掌握的技术选型方法、架构设计、跨端开发、小程序可视化开发、产品核心模块代码编写、页面功能设计等。

本书配有微课视频、教学设计、授课用PPT、案例素材、习题答案等数字化教学资源。与本书配套的数字课程在“智慧职教”平台（www.icve.com.cn）上线，学习者可登录平台在线学习，授课教师可调用本课程构建符合自身教学特色的SPOC课程，详见“智慧职教”服务指南。授课教师可登录“高等教育出版社产品信息检索系统”（xuanshu.hep.com.cn）搜索并下载本书配套教学资源，首次使用本书的用户，请先进行注册并完成教师资格认证。

本书可作为高等职业教育计算机类Web移动端开发类课程配套教材，也可作为Web全栈开发职业技能等级标准的培训用书，还可作为有意向从事Web全栈开发、网站开发、网页编程等岗位人员的自学参考书。

图书在版编目（CIP）数据

Web移动端开发技术与应用 / 付朝晖，刘亮主编. -- 北京 : 高等教育出版社, 2025. 9. -- ISBN 978-7-04-063467-9

Ⅰ. TP393.092.2

中国国家版本馆CIP数据核字第2024G30S66号

Web Yidong Duan Kaifa Jishu yu Yingyong

策划编辑 白 颢　责任编辑 白 颢　封面设计 张雨微　版式设计 杨 树
责任绘图 马天驰　责任校对 王 雨　责任印制 张益豪

出版发行	高等教育出版社	网　址	http://www.hep.edu.cn
社　址	北京市西城区德外大街4号		http://www.hep.com.cn
邮政编码	100120	网上订购	http://www.hepmall.com.cn
印　刷	北京利丰雅高长城印刷有限公司		http://www.hepmall.com
开　本	787mm×1092mm 1/16		http://www.hepmall.cn
印　张	18		
字　数	390千字	版　次	2025年9月第1版
购书热线	010-58581118	印　次	2025年9月第1次印刷
咨询电话	400-810-0598	定　价	55.00元

物 料 号 63467-00

“智慧职教”（www. icve. com. cn）是由高等教育出版社建设和运营的职业教育数字教学资源共建共享平台和在线课程教学服务平台，与教材配套课程相关的部分包括资源库平台、职教云平台和 App 等。用户通过平台注册，登录即可使用该平台。

● 资源库平台：为学习者提供本教材配套课程及资源的浏览服务。

登录“智慧职教”平台，在首页搜索框中搜索“Web 移动端开发技术与应用”，找到对应作者主持的课程，加入课程参加学习，即可浏览课程资源。

● 职教云平台：帮助任课教师对本教材配套课程进行引用、修改，再发布为个性化课程（SPOC）。

1. 登录职教云平台，在首页单击“新增课程”按钮，根据提示设置要构建的个性化课程的基本信息。

2. 进入课程编辑页面设置教学班级后，在“教学管理”的“教学设计”中“导入”教材配套课程，可根据教学需要进行修改，再发布为个性化课程。

● App：帮助任课教师和学生基于新构建的个性化课程开展线上线下混合式、智能化教与学。

1. 在应用市场搜索“智慧职教 icve”App，下载安装。

2. 登录 App，任课教师指导学生加入个性化课程，并利用 App 提供的各类功能，开展课前、课中、课后的教学互动，构建智慧课堂。

“智慧职教”使用帮助及常见问题解答请访问 help. icve. com. cn。

前言

本书为 Web 全栈开发校企“双元”合作系列教材之一，由 Web 全栈开发职业技能等级标准起草单位牵头编写。本书结合计算机相关专业的 Web 全栈开发方向课程体系、企业 Web 全栈开发岗位能力模型和 Web 全栈开发职业技能等级标准，以实践能力为导向，以企业真实应用为目标，遵循学生的认知规律和企业软件工程和技术标准，内容包含移动端 Web 开发、Node. js、Webpack、ECMAScript、TypeScript、Vue. js、Bootstrap、响应式开发、微信小程序等 Web 全栈开发中的重要知识单元，并结合案例和应用环境对这些知识单元进行分析、设计和实操，力求使读者真正掌握这些知识和技能，从而在工作岗位中实际应用。

全书包含 8 个项目：项目 1 讲解移动端开发的基本概念、常用适配方案，以及如何使用 Flex 布局实现响应开发；项目 2 主要介绍 Node. js 的安装、配置及使用；项目 3 介绍 ECMAScript 的基本语法；项目 4 对 TypeScript 进行详细的讲解，包括环境搭建、系统配置、基本语法；项目 5 详细讲解 Vue. js 的安装配置、语法基础及高级应用；项目 6 详细讲解 Bootstrap 框架系统，并给出响应式商城首页设计的项目实例；项目 7 介绍微信小程序开发环境的配置、常用标签、常用接口以及 WeUI 框架；项目 8 为综合应用项目，手把手带领读者实操音乐播放器微信小程序。

本书具有以下特色。

在开发音乐播放器微信小程序综合应用中遴选《三门峡畅想曲》《黄河之水天上来》《黄河颂》《黄河船夫曲》《牧童短笛》等我国经典音乐。在学习技术技能的同时陶冶情操，培养审美素养，增强文化认同，推进文化自信自强。

本书遵循先易后难的顺序，有效引导初学者将 Web 移动端开发的知识内容串联起来，培养分析问题和解决问题的能力，使读者能够根据实际功能需求进行编程开发，提高对知识的综合运用能力。如果读者在理解知识点的过程中遇到困难，建议不要纠结于某个问题，可以先进行后续内容的学习。建议读者在学习的过程中多动手练习，遇到问题多思考，理清思路，认真分析问题发生的原因，并在问题解决后多总结。

本书由付朝晖、刘亮任主编，何晶、宫蓉蓉、刘立任副主编，参与本书编写的还有陈丹。

由于编者的时间和水平有限，本书难免存在不足之处，请读者批评指正。

编　者

2025年5月

目 录

项目1 移动端开发基础

学习目标

知识目标

1. 了解移动端开发概念。
2. 了解移动端开发常用适配方案。
3. 了解 Flex 布局实现响应式开发的原理。

技能目标

1. 理解移动端开发与 PC 端开发的区别。
2. 掌握移动端开发常用适配方案。
3. 掌握 Flex 布局实现响应式开发的方法。

素养目标

1. 培养学生的自我认知能力、独立思考能力。
2. 培养随机应变、解决问题的能力。

任务 1-1 移动端开发的基本概念

任务背景

移动端开发是针对移动设备互联网应用的软件开发技术，主要包括 3 种开发方式：

① 移动端 Web 开发——其目标是开发在移动 Web 浏览器中运行的 Web 应用；② NativeApp 开发——使用 Android（使用 Java、Kotlin 和 Object - C 等语言）开发的移动应用；③ HybridApp 开发——将移动 Web 页面封装在原生外壳中，以 App 的形式与用户交互。

知识储备

移动端开发的 3 种方式的特点和区别见表 1-1。

表 1-1 移动端开发 3 种方式的特点和区别

特点和区别	开发方式		
	移动端 Web 开发	NativeApp 开发	HybridApp 开发
开发成本	低	高	中
维护更新	简单	复杂	中
体验	较好	优	较好
客户认可	多	不多	中
安装	不需要	需要	需要
跨平台	优	差	较好

通过表 1-1 可知，移动端 Web 开发方式具有开发成本低、维护更新简单、无须安装、跨平台性能好等优点，并且随着手机等移动端硬件设备的性能提升，以及移动 Web 浏览器对新技术的支持不断更新，该开发方式的用户体验和性能也在不断改善。

任务实施

1. PC 端开发

PC 端 Web 开发主要由 HTML、CSS 和 JavaScript 技术实现，也就需要 PC 端浏览器对以上技术提供支持。其开发内容包括网站页面内容和样式的开发、网站与用户的交互、后台数据的前端呈现等。因此在开发过程中需要注意不同厂家浏览器对前端技术支持的差异化，也就是要考虑网站页面对不同厂家浏览器的兼容性。

2. 移动端开发

移动端 Web 开发虽然使用的技术与 PC 端类似，但是其主要针对的是移动设备的 Web 浏览器。因此在开发过程中需要注意以下两点。

① 移动设备的便携性，其屏幕大小受到很大限制。因此 Web 页面的结构不能过于复杂，应考虑在较小的展示区域中能够以简洁、清晰的方式来展示页面的核心内容。

② 移动设备的交互介质目前主要为触摸屏。因此应考虑在交互过程中，触屏事件与鼠标控制的不同体验感。

任务 1-2 移动端开发常用适配方案

任务背景

随着移动设备（如手机和平板电脑）的普及，移动端 Web 开发需求越来越多。不同于 PC 端的屏幕尺寸，移动端开发的屏幕尺寸较小。因此在进行移动端 Web 开发时首先要解决的就是屏幕尺寸的适配问题。

知识储备

在进行移动端视口适配方案时，首先需要了解视口以及如何用 viewport 标签来设置视口。

1. 视口的分类

① 布局视口（layout viewport）。在 CSS 布局中，通常以布局视口作为参照系来计算的。因此布局视口是网页布局的基准窗口。布局视口只考虑布局，不会有非布局的内容（如滚动条、菜单栏）。根据设备屏幕尺寸不同，布局视口的默认宽度有可能是 768px、980px 或 1024px 等。这些宽度并不适合网页在移动设备的屏幕中展示。移动端浏览器之所以采用这样的默认设置，是为了解决早期的 PC 端页面在移动设备上显示的问题。用户可通过滑动滚动条来查看完整的页面。在 JavaScript（可简写为 JS）中可以通过 document. documentElement. clientWidth 来获取布局视口的大小。布局视口如图 1-1 所示。

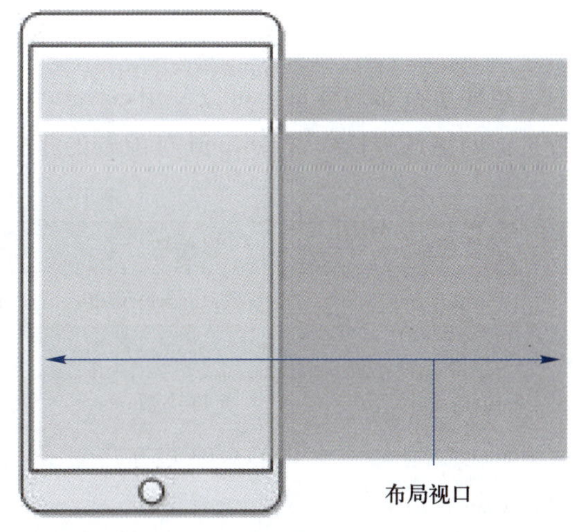

图 1-1 布局视口示意图

② 视觉视口（visual viewport）。视觉视口是指页面当前显示在屏幕上的部分，也就是用户视觉上看到的真实区域（包括滚动条）。需要注意的是，当用户在移动设备中缩放网页时，操作的是视觉视口，而布局视口仍然保持原来的宽度。在 JS 中可以通过 window. innerWidth 来获取视觉视口的大小。视觉视口如图 1-2 所示。

③ 理想视口（ideal viewport）。理想视口是根据设备独立像素大小调整后呈现出的视口尺寸。采用理想视口的方式，可以使网页在移动端浏览器上获得最理想的浏览和阅读效果的宽度。在理想视口下，其大小取决于设备独立像素的大小，并且布局视口的大小和屏幕宽度与之是一致的。这样用户就不需要左右滚动页面。为实现理想视口，需要给移动端页面添加标签来配置视口并通知浏览器处理，在 JS 中通过 window. screen. width 可以获取理想视口的大小。视觉视口如图 1-3 所示。

图 1-2 视觉视口示意图

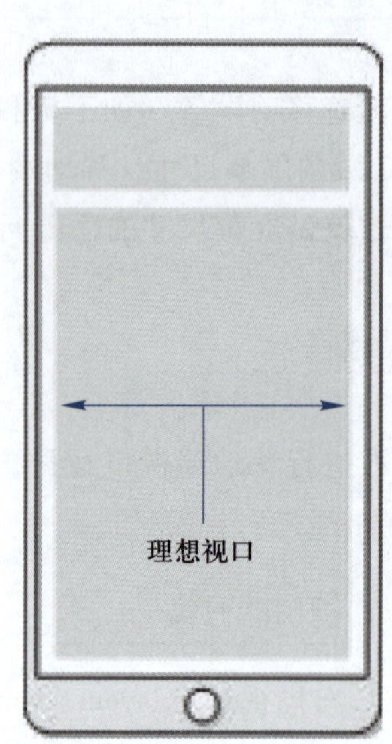

图 1-3 理想视口示意图

想要更改布局视口，可以利用<meta>标签的 viewport 来进行设置。除此之外还可以进行页面的缩放等操作。viewport 可配置的相关属性值见表 1-2。

表 1-2 viewport 属性

属性名称	属性值	描　述
width	正整数/device-width	以像素为单位，定义布局视口的宽度
height	正整数/device-height	以像素为单位，定义布局视口的高度
initial-scale	允许小数	定义页面初始缩放比例
minimum-scale	0. 0~10. 0	定义缩放的最小值
maximum-scale	允许小数	定义缩放的最大值（iOS10 及以上版本无效）
user-scalable	yes/no	设置是否允许缩放（iOS10 及以上版本无效）

注意：

① initial-scale=设备独立像素/视觉视口宽度，其中设备独立像素也称为密度无关像素，是一个可以由程序使用并控制的虚拟像素。

② iOS10 及以上版本设置 maximum-scale 和 user-scalable 无效。

③ initial-scale 和 minimum-scale 是一致的。

④ 部分安卓操作系统的机型不接受“width=具体数值”这样的操作。

⑤ 正常情况下会把 initial-scale、maximum-scale 和 minimum-scale 都设置为 1，也就是不允许用户缩放页面。如果因为 maximum-scale 设置无效，可以通过 JS 代码来禁止缩放。

⑥ 在视口适配方案中使用的视口单位主要包括 vw（Viewport' s Width 的简写，1vw=windows. innerWidth * 1%）、vh（Viewport' s Height 的简写，1vh=windows. innerHeight * 1%）、vmin（vmin 的值是当前 vw 和 vh 中较小的值）、vmax（vmax 的值是当前 vw 和 vh 中较大的值）。

假设移动端页面尺寸为 750px×1334px（宽×高），使用 vw 设计一个宽度为 100px 的 div(class="div1")，示例代码如下。

```
<!DOCTYPE html>
<html>
    <head>
        <meta charset="UTF-8">
        <meta name="viewport" content="initial-scale=1.0, maximum-scale=1.0, user-scalable=no" />
        <title>示例 1</title>
        <style>
            .div1 {
                width: 13.33vw;
                height: 10vw;
                background-color: #000;
            }
        </style>
    </head>
    <body>
        <div class="div1"></div>
    </body>
</html>
```

移动端页面宽度（即视觉视口 windows. innerWidth）为 750px，因此 1vw=750×1%=7.5px，则 100px 对应 VW 值为 1/7.5×100=13.33vw。

注意：

vw 在某些移动设备上有兼容问题。

2. rem 适配方案

rem 是一种相对长度单位，也就是同样的取值在不同尺寸的屏幕上可以按比例缩放显示大小。rem 的英文全称为 font size of the root element，rem 的取值是根据根元素字体大小（即 HTML 元素的 font-size 值）计算出的倍数。

通常情况下，浏览器的默认字体大小是 16px，可以通过实例来理解 rem。首先在<html>标签中设置 font-size：16px。如果在 div 中设置 width：1. 2rem，那么这个 div 的宽度就是 1. 2rem = 16px×1. 2 = 19. 2px。

因此 rem 适配方案的适配原理是：根据不同屏幕的宽度，以相同的比例动态修改<html>的 font-size 以适配屏幕尺寸，并将单位 px 替换成 rem。这样移动端页面就可以很好地根据根元素的字体大小来进行变化，从而达到在各种屏幕上基本一致的显示效果。

假设移动端页面尺寸为 750px×1334px，使用 rem 设计一个宽度为 100px 的 div(class = "div1")，示例代码如下。

```
<!DOCTYPE html>
<html>
    <head>
        <meta charset = "UTF-8">
        <meta name = "viewport" content = " width = device-width, initial-scale = 1.0,
maximum-scale = 1.0, minimum-scale = 1.0, user-scalable = no" />
        <title></title>
        <style>
            html {
                font-size: 75px;
            }
            .div1 {
                width: 1.33rem;
                height: 1rem;
                background-color: #000;
            }
        </style>
        <script>
            var html = document.documentElement;
            var widths = html.clientWidth;
            var num = 10;
            html.style.fontSize = widths / num + 'px';
        </script>
    </head>
    <body>
        <div class = "div1"></div>
    </body>
</html>
```

浏览器根元素字体大小为 75px(<html>的 font-size 值)。因此 1rem = 75px，则 100px 对应为 1/75×100 = 1. 33rem。

注意：

在实际应用中 rem 值不宜设置太小，因为有些浏览器限制了最小字体，计算时会出现偏差。

假设移动端页面尺寸为 375px×1334px，使用 rem 设计完成一个宽度为 100px 的 div(class="div1")，示例代码如下。

```
<!DOCTYPE html>
<html>
    <head>
        <meta charset="UTF-8">
        <meta name="viewport" content=" width=device-width,initial-scale=1.0, maximum-scale=1.0, minimum-scale=1.0, user-scalable=no" />
        <title></title>
        <style>
            html {
                font-size:7.5px;
            }
            .div1 {
                width: 13.33rem;
                height: 1rem;
                background-color: #000;
            }
        </style>
        <script>
            var html = document.documentElement;
            var widths = html.clientWidth;
            var num = 10;
            html.style.fontSize = widths / num + 'px';
        </script>
    </head>
    <body>
        <div class="div1"></div>
    </body>
</html>
```

浏览器根元素字体大小为 7.5px(<html>的 font-size 值)。因此 1rem=7.5px，则 100px 对应为 1/7.5×100=13.33rem。但是在 Chrome 浏览器中强制字体最小值为 12px（低于 12px 按 12px 处理），因此在显示时计算 div1 的宽度为 12×13.33=160px，结果未能达到预期。

任务实施

vw 和 rem 这两种适配方案各有优劣，例如视口适配方案（vw）不能设置最大/最小宽度。而使用 rem 通常需要使用 JS 代码来设置根元素字体大小，这样就违背了样式与行为分离的思想，而且耦合度高，无法解耦。

如果在 rem 适配方案中使用 vw，则不需要引入 JS 代码就能达到更好的效果，并且相对于单独的 vw 适配方案，在宽屏上也能得到更好的显示效果。其解决方案是利用 vw 来设置根元素字体。

假设移动端页面尺寸为 375px×1334px，使用 vm 设置浏览器根元素字体大小为 100px，再使用 rem 设计一个宽度为 100px 的 div(class="div1"，背景为黑色)，示例代码如下。

```
<!DOCTYPE html>
<html>
    <head>
        <meta charset="UTF-8">
        <meta name="viewport" content=" width=device-width,initial-scale=1.0, maximum-scale=1.0, minimum-scale=1.0, user-scalable=no " />
        <title></title>
        <style>
            html {
                font-size: 26.66vw;
            }
            .div1 {
                width: 1rem;
                height: 1rem;
                background-color: #000;
            }
        </style>
    </head>
    <body>
        <div class="“div1”"> </div>
    </body>
</html>
```

移动端页面宽度为 375px，因此 1vw = 375×1% = 3.75px。则 100px 对应为 1/3.75×100 = 26.66vw，据此设置<html>的 font-size 值。根据 rem 适配方案规则可以算得 div1 的 width，因此设置为 1rem。

任务 1-3 Flex 布局实现响应式开发

任务背景

传统的布局解决方案大部分基于盒子模型，依赖于 display 属性、position 属性和 float 属性。但是盒子模型对于那些特殊布局的开发非常不方便。例如，垂直居中就不容易实现。因此 2009 年 W3C 提出了一种新的方案——Flex 布局（弹性布局），理论上可以简便、完整、响应式地实现各种页面布局。目前基本上得到所有浏览器的支持。

知识储备

Flex 是 Flexible Box 的缩写，意为“弹性布局”，可以为盒子模型提供最大的灵活性。

注意：

当设置了 Flex 布局之后，子元素的 float、clear 和 vertical-align 属性将会失效。

使用 display：flex 语句将一个容器指定为 Flex 布局，代码如下所示。

```
.box{
    display: flex;
}
```

行内元素使用 display：inline-flex 语句来指定 Flex 布局，代码如下所示。

```
.box{
    display: inline-flex;
}
```

Webkit 内核的浏览器必须加上-webkit 前缀，代码如下所示。

```
.box{
    display: -webkit-flex;
    display: flex;
}
```

注意：

采用 Flex 布局的元素，称为 Flex 容器（flex container），以下简称“容器”。容器的所有子元素都将自动成为容器成员，称为 Flex 项目（flex item），以下简称“项目”。

容器默认存在两根轴：水平的主轴（main axis）和垂直的交叉轴（cross axis）。主轴的开始位置（与边框的交叉点）叫作 main start，结束位置叫作 main end；交叉轴的开始位置叫作 cross start，结束位置叫作 cross end。

项目默认沿主轴排列。单个项目占据的主轴空间叫作 main size，占据的交叉轴空间叫作 cross size。Flex 布局如图 1-4 所示。

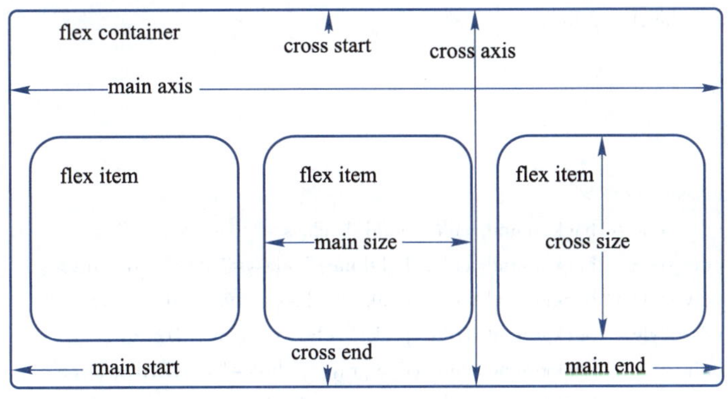

图 1-4　Flex 布局示意图

任务实施

容器可以设置 6 个属性：flex-direction、flex-wrap、flex-flow、justify-content、align-items、align-content，具体配置和实例如下。

1. flex-direction 属性

flex-direction 属性决定主轴的方向（即项目的排列方向）。语法格式如下。

```
.box {
    flex-direction: row | row-reverse | column | column-reverse;
}
```

flex-direction 的取值为：① row（默认值），主轴为水平方向，起点在左端；② row-reverse，主轴为水平方向，起点在右端；③ column，主轴为垂直方向，起点在上沿；④ column-reverse，主轴为垂直方向，起点在下沿。

设置 flex-direction 属性值为 row，示例代码如下。

```
<!DOCTYPE html>
<html>
    <head>
        <title>示例 5</title>
        <style>
            .box {
                width: 400px;
                height: 400px;
                display: flex;
                flex-direction: row;
            }
            .item {
                width: 50px;
                height: 50px;
            }
        </style>
    </head>
    <body>
        <div class="box">
            <div style="background-color:coral;" class="item">A</div>
            <div style="background-color:lightblue;" class="item">B</div>
            <div style="background-color:khaki;" class="item">C</div>
            <div style="background-color:pink;" class="item">D</div>
            <div style="background-color:lightgrey;" class="item">E</div>
            <div style="background-color:lightgreen;" class="item">F</div>
        </div>
    </body>
</html>
```

结果如图 1-5 所示。

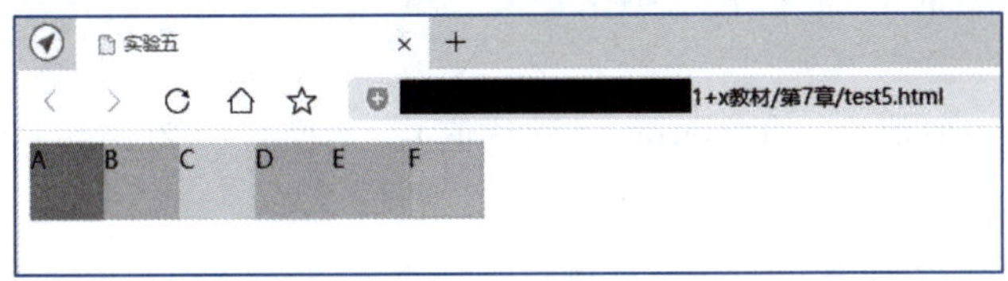

图 1-5 flex-direction 属性值设置为 row 时结果示意图

当 flex-direction 属性值设置为 row-reverse 时（修改代码第 10 行为 flex-direction：row-reverse;），结果如图 1-6 所示（注意图中字母顺序）。

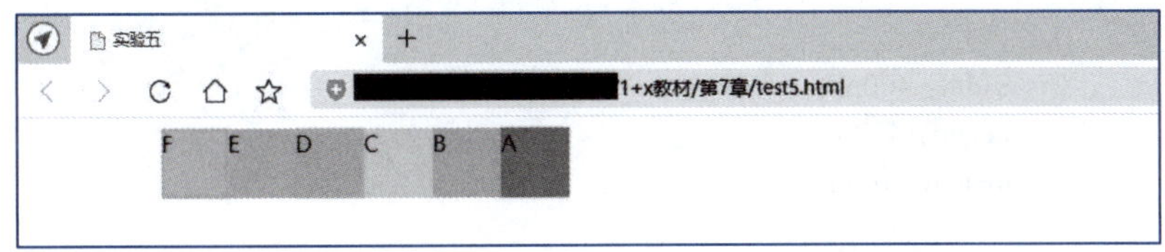

图 1-6 flex-direction 属性值设置为 row-reverse 时结果示意图

当 flex-direction 属性值设置为 column 时（修改代码第 10 行为 flex-direction：column;），结果如图 1-7 所示。

当 flex-direction 属性值设置为 column-reverse 时（修改代码第 10 行为 flex-direction：column-reverse;），结果如图 1-8 所示。

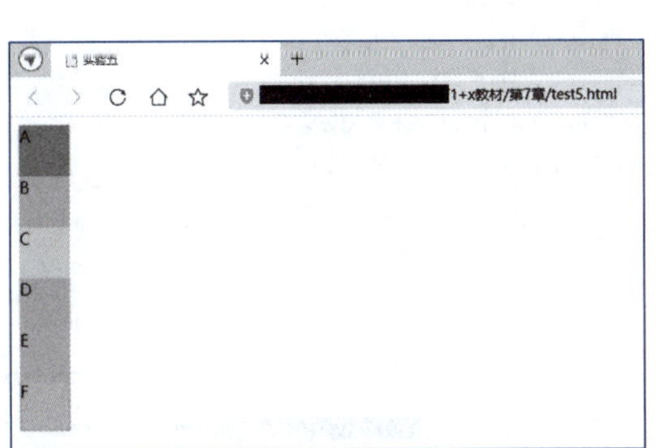

图 1-7 flex-direction 属性值设置为 column 时结果示意图

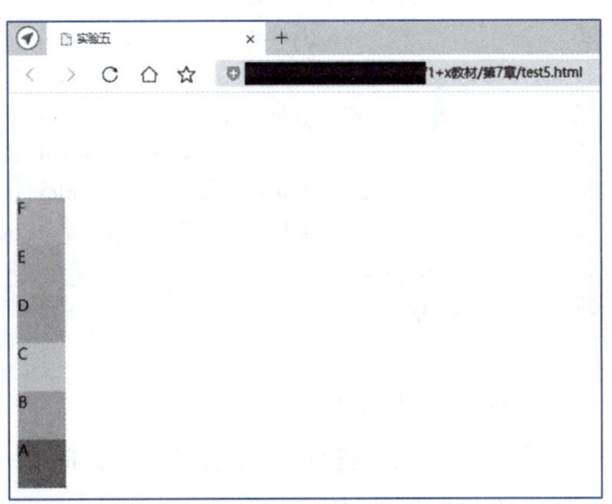

图 1-8 flex-direction 属性值设置为 column-reverse 时结果示意图

2. flex-wrap 属性

默认情况下，项目都排在一条线（又称“轴线”）上。flex-wrap 属性定义的是当项目在一条轴线上排不下时的换行方式。语法格式如下。

```
.box{
    flex-wrap: nowrap | wrap | wrap-reverse;
}
```

flex-wrap 属性的取值为：① nowrap（默认值），不换行；② wrap，换行后第一行在上方；③ wrap-reverse，换行后第一行在下方。

设置 flex-wrap 属性值为 nowrap，示例代码如下。

```
1  <!DOCTYPE html>
2  <html>
3      <head>
4          <title>示例 6</title>
5          <style>
6              .box {
7                  width: 400px;
8                  height: 400px;
9                  display: flex;
10                 flex-wrap:nowrap;
11             }
12             .item {
13                 width: 50px;
14                 height: 50px;
15             }
16         </style>
17     </head>
18     <body>
19         <div class="box">
20             <div style="background-color:coral;" class="item">A</div>
21             <div style="background-color:lightblue;" class="item">B</div>
22             <div style="background-color:khaki;" class="item">C</div>
23             <div style="background-color:pink;" class="item">D</div>
24             <div style="background-color:lightgrey;" class="item">E</div>
25             <div style="background-color:lightgreen;" class="item">F</div>
26         </div>
27     </body>
28 </html>
```

结果如图 1-9 所示。

当 flex-wrap 属性值设置为 wrap 时修改代码第 10 行为 flex-wrap：wrap；。容器的宽度小于所有项目宽度之和，故有项目换行，结果如图 1-10 所示。

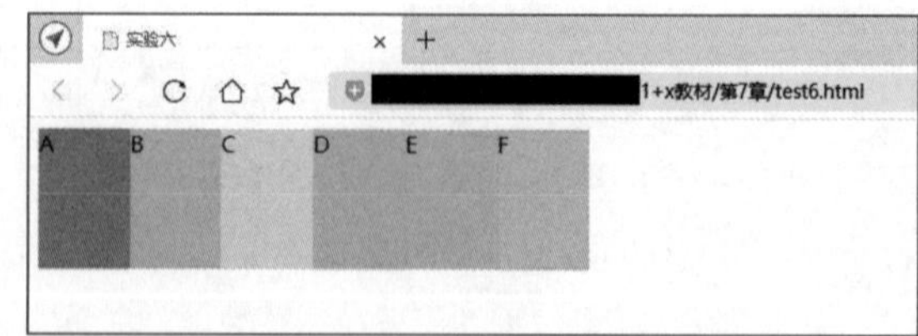

图 1-9 flex-wrap 属性设置为 nowrap 时结果示意图

当 flex-wrap 属性值设置为 wrap-reverse 时（修改代码第 10 行为 flex-wrap：wrap-reverse;）。容器的宽度小于所有项目宽度之和，故有项目换行并且显示顺序是倒序，结果如图 1-11 所示。

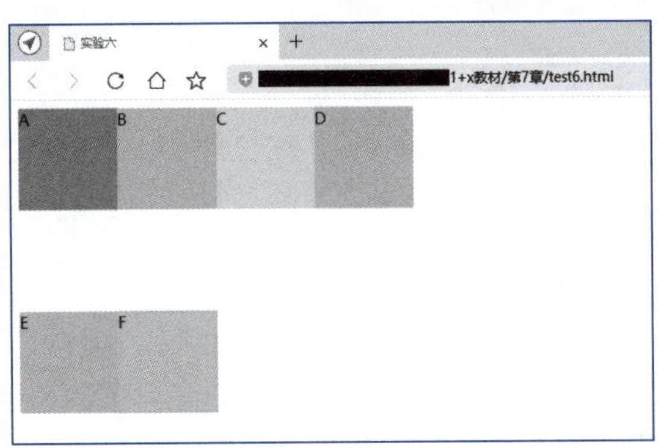

图 1-10　flex-wrap 属性设置为 wrap 时结果示意图

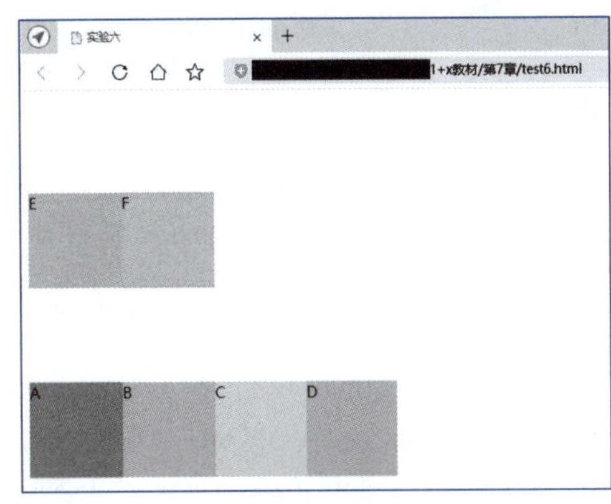

图 1-11　flex-wrap 属性设置为 wrap-reverse 时结果示意图

3. flex-flow

flex-flow 属性是 flex-direction 属性和 flex-wrap 属性的简写形式，默认值为 row nowrap，其他设置值可参见以上相应属性。语法格式如下。

```
.box {
    flex-flow: <flex-direction> <flex-wrap>;
}
```

4. justify-content 属性

justify-content 属性定义了项目在主轴上的对齐方式。语法格式如下。

```
.box {
    justify-content: flex-start | flex-end | center | space-between | space-around;
}
```

justify-content 属性可以设置为以下 5 个值：① flex-start（默认值），项目排列在主轴上左对齐；② flex-end，右对齐；③ center，居中对齐；④ space-between，两端对齐，项目之间的间隔都相等；⑤ space-around，每个项目两侧的间隔相等，项目之间的间隔比项目与边框的间隔大一倍。

设置 justify-content 属性值为 flex-start，示例如下。

```
<!DOCTYPE html>
<html>
    <head>
        <title>示例 7</title>
        <style>
            .box {
                width: 400px;
                height: 400px;
                background-color: black;
```

```
10                  display: flex;
11                  justify-content:flex-start;
12              }
13              .item {
14                  width: 50px;
15                  height: 50px;
16              }
17          </style>
18      </head>
19      <body>
20          <div class="box">
21              <div style="background-color:coral;" class="item">A</div>
22              <div style="background-color:lightblue;" class="item">B</div>
23              <div style="background-color:khaki;" class="item">C</div>
24          </div>
25      </body>
26  </html>
```

结果如图 1-12 所示。

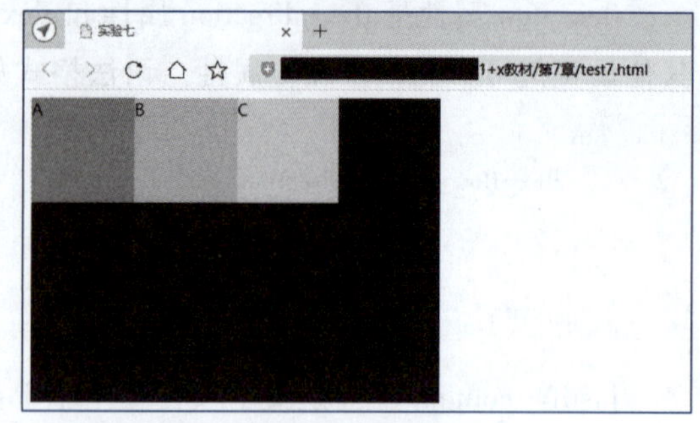

图 1-12　justify-content 属性设置为 flex-start 时结果示意图

当 justify-content 属性值设置为 flex-end 时（修改代码第 11 行为 justify-content：flex-end;），结果如图 1-13 所示。

当 justify-content 属性值设置为 center 时（修改代码第 11 行为 justify-content：center;），结果如图 1-14 所示。

当 justify-content 属性值设置为 space-between 时（修改代码第 11 行为 justify-content：space-between;），结果如图 1-15 所示。

当 justify-content 属性值设置为 space-around 时（修改代码第 11 行为 justify-content：space-around;），结果如图 1-16 所示。

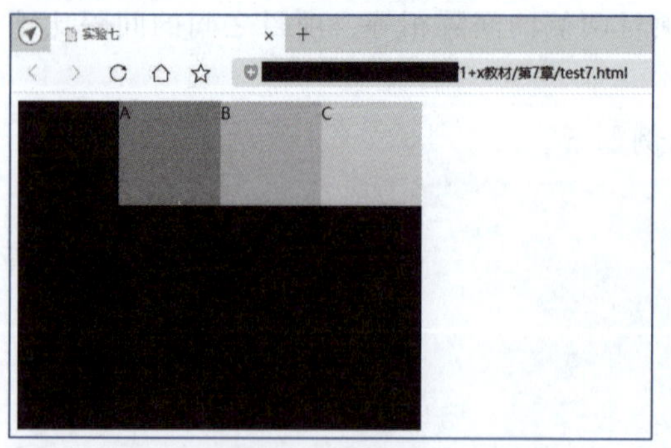

图 1-13　justify-content 属性设置为 flex-end 时结果示意图

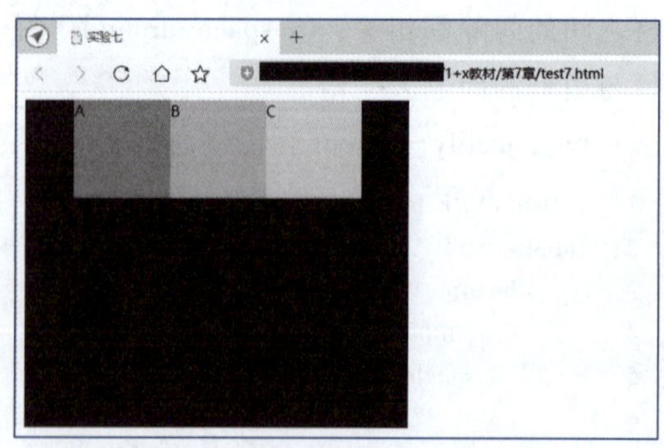

图 1-14　justify-content 属性设置为 center 时结果示意图

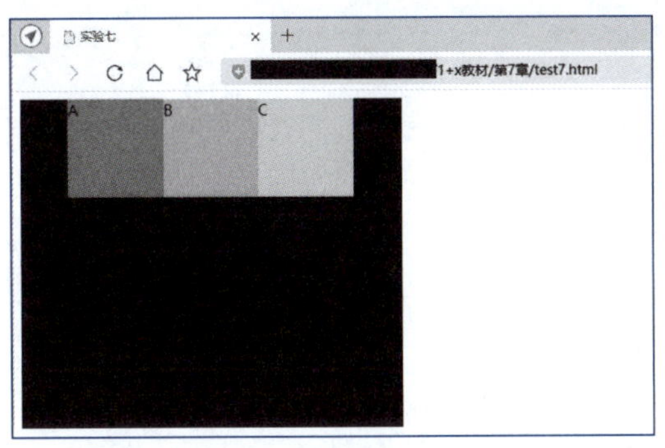

图 1-15　justify-content 属性设置为 space-between 时结果示意图

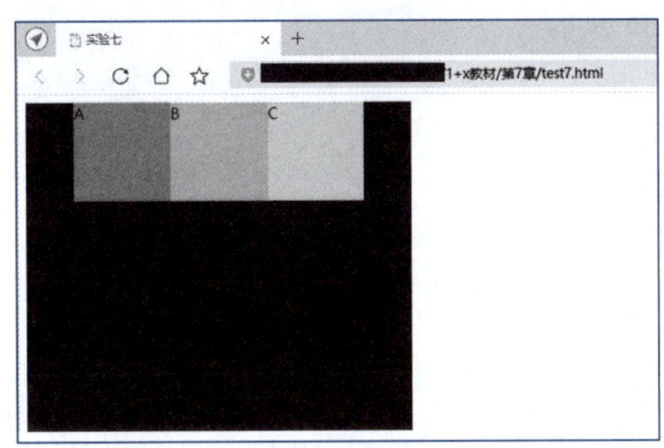

图 1-16　justify-content 属性设置为 space-around 时结果示意图

5. align-items 属性

align-items 属性定义项目在交叉轴上的对齐方式。语法格式如下。

```
.box {
    align-items: flex-start | flex-end | center | baseline | stretch;
}
```

设置 align-items 属性后，项目的具体对齐方式与交叉轴的方向（假设交叉轴方向为从上到下）有关，取值为：① stretch（默认值），如果项目未设置高度或高度设为 auto，将会拉伸占满整个容器的高度；② flex-start，交叉轴的起点（顶部）对齐；③ flex-end，交叉轴的终点（底端）对齐；④ center，交叉轴的中点对齐；⑤ baseline，项目第一行文字的基线对齐（如弹性盒子元素的行内轴与侧轴为同一条，则该值与“flex-start”效果相同）。

设置 align-items 属性值为 stretch，示例代码如下。

```
<!DOCTYPE html>
<html>
    <head>
        <title>示例 8</title>
        <style>
            .box {
                width: 400px;
                height: 200px;
                background-color:black;
                display: flex;
                align-items: stretch;
            }
            .item1 {
                width: 100px;
                height: auto;
```

```
16                }
17                .item2 {
18                    width: 100px;
19                    height: auto;
20                }
21            </style>
22        </head>
23        <body>
24            <div class="box">
25                <div style="background-color:coral;" class="item1">A</div>
26                <div style="background-color:lightblue;" class="item1">B</div>
27                <div style="background-color:khaki;" class="item2">这是个多行文本的 div</div>
28            </div>
29        </body>
30    </html>
```

结果如图 1-17 所示。

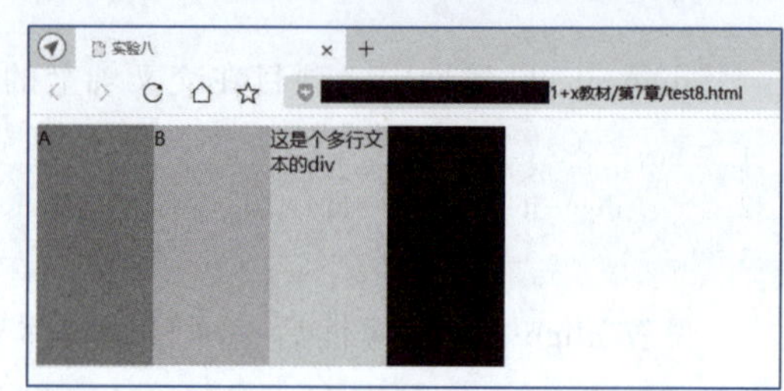

图 1-17 align-items 属性设置为 stretch 时结果示意图

当 align-items 属性值设置为 flex-start 时（修改代码第 11 行为 align-items：flex-start;，同时应注意项目的高度一定要设置为 auto），结果如图 1-18 所示。

当 align-items 属性值设置为 flex-end 时（修改代码第 11 行为 align-items：flex-end;，同时应注意项目的高度一定要设置为 auto），结果如图 1-19 所示。

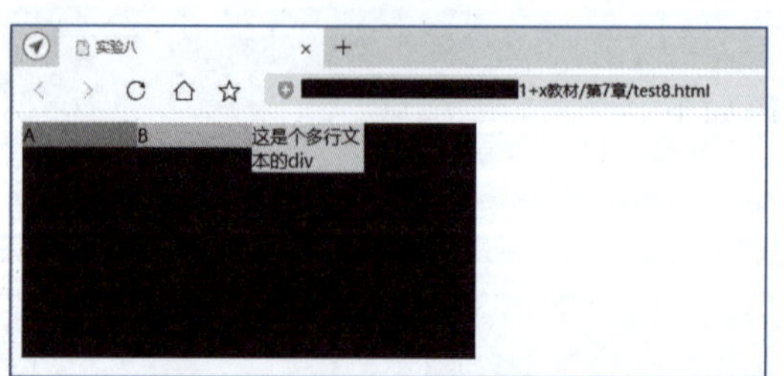

图 1-18 align-items 属性设置为 flex-start 时结果示意图

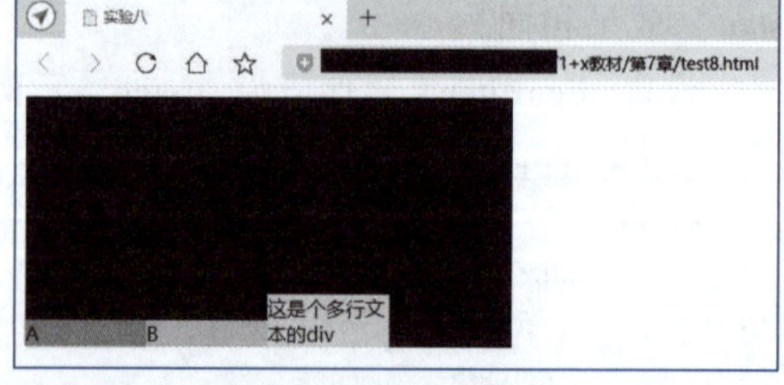

图 1-19 align-items 属性设置为 flex-end 时结果示意图

当 align-items 属性值设置为 center 时（修改代码第 11 行为 align-items：center;，同时应注意项目的高度一定要设置为 auto），结果如图 1-20 所示。

当 align-items 属性值设置为 baseline 时（修改代码第 11 行为 align-items：baseline;，同时在第 15 行后增加代码 font-size:xx-large，以修改前 2 个项目的字体），结果如图 1-21 所示。

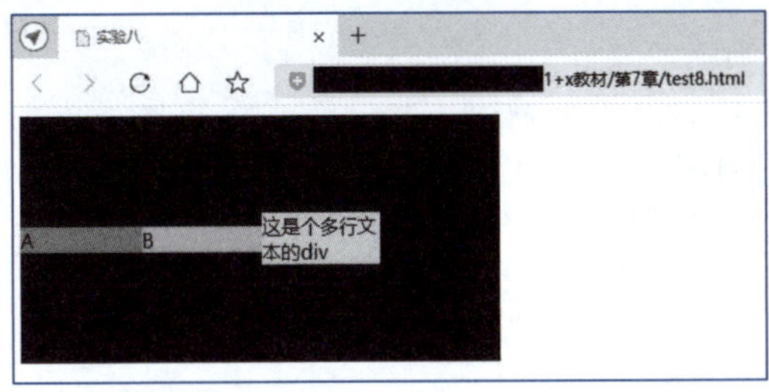

图 1-20　align-items 属性设置为 center 时结果示意图

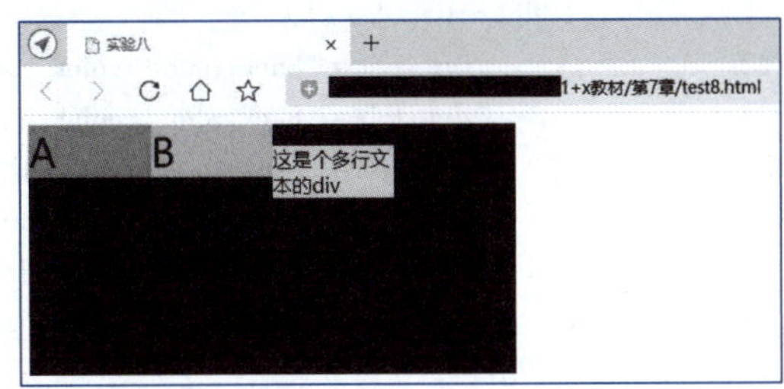

图 1-21　align-items 属性设置为 baseline 时结果示意图

6. align-content 属性

align-content 属性定义了多根轴线（或可理解为多行）的对齐方式。如果项目只有一根轴线，该属性不起作用。语句格式如下。

```
.box {
    align-content: flex-start | flex-end | center | space-between | space-around | stretch;
}
```

align-content 属性取值为：① stretch（默认值），轴线占满整个交叉轴；② flex-start：与交叉轴的起点（顶端）对齐；③ flex-end，与交叉轴的终点（底端）对齐；④ center，与交叉轴的中点对齐；⑤ space-between，与交叉轴两端对齐，轴线之间的间隔平均分布；⑥ space-around：每根轴线两侧的边距相等。

设置 align-content 属性值为 stretch，示例代码如下。

```
<!DOCTYPE html>
<html>
    <head>
        <title>示例 9</title>
        <style>
            .box {
                width: 400px;
                height: 200px;
                background-color:black;
                display: flex;
                flex-wrap:wrap;
                align-content: stretch;
            }
            .item {
                width: 100px;
                height: auto;
            }
        </style>
    </head>
    <body>
```

```
21          <div class="box">
22              <div style="background-color:coral;" class="item">A</div>
23              <div style="background-color:lightblue;" class="item">B</div>
24              <div style="background-color:khaki;" class="item">C</div>
25              <div style="background-color:pink;" class="item">D</div>
26              <div style="background-color:lightgrey;" class="item">E</div>
27              <div style="background-color:lightgreen;" class="item">F</div>
28          </div>
29      </body>
30  </html>
```

结果如图 1-22 所示。

当 align-content 属性值设置为 flex-start 时（修改代码第 11 行为 align-items：flex-start;），结果如图 1-23 所示。

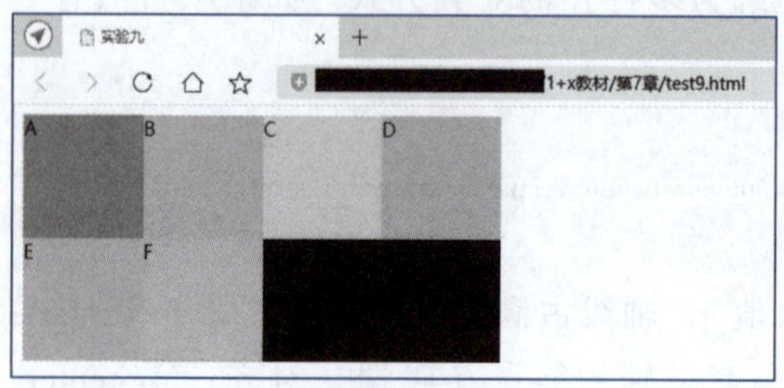

图 1-22 align-content 属性设置为 stretch 时结果示意图

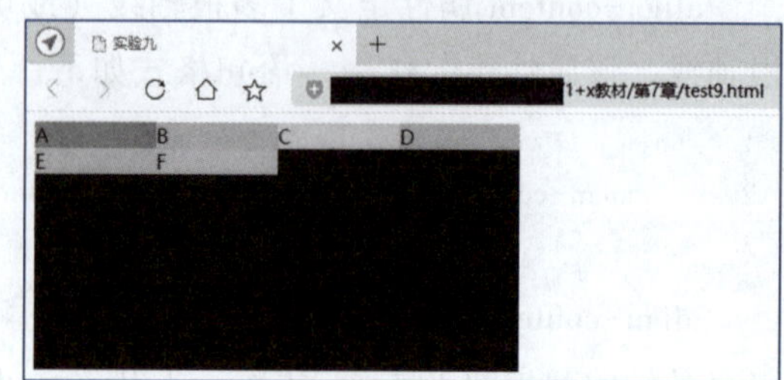

图 1-23 align-content 属性设置为 flex-start 时结果示意图

当 align-content 属性值设置为 flex-end 时（修改代码第 11 行为 align-content：flex-end;），结果如图 1-24 所示。

当 align-content 属性值设置为 center 时（修改代码第 11 行为 align-content：center;），结果如图 1-25 所示。

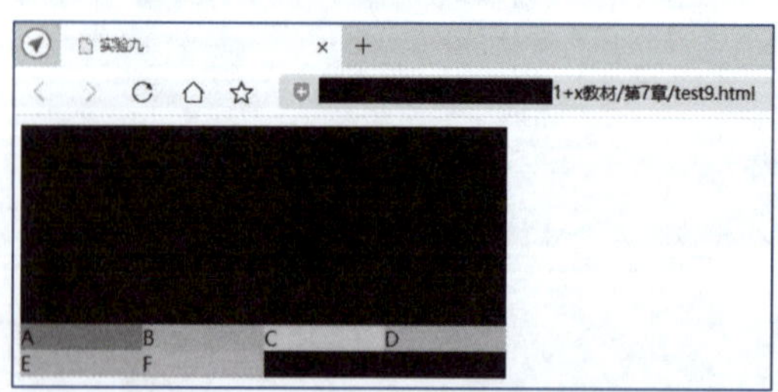

图 1-24 align-content 属性设置为 flex-end 时结果示意图

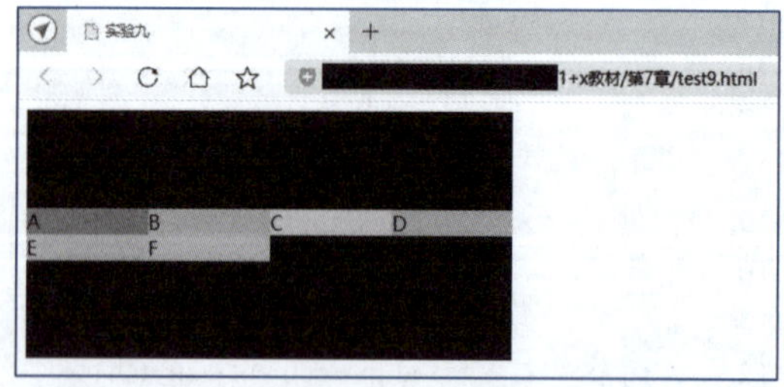

图 1-25 align-content 属性设置为 center 时结果示意图

当 align-content 属性值设置为 space-between 时（修改代码第 11 行为 align-content：space-between;），结果如图 1-26 所示。

当 align-content 属性值设置为 space-around 时（修改代码第 11 行为 align-content：space-around;），结果如图 1-27 所示。

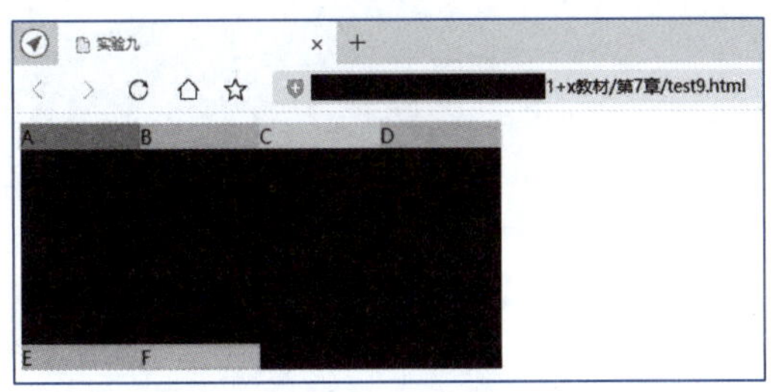

图 1-26 align-content 属性设置为 space-between 时结果示意图

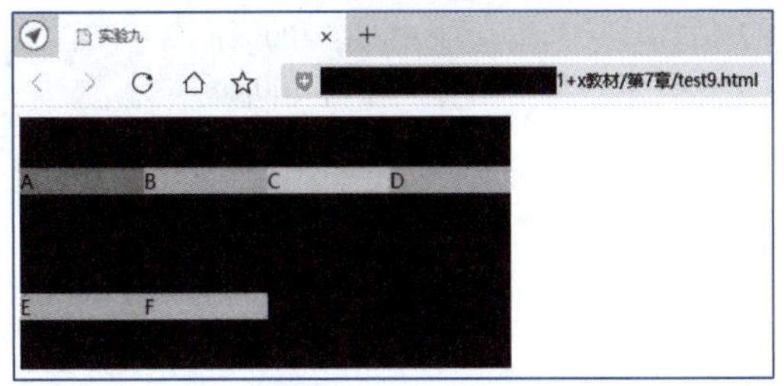

图 1-27 align-content 属性设置为 space-around 时结果示意图

任务 1-4 项目属性配置

任务背景

采用 Flex 布局的元素称为 Flex 容器，它的所有子元素都将自动成为容器成员。这些成员称为 Flex 项目。

知识储备

容器内的项目可以设置 order、flex-grow、flex-shrink、flex-basis、flex、align-self 6 个属性。

任务实施

1. order 属性

order 属性定义项目的排列顺序，其数值越小，则排列越靠前，默认值为 0。语法格式如下。

```
.item {
    order: <integer>;
}
```

设置项目 order 属性值的示例代码如下。

```
<!DOCTYPE html>
<html>
    <head>
        <title>示例 10</title>
        <style>
            .box {
```

```
                width: 400px;
                height: 100px;
                background-color:black;
                display: flex;
            }
            .box div {
                width: 100px;
                height: 100px;
            }
            .item1 {
                order:1
            }
            .item2 {
                order:2
            }
            .item3 {
                order:3
            }
            .item4 {
                order:4
            }
            .item5{
                order:5
            }
            .item6 {
                order:6
            }
        </style>
    </head>
    <body>
        <div class="box">
            <div style="background-color:coral;" class="item1">A</div>
            <div style="background-color:lightblue;" class="item1">B</div>
            <div style="background-color:khaki;" class="item2">C</div>
            <div style="background-color:pink;" class="item5">D</div>
            <div style="background-color:lightgrey;" class="item3">E</div>
            <div style="background-color:lightgreen;" class="item4">F</div>
        </div>
    </body>
</html>
```

结果如图 1-28 所示。

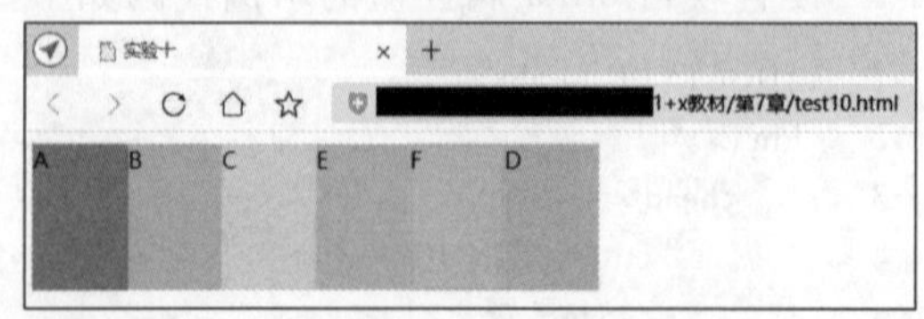

图 1-28 设置项目 order 属性结果示意图

2. flex-grow 属性

flex-grow 属性定义项目的放大比例，默认值为 0（即使存在剩余空间，也不会放大）。语法格式如下。

```
.item {
    flex-grow: <number>;
}
```

如果所有项目的 flex-grow 属性都为 1，则这些项目将等分剩余空间（如果有的话）。如果一个项目的 flex-grow 属性为 2，其他项目都为 1，则前者占据的剩余空间将比其他项目多一倍。

设置项目 flex-grow 属性值的示例代码如下。

```
<!DOCTYPE html>
<html>
    <head>
        <title>示例 11</title>
        <style>
            .box {
                width: 400px;
                height: 200px;
                background-color:black;
                display: flex;
            }
            .box div {
                width: 50px;
                height: 100px;
            }
            .item1 {
                flex-grow:1
            }
            .item2 {
                flex-grow:2
            }
            .item3 {
                flex-grow:0
            }
        </style>
    </head>
    <body>
        <div class="box">
            <div style="background-color:coral;" class="item1">A</div>
            <div style="background-color:lightblue;" class="item2">B</div>
            <div style="background-color:khaki;" class="item1">C</div>
            <div style="background-color:pink;" class="item3">D</div>
            <div style="background-color:lightgrey;" class="item1">E</div>
            <div style="background-color:lightgreen;" class="item1">F</div>
        </div>
    </body>
</html>
```

结果如图 1-29 所示。

第 1 个 div 元素的宽度为 1。第 2 个 div 元素因其 flex-grow 属性值设置为 2，所以其宽度为第 1 个 div 元素的 2 倍，而第 4 个 div 元素因为 flex-grow 属性值设置为 0，其宽度也就固定为 50px。

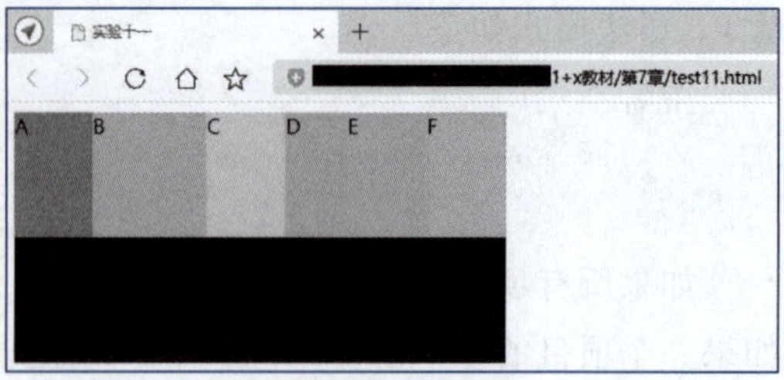

图 1-29 设置项目 flex-grow 属性结果示意图

3. flex-shrink 属性

flex-shrink 属性定义项目的缩小比例，默认值为 1（如果剩余空间不足，该项目将缩小）。语句格式如下。

```
.item {
    flex-shrink: <number>;
}
```

如果所有项目的 flex-shrink 属性值都为 1，则页面剩余空间不足时，所有项目都将等比例缩小。如果其中有一个项目的 flex-shrink 属性值为 0，那么这个项目在页面剩余空间不足时不缩小。

> **注意：**
> 负值对 flex-shrink 属性无效。

设置项目 flex-shrink 属性值的示例代码如下。

```
<!DOCTYPE html>
<html>
    <head>
        <title>示例 12</title>
        <style>
            .box {
                width: 400px;
                height: 200px;
                background-color:black;
                display: flex;
            }
            .box div {
                width: 100px;
                height: 100px;
            }
            .item1 {
                flex-shrink:1
            }
            .item2 {
                flex- shrink:3
            }
```

```
            .item3 {
                flex- shrink:0
            }
        </style>
    </head>
    <body>
        <div class="box">
            <div style="background-color:coral;" class="item1">A</div>
            <div style="background-color:lightblue;" class="item2">B</div>
            <div style="background-color:khaki;" class="item1">C</div>
            <div style="background-color:pink;" class="item3">D</div>
            <div style="background-color:lightgrey;" class="item1">E</div>
            <div style="background-color:lightgreen;" class="item1">F</div>
        </div>
    </body>
</html>
```

结果如图 1-30 所示。

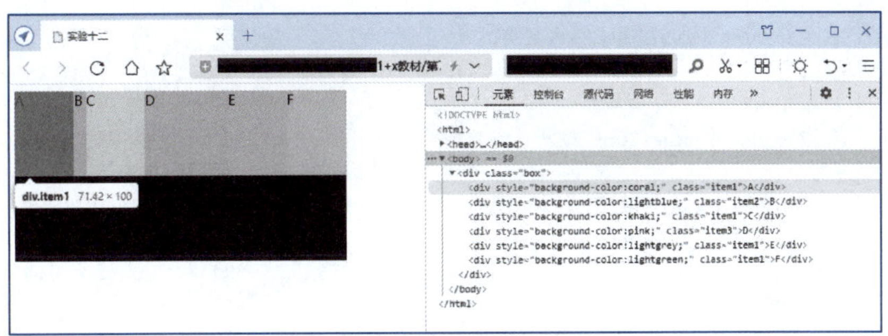

图 1-30 设置项目 flex-shrink 属性结果示意图

6 个 div 元素的总宽度为 100px6 = 600px，大于容器的宽度（400px），因此共需缩减 200px；而第 4 个 div 元素的 flex-shrink 属性值设置为 0，所以其宽度不变，因此缩减部分将由余下的 5 个 div 元素均摊。由于其中第 2 个 div 元素的 flex-shrink 属性值设置为 3，这个元素的缩减份额为 3。其余 4 个 div 元素缩减份额为 1，则缩减份额总数为 7。每份缩减份额的实际缩减像素为 200px÷7 = 28.57px，因此第 1 个 div 元素的实际显示像素为 100px-28.58 = 71.42px，而第二个 div 元素的实际显示像素为 100px-28.58px×3 = 14.26px。

4. flex-basis 属性

flex-basis 属性定义在分配多余空间前项目可以占据的主轴空间（main size）。浏览器根据这个属性，计算主轴是否有多余空间。flex-basis 的默认值为 auto，即项目的本来大小，这时候项目的宽高取决于 width 或 height 的值。语法格式如下。

```
.item {
    flex-basis: <length> | auto;
}
```

flex-basis 属性值如果设为跟 width 或 height 属性一样的值（如 350px），项目将占据固定空间。设置项目 flex-basis 属性值的示例代码如下。

```
<!DOCTYPE html>
<html>
    <head>
        <title>示例 13</title>
        <style>
            .box {
                width: 400px;
                height: 200px;
                background-color:black;
                display: flex;
            }
            .box div {
                width: 100px;
                height: 100px;
            }
            .item1 {
                flex-basis:40px
            }
            .item2 {
                flex- basis:20px
            }
            .item3 {
                flex- basis:20%
            }
            .item4 {
                flex- basis:auto
            }

        </style>
    </head>
    <body>
        <div class="box">
            <div style="background-color:coral;" class="item1">A</div>
            <div style="background-color:lightblue;" class="item2">B</div>
            <div style="background-color:khaki;" class="item1">C</div>
            <div style="background-color:pink;" class="item3">D</div>
            <div style="background-color:lightgrey;" class="item1">E</div>
            <div style="background-color:lightgreen;" class="item4">F</div>
        </div>
    </body>
</html>
```

结果如图 1-31 所示。

第 1、3、5 个 div 元素的 flex-basis 属性值设置为 40px，其显示宽度为 40px；第 2 个 div 元素的 flex-basis 属性值设置为 20px，其显示宽度为 20px；第 4 个 div 元素的 flex-basis

属性值设置为 20%，其显示宽度为 400px×20% = 80px；第 6 个 div 元素的 flex-basis 属性值设置为 auto，其显示宽度继承自父元素为 100px。

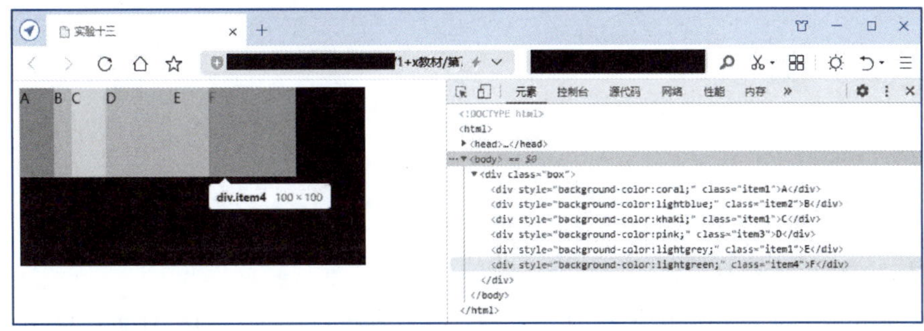

图 1-31 设置项目 flex-basis 属性结果示意图

5. flex 属性

flex 属性是 flex-grow、flex-shrink 和 flex-basis 的简写，默认值为“0 1 auto”。后两个属性可选。语法格式如下。

```
.item {
    flex: none | [ <'flex-grow'> <'flex-shrink'>? || <'flex-basis'> ]
}
```

该属性有 2 个快捷值：auto(1 1 auto) 和 none(0 0 auto)。建议优先使用这 2 个属性值，而不是单独的 3 个分离的属性值，因为浏览器会自动推算相关值。

6. align-self 属性

align-self 属性允许单个项目的对齐方式与其他项目不一样，可覆盖 align-items 属性。默认值为 auto，表示继承父元素的 align-items 属性，如果没有父元素，则效果等同于 stretch。

```
.item {
    align-self: auto | flex-start | flex-end | center | baseline | stretch;
}
```

该属性可能取 6 个值，除了 auto，其他属性值说明可参见容器的 align-items 属性。

项目小结

本项目首先简单介绍了移动端开发的 3 种方式及其特点和区别，着重针对移动端 Web 开发介绍了 3 种常用适配方案，最后针对响应式开发中的 Flex 布局做了详细的属性设置介

绍。通过本项目的实操，读者应对移动端开发及常用适配方案、响应式开发的 Flex 布局有整体认识。

课后练习

一、选择题

1. 视口的概念不包括（　　）。

A. 布局视口　　B. 图形视口　　C. 视觉视口　　D. 理想视口

2. Flex 布局中容器的 flex-direction 属性值不能设置为（　　）。

A. row　　B. column-reverse　　C. wrap　　D. column

二、填空题

1. 移动端开发的 3 种方式分别是________、________和________。

2. 视口概念可以分为________、________和________。

3. 在视口适配方案中使用的视口单位主要包括________、________、________和________。

4. 采用 Flex 布局的元素，称为 Flex 容器（flex container），它的所有子元素都将自动成为容器成员，这些容器成员为________。

5. align-items 属性可以设置为________、________、________、________和________ 5 个值。

三、简答题

1. 请简述 vm 适配方案和 rem 适配方案的缺点。

2. 请简述 vm+rem 适配方案的优点。

3. 请简述 Flex 布局中项目的 5 个属性名称及其属性值设置。

四、编程题

1. 假设移动端页面尺寸为 768px×1334px，使用 vm 设置浏览器根元素字体大小为 100px，再使用 rem 设计完成一个宽度为 300px 的 div(class="div1"，背景为黑色)。

2. 请配置 Flex 布局中项目的 flex-basis 属性值，完成如图 1-32 所示的色块（div 元素）设计（提示，容器的 width=350px，height=100px；第 2 个色块为 80px，其他色块为 40px；颜色不必与图完全相同，可自行区别设置）。

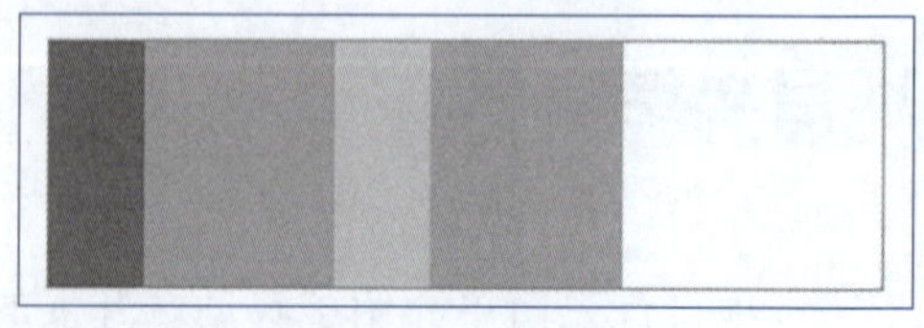

图 1-32 色块

项目2 Node.js基础

学习目标

知识目标

1. 掌握 Node. js 安装和配置。
2. 掌握 NPM 包管理机制和常用命令。
3. 熟悉 Webpack 的使用。
4. 掌握 Git 的工作原理和常用命令。

技能目标

1. 能够使用 Git 进行简单的版本管理。
2. 能够理解作用域、命名空间、模块化之间的联系，能够了解模块化的优点。
3. 能够了解主流的模块化规范。
4. 能够了解 Node. js 的作用和特点，掌握 Node. js 的安装，能运行简单的 Node. js 程序。
5. 能够理解包管理器，掌握 NPM 源切换，掌握常用命令的使用方法。
6. 能够掌握 Webpack 的安装、基本使用方法、核心概念和常用配置。

素养目标

1. 掌握模块化开发的技能。
2. 培养团队协作开发的素养。

任务 2-1 安装和配置 Node. js

任务背景

Node. js 是一个基于 Chrome V8 引擎的 JavaScript 运行环境，允许开发者使用 JavaScript 来编写服务器端和网络应用程序。它的出现是为了弥补传统的服务器端开发语言的不足，例如只能处理有限的并发连接和性能瓶颈等问题。由于其高效、轻量级和可伸缩的特性，Node. js 在服务器端开发、实时应用、微服务等领域得到了广泛应用。同时，Node. js 的生态系统也非常活跃，拥有丰富的第三方模块和工具，使开发变得更加便捷。

知识储备

Node. js 使用 JavaScript 作为开发语言，同时提供了一套功能性的接口（Application Programming Interface，API)，例如网络通信 API 和文件操作 API 等。

Node. js 自发布以来就广受开发人员的关注，主要因为其具有以下特点和优势。

1. Node. js 是一个 JavaScript 运行环境

首先，Node. js 在语法上和 JavaScript 语法完全一致，因此有 JavaScript 基础的开发人员可以快速上手 Node. js。其次，Node. js 作为运行环境可以让 JavaScript 脱离浏览器，在服务器端单独执行，前后端编程环境统一，可以很大程度上达到客户端和服务器端代码的共用，降低开发成本。

2. 事件驱动

事件驱动是指在持续事务管理过程中进行决策的一种策略，即跟随当前时间点上出现的事件，调动可用资源，执行相关任务，使不断出现的问题得以解决，防止事务堆积。Node. js 设计思想以事件驱动为核心。事件驱动的优势在于充分利用系统资源，在执行代码时无须等待其他操作完成，将有限的资源分配给了其他任务，也就防止了阻塞。

3. 异步、非堵塞 I/O

Node. js 提供的很多模块中都是异步执行的，并且采用非堵塞 I/O 机制。I/O 表示输入、输出操作。堵塞 I/O 是指当用户线程发出 I/O 请求之后，内核会去查看数据是否就绪，如果没有就绪就会等待数据就绪。这时用户线程就会处于阻塞状态，直到数据就绪。Node. js 则使用事件回调的方式解决这种堵塞 I/O 的情况，避免了堵塞 I/O 所需的等待。

4. 单进程、单线程

进程指一个应用程序的一次执行过程，线程是进程的一部分。所谓单线程是指进程中只有一个线程。Node. js 采用单线程，在非堵塞 I/O 模式下，一个线程一直在处理任务，这样的 CPU 利用率是 100%。

5. 性能出众

Node. js 底层选择用 C++和 ChromeV8 来实现，即使 Node. js 的事件驱动机制会产生大规模的 HTTP 请求，但性能仍然不需要担心，实际上 Node. js 的性能很出色。

6. 轻量、可伸缩，适用于实时数据交互应用

Node. js 是一个轻量级的环境，并且其中的 Socket 可以实现双向通信。

任务实施

1. 安装 Node. js

在使用 Node. js 之前，首先需要进行安装和配置。

登录 Node. js 的官方网站，如图 2-1 所示。

在图 2-1 中可以看到两个版本的安装包：14. 16. 1 LTS 和 15. 14. 0 Current。其中 Current 表示最新版本，LTS 表示长期支持版本。在实际开发中，为了避免一些不稳定因素一般安装长期支持版本，但是在学习过程中可以安装最新版本。单击图 2-1 中对应版本的下载按钮即可下载该版本的 Node. js 安装包。

如果希望下载其他操作系统的 Node. js，可以单击首页的 DOWNLOADS 选项卡进入下载页，如图 2-2 所示。

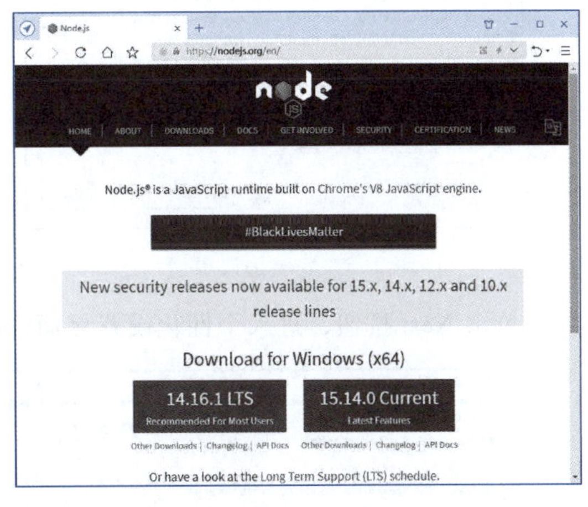

图 2-1 Node. js 官网首页

图 2-2 Node. js DOWNLOADS 页面

在下载页中只需要单击对应的操作系统按钮即可下载对应的 Node. js，如图 2-3 所示。下载成功后，找到安装包，双击安装包进行安装。弹出安装提示界面，如图 2-4 所示。

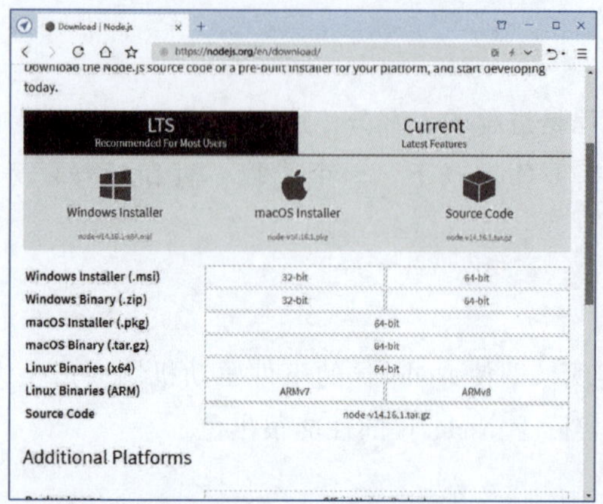

图 2-3　Node. js 下载页

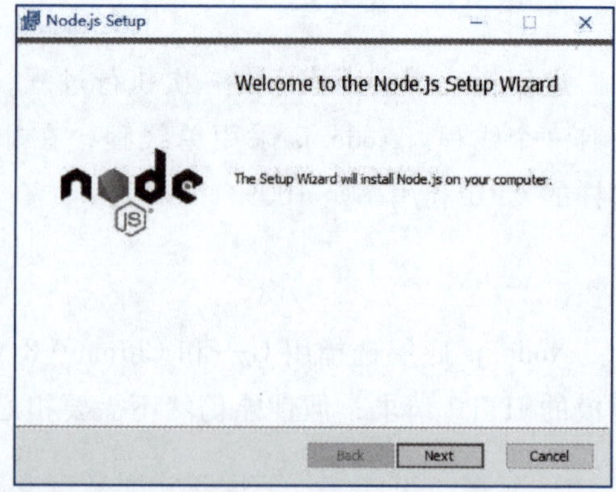

图 2-4　安装提示界面

单击 Next 按钮，跳转到安装协议界面，如图 2-5 所示。

选中同意复选框，单击 Next 按钮，设置安装路径，如图 2-6 所示。

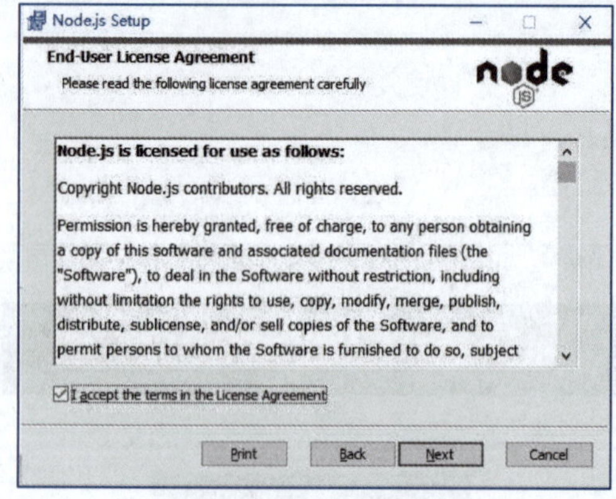

图 2-5　安装协议界面

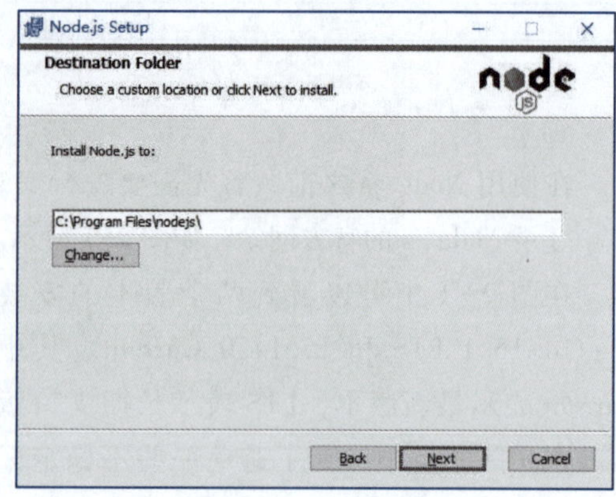

图 2-6　设置安装路径界面

单击 Next 按钮，进入个性化设置界面，如图 2-7 所示。

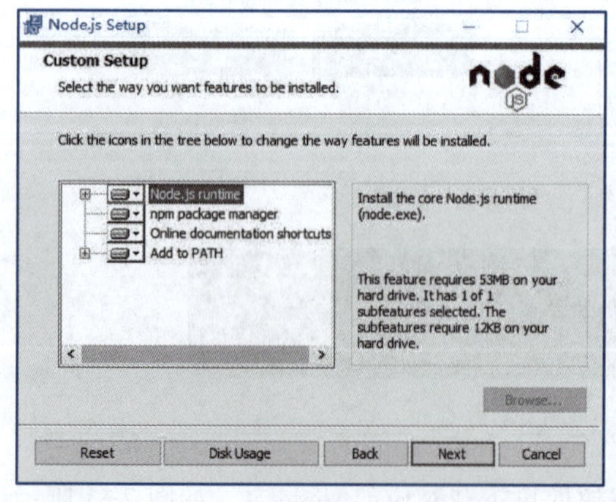

（a）

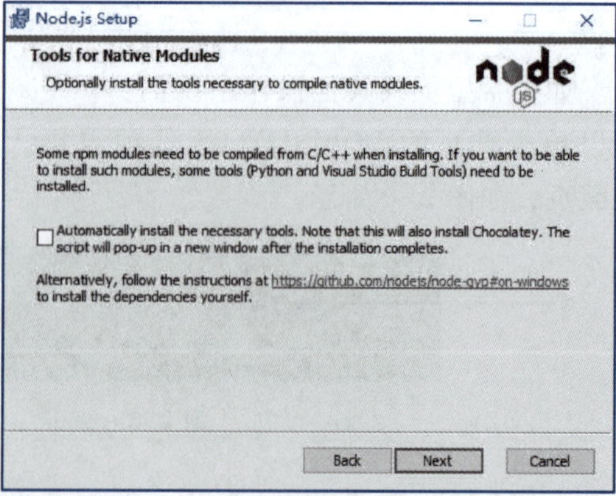

（b）

图 2-7　个性化设置界面

单击 Install 按钮，开始安装，如图 2-8 所示。

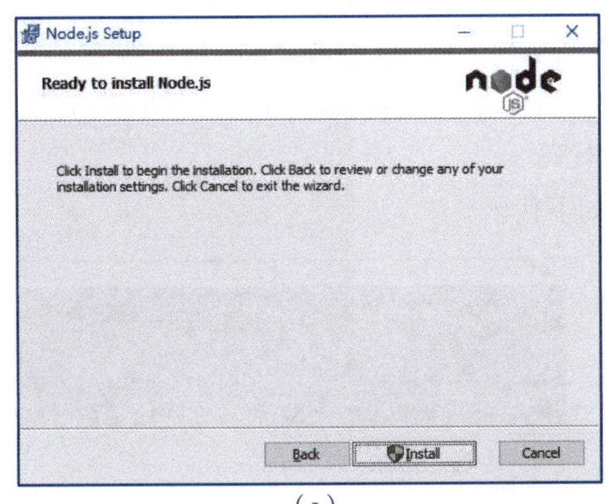

（a）

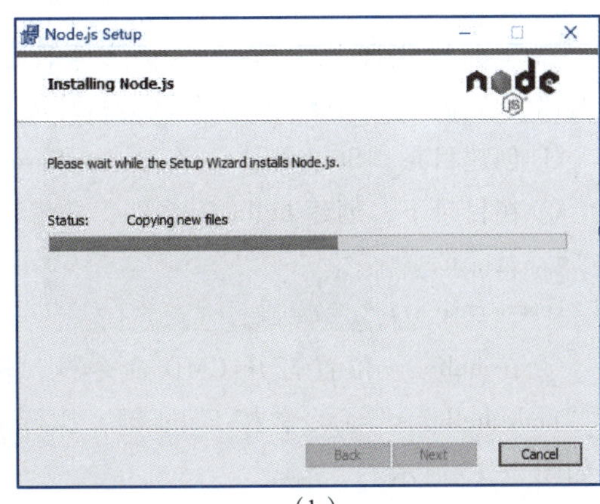

（b）

图 2-8　安装中

安装完毕后，出现安装完毕界面，如图 2-9 所示。

单击 Finish 按钮，安装成功。

安装完成后，可以按以下步骤测试 Node. js 是否安装成功。

① 按【Win+R】组合键打开“运行”对话框，在“运行”对话框的“打开”文本框中输入 cmd，按 Enter 键。打开 CMD 命令框。如图 2-10 和图 2-11 所示。

② 在 CMD 命令框中，输入“node -v”命令，按 Enter 键，如果显示版本号则表示 Node. js 安装成功，如图 2-12 所示。

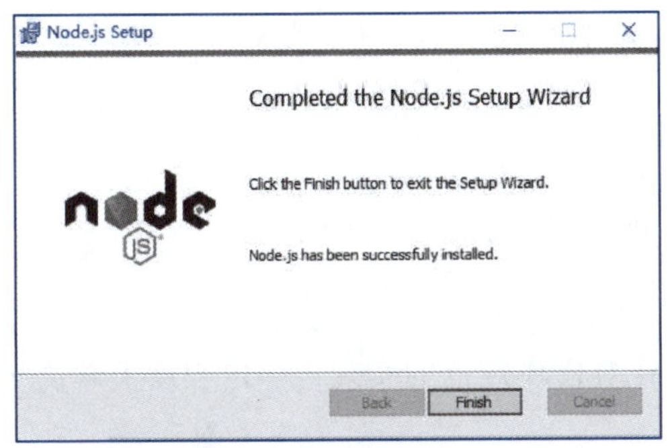

图 2-9　安装完毕界面

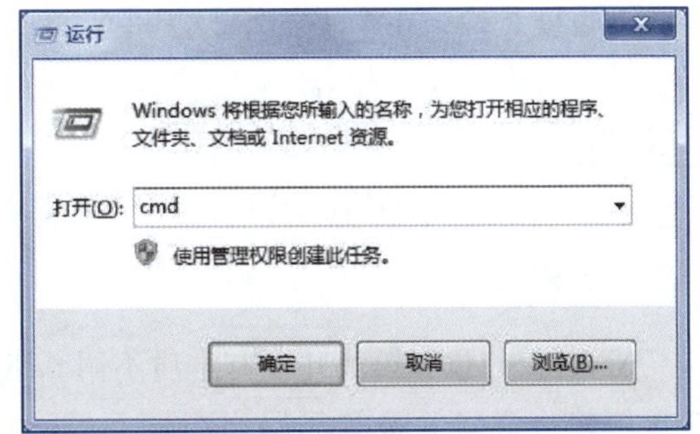

图 2-10　“运行”对话框

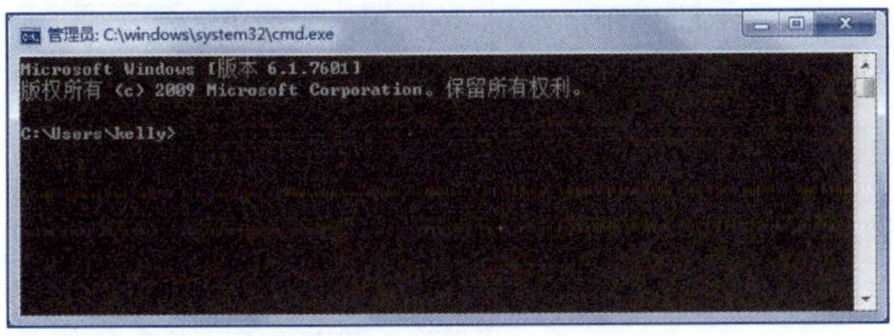

图 2-11　CMD 命令框

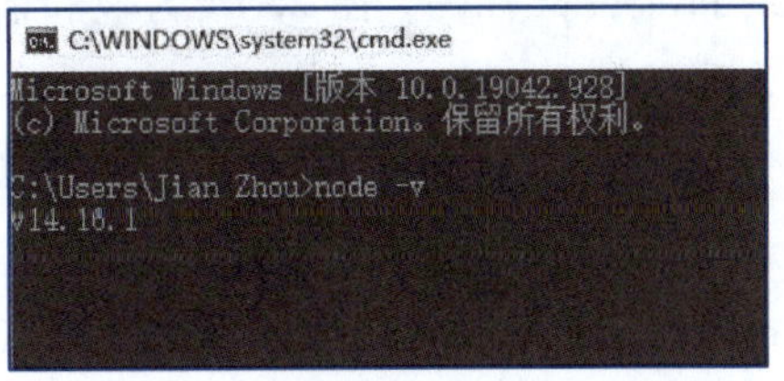

图 2-12　CMD 验证安装成功界面

2. 使用 Node.js 执行 JavaScript 文件

在 Node.js 出现之前，JavaScript 文件都是在浏览器中执行的，但 Node.js 提供了一个可以脱离浏览器执行 JavaScript 文件的运行环境。在 Node.js 中执行 JavaScript 文件步骤如下。

① 创建目录“StudyNode”存放 JavaScript 代码。

② 在目录下，创建 hello.js 文件，并编写如下代码。

```
var s='hello world!';
console.log(s);
```

③ 在 hello.js 位置打开 CMD 命令框，输入“node hello.js”命令，按 Enter 键，执行结果如图 2-13 所示。

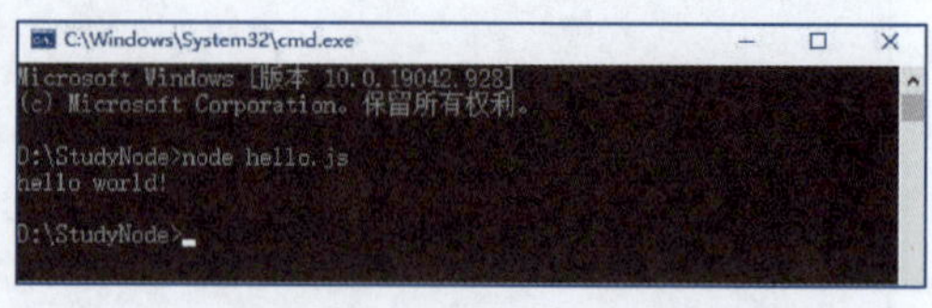

图 2-13 Node.js 执行 hello.js 结果

任务 2-2 NPM 包管理工具 

任务背景

Node.js 通过模块系统组织自身的核心模块，也使用户编写的文件模块更加有序、方便使用。但是在第三方模块中，模块与模块间仍然是分散的，并且相互之间不能直接引用。为了解决这个问题，Node.js 根据 CommonJS 规范实现了包机制，开发了 NPM 包管理工具。也就是说，在模块之外，包和 NPM 是将模块联系起来的一种机制。

知识储备

1. 包的概念

Node.js 的包和模块并没有本质不同。Node.js 对模块规范的实现，一定程度上解决了变量依赖、依赖关系等代码组织性问题。包的出现，则是在模块的基础上进一步组织 JavaScript 代码。图 2-14 为包和模块的关系。

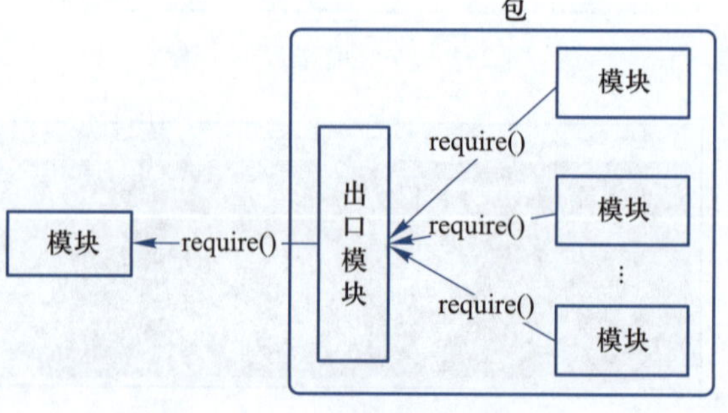

图 2-14 包和模块关系图

从图 2-14 中可以看出，一个包中有一个出口模块，用于向外开放接口。使用者只需要拿到出口模块，而不需要关心包中的其他内容。

（1）包结构

Node. js 的包实际上就是一个存档文件，即一个目录直接打包成 . zip 或 . tar. gz 格式的文件，安装后解压为原目录。其目录基本遵循 CommonJS 规范，包目录结构见表 2-1。

表 2-1 包目录结构

包结构	作　用
package. json	包描述文件
bin	用于存放可执行二进制文件的目录
lib	用于存放 JavaScript 代码的目录
doc	用于存放文档的目录
test	用于存放单元测试用例的代码

（2）包描述文件

Node. js 包中包含一个 JSON 格式的包说明文件——package. json，这个文件位于包的根目录下，好比一个产品的说明书。其用途为当开发者拿到一个第三方包文件时，可以对包的信息一目了然，CommonJS 规范为 package. json 文件定义了如表 2-2 所示的一些必需字段。

表 2-2 package. json 文件的必需字段

属　性	说　明
name	包名，由小写字母和数字组成，可包含 . 、_ 和-，不能有空格，且必须唯一。建议不要在包名中附带 node 或 js
description	包简介
version	包版本号
keywords	关键词数组，用于在 NPM 中分类检索
maintainers	包维护者列表
contributors	贡献者列表
bugs	可以反馈错误（或缺陷）的网页地址或邮件地址
licenses	当前包所使用的许可证列表
repositories	托管源代码的位置列表
dependencies	使用当前包所需要依赖的包列表，NPM 会通过这个属性自动加载依赖包
scripts	脚本的说明对象，主要被包管理器用来安装、编译、测试和卸载包

2. NPM 的概念

NPM 全称为 Node. js Package Manage。在 Node. js 中，NPM 有以下两种含义。

一种含义是 Node. js 的开放模块登记和管理系统，是 NPM 官方网站，该网站是 Node. js 最大的模块生态系统，里面所有的包都是通过 Node. js 实现的，并且都是开源免费，即查即用的。

另一种含义是 Node. js 的包管理工具。NPM 是一个命令行下载软件，提供了一些用于快速安装和管理模块的命令。NPM 中的所有行为都和包描述文件的字段息息相关，其与包规范的区别在于多了以下 4 个字段，见表 2-3。

表 2-3 NPM 新增字段

属　性	说　明
author	包作者
bin	如果希望包可以作为命令行工具使用，则需要配置 bin 字段
main	配置包的入口，默认为包根目录下的 index. js
devDependencies	配置这个属性可以提示包的后续开发者安装依赖包

3. NPM 的常用功能

对于 Node. js 而言，NPM 帮助其完成了第三方模块的发布、安装和依赖等。借助 NPM，Node. js 与第三方模块之间形成了一个良好的生态系统。NPM 的常用命令见表 2-4。

表 2-4 NPM 常用命令

命　令	作　用
npm -v	查看当前 NPM 的版本
npm	查看帮助引导说明
npm <command> --help	查看具体命名说明
npm install 包名	安装一个包
npm install -save 包名	安装一个包并将其添加到 package. json 的依赖中
npm install -g 包名	全局模式安装一个包
npm uninstall 包名	删除一个包，不删除依赖信息
npm uninstall 包名--save	删除一个包，并删除相关的依赖信息

任务实施

1. npm 操作

(1) 查看当前版本

通过 npm -v 命令可以查看当前的 NPM 版本，如图 2-15 所示。

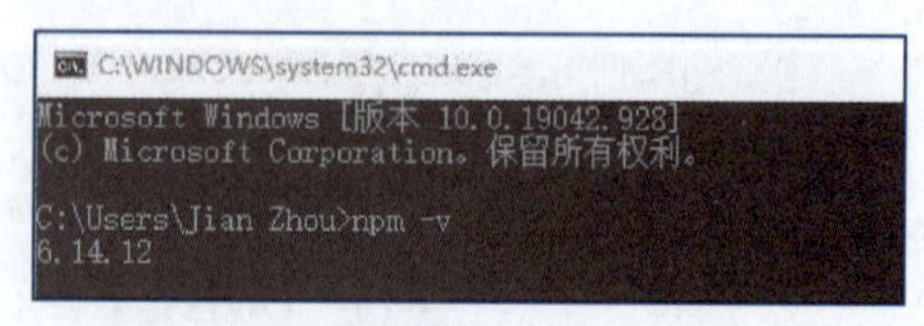

图 2-15 查看当前 NPM 版本

（2）查看帮助引导

在不熟悉 NPM 之前可以直接输入 npm 命令查看帮助引导说明，如图 2-16 所示。

```
C:\Users\Jian Zhou>npm

Usage: npm <command>

where <command> is one of:
    access, adduser, audit, bin, bugs, c, cache, ci, cit,
    clean-install, clean-install-test, completion, config,
    create, ddp, dedupe, deprecate, dist-tag, docs, doctor,
    edit, explore, fund, get, help, help-search, hook, i, init,
    install, install-ci-test, install-test, it, link, list, ln,
    login, logout, ls, org, outdated, owner, pack, ping, prefix,
    profile, prune, publish, rb, rebuild, repo, restart, root,
    run, run-script, s, se, search, set, shrinkwrap, star,
    stars, start, stop, t, team, test, token, tst, un,
    uninstall, unpublish, unstar, up, update, v, version, view,
    whoami

npm <command> -h  quick help on <command>
npm -l            display full usage info
npm help <term>   search for help on <term>
npm help npm      involved overview

Specify configs in the ini-formatted file:
    C:\Users\Jian Zhou\.npmrc
or on the command line via: npm <command> --key value
Config info can be viewed via: npm help config

npm@6.14.12 C:\Program Files\nodejs\node_modules\npm
```

图 2-16　查看帮助引导说明

（3）查看具体命令说明

使用“npm 命令--help”可以查看具体命令的使用帮助，如图 2-17 所示。

```
C:\Users\Administrator>npm uninstall --help
npm uninstall [<@scope>/]<pkg>[@<version>]... [--save-prod|--save-dev|--save-optional] [--no-save]

aliases: un, unlink, remove, rm, r

C:\Users\Administrator>
```

图 2-17　查看具体命令使用帮助

（4）安装一个包

npm install 包名的命令可以安装一个包，但这种安装方式不会添加到 package. json 文件中的依赖，如图 2-18 所示。

```
Microsoft Windows [版本 10.0.18363.592]
(c) 2019 Microsoft Corporation。保留所有权利。

D:\express_demo>npm install expree
npm WARN           ENOENT: no such file or directory, open 'D:\express_demo\package.json'
npm          created a lockfile as package-lock.json. You should commit this file.
npm WARN          ENOENT: no such file or directory, open 'D:\express_demo\package.json'
npm WARN express_demo No description
npm WARN express_demo No repository field.
npm WARN express_demo No README data
npm WARN express_demo No license field.

+ expree@0.0.7
added 68 packages from 136 contributors and audited 68 packages in 16.428s
found 0 vulnerabilities
```

图 2-18　安装包不添加到依赖

（5）安装一个包并添加到依赖

如果安装一个包的同时在 package. json 文件中添加依赖，可以使用 npm install --save

命令，如图 2-19 所示。

```
D:\express_demo>npm install express --save
npm WARN express_demo@1.0.0 No description
npm WARN express_demo@1.0.0 No repository field.

+ express@4.17.1
updated 1 package and audited 69 packages in 6.139s
found 0 vulnerabilities
```

图 2-19 安装包并添加到依赖

（6）全局模式安装一个包

使用“npm install 包名-g”命令可以实现全局模式安装一个包，即把一个包安装为全局可用的可执行命令。

（7）删除包

如果想删除一个包，可以使用“npm uninstall 包名”命令，这个命令只会删除包，并不会同时删除包的依赖信息，如图 2-20 所示。

（8）删除包并删除依赖

如果想删除一个包的同时也删除依赖，可以使用“npm uninstall 包名--save”命令，如图 2-21 所示。

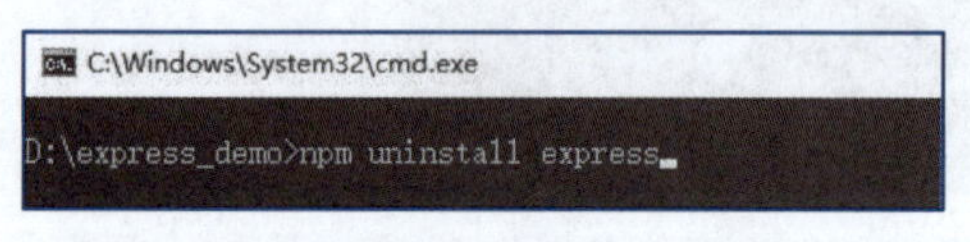

图 2-20 删除包

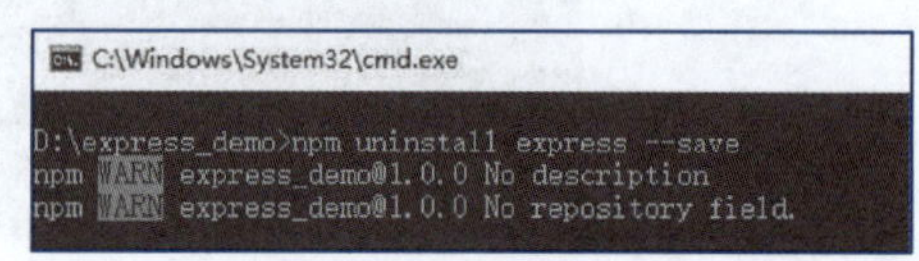

图 2-21 删除包和依赖

2. 常用镜像安装

有时，通过官方服务器地址安装包会受网络限制，安装速度较慢。可以通过国内镜像源进行安装。

① NPM 临时使用镜像安装包如图 2-22 所示。

```
pip install [包名] -i [pip源URL]

# 示例
pip install pytest -i https://pypi.tuna.tsinghua.edu.cn/simple
# 或
pip install -i https://pypi.tuna.tsinghua.edu.cn/simple pytest
# 或
pip install -r requirements.txt -i https://pypi.tuna.tsinghua.edu.cn/simple
```

图 2-22 NPM 临时使用镜像安装包

② NPM 持久使用镜像安装包如图 2-23 所示。

```
pip install pip -U
# 或
python -m pip install --upgrade pip
```

图 2-23 NPM 持久使用镜像安装包

注意：

上面配置需要使用 pip 的版本大于等于 10.0.0。

任务 2-3　安装配置 Webpack 

接口开发完成，标志着服务器开发工作暂时完成，开发工作的重心也转移到 Web 客户端。服务器方面可以借助 Node.js 内置的模块系统来实现工程化开发，但 Web 客户端受浏览器限制，在工程化开发时，需要借助模块化打包器——Webpack。

任务背景

Webpack 是一个模块打包工具，允许开发者将各种类型的代码和文件（如 JavaScript、CSS、图片等）模块化，并打包成一个或多个文件，以便在浏览器中加载。Webpack 的出现是为了解决前端开发中各种代码模块间的依赖关系管理、自动化构建等问题，提供了一种模块化的开发方式和丰富的优化工具，在前端开发中得到了广泛的应用。

知识储备

1. Webpack 的作用

Webpack 是一个模块打包器（module bundler）。在 Webpack 里一切文件皆为模块。Webpack 可以根据项目中各文件间的依赖关系，将文件所需的模块逐一纳入并汇总，最终打包成一个或数个文件。

如 JavaScript、CSS、图片、模板等文件，对 Webpack 来说都是模块。这样的好处是能清晰地描述各模块间的依赖关系，以方便 Webpack 对模块进行组合和打包。经过 Webpack 的处理，最终会输出浏览器能使用的静态资源。

使用 Webpack 打包有以下优势。

- 专注于处理模块化的项目，能做到开箱即用、一步到位。
- 可以通过 Plugin 扩展，完整好用又不失灵活。
- 使用场景不局限于 Web 开发。
- 社区庞大活跃，经常引入新特性，能为大多数场景找到已有的开源扩展。
- 良好的开发体验。

Webpack 的缺点是只能应用于采用模块化开发的项目。

2. Webpack 的核心概念

虽然 Webpack 功能强大且配置项多，但只要理解了其中的几个核心概念，就能得心应手地使用它。Webpack 有以下几个核心概念。

• Entry：入口。Webpack 执行构建的第一步将从 Entry 开始，可抽象成输入。

• Module：模块。在 Webpack 里一切皆模块，一个模块对应着一个文件。Webpack 会从配置的 Entry 开始递归找出所有依赖的模块。

• Chunk：代码块。一个 Chunk 由多个模块组合而成，用于代码合并与分隔。

• Loader：模块转换器。用于把模块原内容按照需求转换成新内容。

• Plugin：扩展插件。在 Webpack 构建流程中的特定时机，注入扩展逻辑来改变构建结果或做想做的事情。

• Output：输出结果。在 Webpack 经过一系列处理并得出最终想要的代码后输出结果。

Webpack 启动后会从 Entry 里配置的 Module 开始递归解析 Entry 依赖的所有 Module。每找到一个 Module，就会根据配置的 Loader 去找出对应的转换规则。对 Module 进行转换后，再解析当前 Module 依赖的 Module。这些模块会以 Entry 为单位进行分组，一个 Entry 和其所有依赖的 Module 被分到一个组，也就是一个 Chunk。最后 Webpack 会把所有 Chunk 转换成文件输出。在整个流程中，Webpack 会在恰当的时机执行 Plugin 里定义的逻辑。

3. Webpack 常用配置

（1） Entry

Entry 是配置模块的入口，可抽象成输入，Webpack 执行构建的第一步将从入口开始搜寻及递归解析所有入口依赖的模块。

Entry 配置是必填的，若不填将导致 Webpack 报错退出。

① context。Webpack 在寻找相对路径的文件时，会以 context 为根目录。context 默认为执行 Webpack 时所在的工作目录。如果想改变 context 的默认配置，则可以在配置文件里进行如下设置。

```
module.exports = {
    context: path.resolve(__dirname, 'app')
}
```

注意：

context 必须是一个绝对路径的字符串。

除此之外，还可以通过在启动 Webpack 时带上参数 webpack --context 来设置 context。

在这里先介绍 context，是因为 Entry 的路径和其依赖模块的路径可能采用相对于 context 的路径来描述，context 会影响这些相对路径所指向的真实文件。

② Entry 类型。Entry 类型可以是表 2-5 中 3 种类型中的 1 种或者相互组合：

表 2-5 Entry 类型

类 型	举 例	含 义
string	'./app/entry'	入口模块的文件路径，可以是相对路径

续表

类　型	举　例	含　义
array	['./app/entry1', './app/entry2']	入口模块的文件路径，可以是相对路径
object	{ a: './app/entry-a', b: ['./app/entry-b1', './app/entry-b2']}	配置多个入口，每个入口生成一个 Chunk

如果是 array 类型，则搭配 output. library 配置项使用时，只有数组里的最后一个入口文件的模块会被导出。

③ Chunk 名称。Webpack 会为每个生成的 Chunk 取一个名称，Chunk 的名称和 Entry 的配置有关。

- 如果 Entry 是一个 string 或 array，就只会生成一个 Chunk，这时 Chunk 的名称是 main。
- 如果 Entry 是一个 object，就可能会出现多个 Chunk，这时 Chunk 的名称是 object 键值对里键的名称。

④ 配置动态 Entry。假如项目里有多个页面，则需要为每个页面的入口配置一个 Entry。但这些页面的数量可能会不断增长。这时 Entry 的配置会受其他因素的影响导致不能写成静态值。其解决方法是把 Entry 设置成一个函数去动态返回上面所说的配置，示例代码如下。

```
// 同步函数
entry: () => {
    return {
        a:'./pages/a',
        b:'./pages/b',
    }
};
// 异步函数
entry: () => {
    return new Promise((resolve)=>{
        resolve({
        a:'./pages/a',
        b:'./pages/b',
      });
    });
};
```

（2） output

output 配置如何输出最终想要的代码。output 是一个 object，里面包含如下一系列配置项。

① filename。output. filename 配置输出文件的名称，为 string 类型。如果只有一个输出

文件，则可以把它写成静态不变的，代码为 filename：'bundle. js'。

但是在有多个 Chunk 要输出时，就需要借助模板和变量了。前面说到 Webpack 会为每个 Chunk 取一个名称。可以根据 Chunk 的名称来区分输出的文件名，代码为 filename：'[name]. js'。代码里的［name］可用内置的 name 变量去替换［name］，这时可以把它看作一个字符串模块函数，每个要输出的 Chunk 都会通过这个函数去拼接出输出的文件名称。

内置变量除了 name 以外还包括表 2-6 所示的内容。

表 2-6 内 置 变 量

变量名	含 义
id	Chunk 的唯一标识，从 0 开始
name	Chunk 的名称
hash	Chunk 的唯一标识的 Hash 值
chunkhash	Chunk 内容的 Hash 值

其中 hash 和 chunkhash 的长度是可指定的，［hash：8］代表取 8 位哈希值，默认是 20 位。

注意：

ExtractTextWebpackPlugin 插件是使用 contenthash 来代表哈希值而不是 chunkhash，原因在于 ExtractTextWebpackPlugin 提取出来的内容是代码内容本身，而不是由一组模块组成的 Chunk。

② chunkFilename。output. chunkFilename 配置无入口的 Chunk 在输出时的文件名称。chunkFilename 和上面的 filename 非常类似，但 chunkFilename 只用于指定在运行过程中生成的 Chunk 在输出时的文件名称。常见会在运行时生成 Chunk 场景有使用 CommonChunkPlugin、使用 import('path/to/module') 动态加载等。chunkFilename 支持和 filename 一致的内置变量。

③ path。output. path 配置输出文件存放在本地的目录，必须是 string 类型的绝对路径。通常通过 Node. js 的 path 模块去获取绝对路径，语法格式如下。

```
path: path. resolve(__dirname, 'dist_[hash]')
```

④ publicPath。在复杂的项目中可能会有一些构建出的资源需要异步加载，加载这些异步资源需要对应的 URL 地址。

output. publicPath 配置发布到线上资源的 URL 前缀，为 string 类型。默认值是空字符串""，即使用相对路径。

如果需要把构建的资源文件上传到 CDN 服务上，以便加快页面的打开速度。配置代码如下。

```
filename:'[name]_[chunkhash:8].js'
publicPath: 'https://cdn.example.com/assets/'
```

这时发布到线上的 HTML 在引入 JavaScript 文件时就需要添加如下代码。

```
<script src='https://cdn.example.com/assets/a_12345678.js'></script>
```

使用该配置项时要注意，稍有不慎将导致资源加载时报出 404 错误。

output.path 和 output.publicPath 都支持字符串模版，内置变量只有一个 hash。hash 代表一次编译操作的哈希（Hash）值。

⑤ crossOriginLoading。Webpack 输出的部分代码块可能需要异步加载，而异步加载是通过 JSONP 方式实现的。JSONP 的原理是动态地向 HTML 中插入一对<script src="url"></script>标签去加载异步资源。output.crossOriginLoading 则是用于配置这个异步插入的标签的 crossorigin 值。

<script>标签的 crossorigin 属性的取值如下。

- anonymous（默认）：在加载此脚本资源时不会带上用户的 Cookies。
- use-credentials：在加载此脚本资源时会带上用户的 Cookies。

通常用设置 crossorigin 来获取异步加载的脚本执行时的详细错误信息。

⑥ libraryTarget 和 library。当用 Webpack 去构建一个可以被其他模块导入使用的库时，需要使用 libraryTarget 和 library。

- output.libraryTarget 配置导出库的方式。
- output.library 配置导出库的名称。

libraryTarget 和 library 通常搭配在一起使用。

output.libraryTarget 是字符串的枚举类型，支持以下配置。

- var（默认）

编写的库通过 var 被赋值给通过 library 指定名称的变量。

假如配置了 output.library='LibraryName'，则输出和使用的代码如下。

```
// Webpack 输出的代码 var LibraryName = lib_code;
// 使用库的方法
LibraryName.doSomething();
```

假如 output.library 为空，则将直接输出 lib_code。

其中 lib_code 代指导出库的代码内容，是有返回值的一个自执行函数。

- CommonJS。

编写的库通过 CommonJS 规范导出。假如配置了 output.library='LibraryName'，则输出和使用的代码如下。

```
// Webpack 输出的代码
exports['LibraryName'] = lib_code;
// 使用库的方法
require('library-name-in-npm')['LibraryName'].doSomething();
```

其中 library-name-in-npm 是指模块发布到 NPM 代码仓库时的名称。

- CommonJS2。

编写的库通过 CommonJS2 规范导出，输出和使用的代码如下。

```
// Webpack 输出的代码
module. exports = lib_code;
// 使用库的方法
require('library-name-in-npm'). doSomething();
```

CommonJS2 和 CommonJS 规范很相似，差别在于 CommonJS 只能用 exports 导出；CommonJS2 在 CommonJS 的基础上增加了 module. exports 的导出方式。

在 output. libraryTarget 为 CommonJS2 时，配置 output. library 将没有意义。

- this。

编写的库通过 this 被赋值给通过 library 指定的名称，输出和使用的代码如下。

```
// Webpack 输出的代码
this['LibraryName'] = lib_code;
// 使用库的方法
this. LibraryName. doSomething();
```

- window。

编写的库通过 window 被赋值给通过 library 指定的名称，即把库挂载到 window 上，输出和使用的代码如下。

```
// Webpack 输出的代码
window['LibraryName'] = lib_code;
// 使用库的方法
window. LibraryName. doSomething();
```

- global。

编写的库通过 global 被赋值给通过 library 指定的名称，即把库挂载到 global 上，输出和使用的代码如下。

```
// Webpack 输出的代码
global['LibraryName'] = lib_code;
// 使用库的方法
global. LibraryName. doSomething();
```

⑦ libraryExport。output. libraryExport 配置要导出的模块中哪些子模块需要被导出。它只有在 output. libraryTarget 被设置成 CommonJS 或者 CommonJS2 时使用才有意义。

假如要导出的模块源代码如下。

```
export const a=1;export default b=2;
```

现在想让构建输出的代码只导出其中的 a，可以把 output. libraryExport 设置成 a，构建输出的代码和使用方法如下。

```
// Webpack 输出的代码 module. exports = lib_code['a'];
// 使用库的方法 require('library-name-in-npm')= = =1;
```

（3）Module

Module 用于配置如何处理模块。

① 配置 Loader。rules 配置模块的读取和解析规则，通常用来配置 Loader。其类型是一个数组，数组里每一项都描述了如何处理部分文件。配置一项 rules 时可以通过以下方式。

- 条件匹配：通过 test、include、exclude 3 个配置项来命中 Loader 要应用规则的文件。
- 应用规则：对选中后的文件通过 use 配置项来应用 Loader，可以只应用一个 Loader 或者按照从后往前的顺序应用一组 Loader，还可以分别给 Loader 传入参数。
- 重置顺序：一组 Loader 的执行顺序默认是从右到左执行，通过 enforce 选项可以让其中一个 Loader 的执行顺序放到最前或者最后。

下面通过一个例子来说明具体使用方法。

```
module: {
    rules: [
        {
            // 命中 JavaScript 文件
            test: /\.js$/,
            // 用 babel-loader 转换 JavaScript 文件
            // ?cacheDirectory 表示传给 babel-loader 的参数,用于缓存 babel 编译结果,加快重新编译速度
            use: ['babel-loader?cacheDirectory'],
            // 只命中 src 目录里的 js 文件,加快 Webpack 搜索速度
            include: path.resolve(__dirname, 'src')
        },
        {
            // 命中 SCSS 文件
            test: /\.scss$/,
            // 使用一组 Loader 去处理 SCSS 文件。
            // 处理顺序为从后到前,即先交给 sass-loader 处理,再把结果交给 css-loader 最后再给 style-loader。
            use: ['style-loader', 'css-loader', 'sass-loader'],
            // 排除 node_modules 目录下的文件
            exclude: path.resolve(__dirname, 'node_modules'),
        },
        {
            // 对非文本文件采用 file-loader 加载
            test: /\.(gif|png|jpe?g|eot|woff|ttf|svg|pdf)$/,
            use: ['file-loader'],
        },
    ]
}
```

在 Loader 需要传入很多参数时，还可以通过一个 Object 来描述。例如在上面 babel-loader 配置中的代码如下。

```
use: [
    {
```

```
        loader:'babel-loader',
        options:{
            cacheDirectory:true,
        },
        // enforce:'post'的含义是把该 Loader 的执行顺序放到最后
        // enforce 的值还可以是 pre,代表把 Loader 的执行顺序放到最前面
        enforce:'post'
    },
    // 省略其他 Loader
]
```

上面的例子中 test、include、exclude 3 个命中文件的配置项只传入了一个字符串或正则表达式，其实这 3 个命中文件还都支持数组类型，使用方法如下。

```
{
    test:[
        /\.jsx?$/,
        /\.tsx?$/
    ],
    include:[
        path.resolve(__dirname, 'src'),
        path.resolve(__dirname, 'tests'),
    ],
    exclude:[
        path.resolve(__dirname, 'node_modules'),
        path.resolve(__dirname, 'bower_modules'),
    ]
}
```

数组里每项之间是或的关系，即文件路径符合数组中的任何一个条件就会被命中。

② noParse。noParse 配置项可以让 Webpack 忽略对部分没采用模块化的文件进行递归解析和处理。这样做的好处是能提高构建性能。其原因是一些库（如 jQuery、ChartJS 等）既庞大又没有采用模块化标准，让 Webpack 去解析这些文件耗时又没有意义。

noParse 是可选配置项，类型需要是 RegExp、[RegExp]、function 其中之一。

如果想要忽略 jQuery、ChartJS，可以使用如下代码。

```
// 使用正则表达式
noParse: /jquery|chartjs/
// 使用函数,从 Webpack 3.0.0 开始支持
noParse: (content)=> {
    // content 代表一个模块的文件路径
    // 返回 true or false
    return /jquery|chartjs/.test(content);
}
```

注意：

被忽略的文件里不应该包含 import、require、define 等模块化语句，否则会导致构建出的代码中包含无法在浏览器环境下执行的模块化语句。

③ parser。因为 Webpack 是以模块化的 JavaScript 文件为入口，所以内置了对模块化 JavaScript 的解析功能，支持 AMD、CommonJS、SystemJS、ES6。parser 属性可以更细粒度地配置哪些模块语法需要解析，和 noParse 配置项的区别在于 parser 可以精确到语法层面，而 noParse 只能控制哪些文件不被解析。parser 的使用方法如下。

```
module: {
    rules: [
        {
            test: /\.js$/,
            use: ['babel-loader'],
            parser: {
            amd: false,                  // 禁用 AMD
            commonjs: false,             // 禁用 CommonJS
            system: false,               // 禁用 SystemJS
            harmony: false,              // 禁用 ES6 import/export
            requireInclude: false,       // 禁用 require.include
            requireEnsure: false,        // 禁用 require.ensure
            requireContext: false,       // 禁用 require.context
            browserify: false,           // 禁用 browserify
            requireJs: false,            // 禁用 requirejs
            }
        },
    ]
}
```

4. Resolve

Webpack 在启动后会从配置的入口模块出发，找出所有依赖的模块。Resolve 配置决定 Webpack 如何寻找模块所对应的文件。Webpack 内置 JavaScript 模块化语法解析功能，默认会采用模块化标准里约定好的规则去寻找，但也可以根据自己的需要修改默认的规则。

① alias。resolve.alias 配置项通过别名来把原导入路径映射成一个新的导入路径。例如使用以下配置。

```
// Webpack alias 配置
resolve:{
    alias:{
        components: './src/components/'
    }
}
```

当通过 import Button from 'components/button'导入时，路径实际上被 alias 等价替换成了 import Button from './src/components/button'。

以上 alias 配置的含义是把导入语句里的 components 关键字替换成 ./src/components/，但这样做可能会命中太多的导入语句。alias 还支持 $ 符号来把命中范围缩小到只命中以关键字结尾的导入语句，代码如下。

```
resolve:{
    alias:{
        'react $ ': '/path/to/react. min. js'
    }
}
```

react $ 只会命中以 react 结尾的导入语句，即只会把 import 'react'关键字替换成 import '/path/to/react. min. js'。

② mainFields。有一些第三方模块会针对不同环境提供几份代码。例如分别提供采用 ES5 和 ES6 的两份代码，这两份代码的位置写在 package. json 文件里，具体代码如下。

```
{
    "jsnext:main": "es/index. js",// 采用 ES6 语法的代码入口文件
    "main": "lib/index. js" // 采用 ES5 语法的代码入口文件
}
```

Webpack 会根据 mainFields 的配置决定优先采用哪份代码，mainFields 默认配置如下。

```
mainFields: ['browser', 'main']
```

Webpack 会按照 mainFields 数组里的顺序去 package. json 文件里寻找对应文件，只会使用找到的第一个文件。

假如想要优先采用 ES6 的文件，可以按如下方式配置。

```
mainFields: ['jsnext:main','browser','main']
```

③ extensions。在导入语句没带文件扩展名时，Webpack 会自动带上文件扩展名后去尝试访问文件是否存在。resolve. extensions 用于配置在尝试过程中用到的文件扩展名列表，默认如下。

```
extensions: ['. js', '. json']
```

也就是说，当遇到 require('./data') 这样的导入语句时，Webpack 会先去寻找 ./data. js 文件，如果该文件不存在就去寻找 ./data. json 文件，如果还是找不到就报错。

假如让 Webpack 优先使用目录下的 TypeScript 文件，可以进行如下配置。

```
extensions: ['. ts', '. js', '. json']
```

④ modules。resolve. modules 负责配置 Webpack 第三方模块的目录，默认只会去 node_modules 目录寻找。有时项目里会有一些模块大量被其他模块依赖和导入。由于其他模块的位置分布不定，不同的文件都要去计算被导入模块文件的相对路径。有些文件的相对路径会很长，如 import '../../../components/button'，这时可以利用 modules 配置项优化。假如那些被大量导入的模块都在 ./src/components 目录下，可以把 modules 配置成如下形式。

```
modules:['./src/components','node_modules']
```

配置完成后，可以简单通过 import 'button'导入。

⑤ descriptionFiles。resolve. descriptionFiles 配置描述第三方模块的文件名称，也就是

package. json 文件。默认配置如下。

```
descriptionFiles: ['package. json']
```

⑥ enforceExtension。resolve. enforceExtension 如果配置为 true，所有导入语句都必须要带文件扩展名，例如开启前 import './foo'能正常工作，开启后就必须写成 import './foo. js'。

⑦ enforceModuleExtension。enforceModuleExtension 和 enforceExtension 作用类似，但 enforceModuleExtension 只对 node_modules 下的模块生效。enforceModuleExtension 通常搭配 enforceExtension 使用。在 enforceExtension:true 时，因为安装的第三方模块中大多数导入语句没带文件扩展名，所以这时通过配置 enforceModuleExtension:false 来兼容第三方模块。

5. Plugin

Plugin 用于扩展 Webpack 功能，各种各样的 Plugin 几乎让 Webpack 可以做任何构建相关的事情。

Plugin 的配置很简单，plugins 配置项接收一个数组，数组里每一项都是一个要使用的 Plugin 的实例，Plugin 需要的参数通过构造函数传入。

```
const CommonsChunkPlugin = require('webpack/lib/optimize/CommonsChunkPlugin');
module. exports = {
    plugins: [
        // 将所有页面都会用到的公共代码提取到 common 代码块中
        new CommonsChunkPlugin({
            name: 'common',
            chunks: ['a', 'b']
        }),
    ]
};
```

使用 Plugin 的难点在于掌握 Plugin 本身提供的配置项，而不是如何在 Webpack 中接入 Plugin。几乎所有 Webpack 无法直接实现的功能都能在社区找到开源的 Plugin 解决，需要善于使用搜索引擎去寻找解决问题的方法。

6. DevServer

DevServer 提供了一些可以改变 DevServer 默认行为的配置项。要配置 DevServer，除了在配置文件里通过 devServer 传入参数外，还可以通过命令行参数传入。注意只有在通过 DevServer 去启动 Webpack 时配置文件里 devServer 才会生效，因为这些参数所对应的功能都是 DevServer 提供的，Webpack 本身并不认识 devServer 配置项。

（1） hot

devServer. hot 配置是否启用模块热替换功能。DevServer 默认的行为是在发现源代码被更新后，通过自动刷新整个页面来做到实时预览。开启模块热替换功能后，在不刷新整个页面的情况下通过用新模块替换老模块来做到实时预览。

（2）inline

DevServer 的实时预览功能依赖一个注入页面里的代理客户端去接收来自 DevServer 的命令并负责网页的刷新。devServer. inline 用于配置是否自动注入这个代理客户端到运行在页面里的 Chunk 里去，默认是自动注入。DevServer 会根据是否开启 inline 来调整自动刷新策略，具体如下。

• 如果开启 inline，DevServer 会在构建完变化后的代码时，通过代理客户端控制网页刷新。

• 如果关闭 inline，DevServer 将无法直接控制要开发的网页。这时会通过 iframe 的方式去运行要开发的网页，当构建完变化后的代码时，通过刷新 iframe 来实现实时预览。但这时需要去 http://localhost：8080/webpack-dev-server/实时预览网页了。

如果想使用 DevServer 自动刷新网页实现实时预览，最方便的方法是直接开启 inline。

（3）historyApiFallback

devServer. historyApiFallback 用于便捷地开发使用 HTML5 History API 的单页应用。这类单页应用要求服务器在针对任何命中的路由时，都返回一个对应的 HTML 文件，例如在访问 http://localhost/user 和 http://localhost/home 时都返回 index. html 文件。浏览器端的 JavaScript 代码会从 URL 里解析出当前页面的状态，显示出对应的界面。

配置 historyApiFallback 最简单的方法如下。

```
historyApiFallback：true
```

这种方法会导致任何请求都会返回 index. html 文件，这只能用于只有一个 HTML 文件的应用。

如果应用由多个单独页面组成，这就需要 DevServer 根据不同的请求来返回不同的 HTML 文件，配置如下。

```
historyApiFallback：{
    // 使用正则匹配命中路由
    rewrites：[
        // /user 开头的都返回 user. html
        { from：/^\/user/, to：'/user. html' },
        { from：/^\/game/, to：'/game. html' },
        // 其他的都返回 index. html
        { from：/./, to：'/index. html' },
    ]
}
```

（4）contentBase

devServer. contentBase 配置 DevServer HTTP 服务器的文件根目录。默认情况下为当前执行目录，通常是项目根目录，所以一般情况下不必设置，除非有额外的文件需要被 DevServer 服务。例如想把项目根目录下的 public 目录设置成 DevServer 服务器的文件根目录，可以进行如下配置。

```
devServer:{
    contentBase: path.join(__dirname, 'public')
}
```

注意：

DevServer 服务器通过 HTTP 服务暴露出的文件分为以下两类。

- 暴露本地文件。
- 暴露 Webpack 构建出的结果，由于构建出的结果交给了 DevServer，所以使用 DevServer 后无法在本地找到构建出的文件。

contentBase 只能用来配置暴露本地文件的规则，可以通过 contentBase:false 来关闭暴露本地文件。

（5）headers

devServer.headers 配置项可以在 HTTP 响应中注入一些 HTTP 响应头，配置如下。

```
devServer:{
    headers: {
        'X-foo':'bar'
    }
}
```

（6）host

devServer.host 配置项用于配置 DevServer 服务监听的地址。例如想要局域网中的其他设备访问本地的服务，可以在启动 DevServer 时带上 --host 0.0.0.0。host 的默认值是 127.0.0.1，即只有本地可以访问 DevServer 的 HTTP 服务。

（7）port

devServer.port 配置项用于配置 DevServer 服务监听的端口，默认使用 8080 端口。如果 8080 端口已经被其他程序占用，就使用 8081 端口。如果 8081 端口还是被占用就使用 8082 端口，以此类推。

（8）allowedHosts

devServer.allowedHosts 配置一个白名单列表，只有 HTTP 请求的 HOST 在列表里才正常返回，配置如下。

```
allowedHosts: [
    // 匹配单个域名
    'host.com',
    'sub.host.com',
    // host2.com 和所有的子域名 *.host2.com 都将匹配
    '.host2.com'
]
```

（9）disableHostCheck

devServer.disableHostCheck 配置项用于配置是否关闭用于 DNS 重新绑定的 HTTP 请求

的 HOST 检查。DevServer 默认只接受来自本地的请求，关闭后可以接受来自任何 HOST 的请求。它通常用于搭配--host 0.0.0.0 使用，因为想要其他设备访问本地的服务，但访问时是直接通过 IP 地址访问，而不是 HOST 访问，所以需要关闭 HOST 检查。

（10）https

DevServer 默认使用 HTTP 协议服务，也能使用 HTTPS 协议服务。有些情况下必须使用 HTTPS，例如 HTTP2 和 Service Worker 就必须运行在 HTTPS 之上。要切换成 HTTPS 服务，最简单的方式如下。

```
devServer:{
    https: true
}
```

DevServer 会自动地生成一份 HTTPS 证书。如果想用自己的证书可以进行如下配置。

```
devServer:{
    https: {
        key: fs.readFileSync('path/to/server.key'),
        cert: fs.readFileSync('path/to/server.crt'),
        ca: fs.readFileSync('path/to/ca.pem')
    }
}
```

（11）clientLogLevel

devServer. clientLogLevel 配置在客户端的日志等级，这会影响在浏览器的开发者工具控制台里看到的日志内容。clientLogLevel 是枚举类型，其取值为：none、error、warning、info。默认取值为 info，即输出所有类型的日志。如果设置成 none 则不输出任何日志。

（12）compress

devServer. compress 配置是否启用 gzip 压缩，为 boolean 类型，默认为 false。

（13）open

devServer. open 用于在 DevServer 启动且第一次构建完成时，自动用系统上默认的浏览器去打开要开发的网页，同时还提供 devServer. openPage 配置项用于打开指定 URL 的网页。

任务实施

1. 安装 Webpack

安装 Webpack 之前，先确保安装了 Node. js 的最新版本。建议使用 Node. js 的长期支持版本（Long Term Support，LTS）。使用旧版本，可能遇到各种难以解决的问题，因为早期版本可能缺少 Webpack 功能，或者缺少相关 package。

（1）本地安装

首先创建一个目录，初始化 NPM，然后在本地安装 Webpack 和 Webpack-cli 包，如图 2-24 所示。

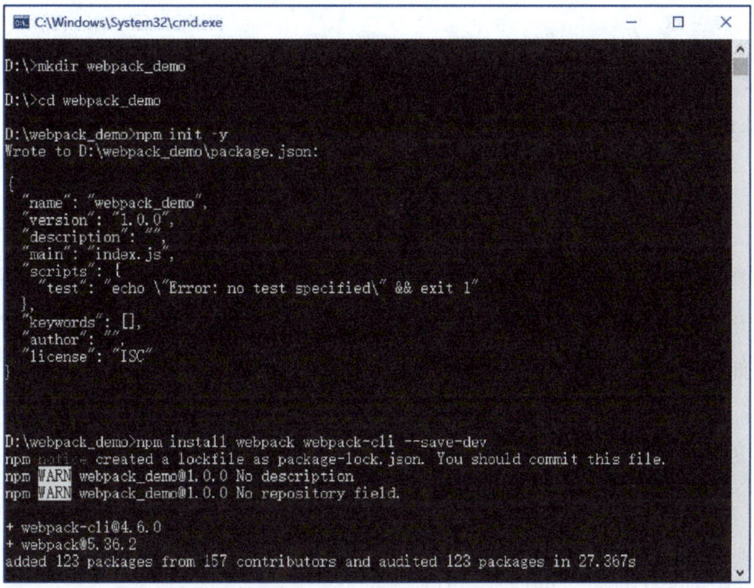

```
C:\Windows\System32\cmd.exe

D:\>mkdir webpack_demo

D:\>cd webpack_demo

D:\webpack_demo>npm init -y
Wrote to D:\webpack_demo\package.json:

{
  "name": "webpack_demo",
  "version": "1.0.0",
  "description": "",
  "main": "index.js",
  "scripts": {
    "test": "echo \"Error: no test specified\" && exit 1"
  },
  "keywords": [],
  "author": "",
  "license": "ISC"
}


D:\webpack_demo>npm install webpack webpack-cli --save-dev
npm notice created a lockfile as package-lock.json. You should commit this file.
npm WARN webpack_demo@1.0.0 No description
npm WARN webpack_demo@1.0.0 No repository field.

+ webpack-cli@4.6.0
+ webpack@5.36.2
added 123 packages from 157 contributors and audited 123 packages in 27.367s
```

图 2-24 安装 Webpack 和 Webpack-cli

其中，Webpack 是打包器的核心。Webpack-cli 提供了大量指令以方便打包定制，是使用 Webpack 的必备库。

注意：

是否使用--save-dev 取决于应用场景。假设仅使用 Webpack 进行构建操作，那么建议在安装时使用--save-dev 选项（一般不需要在生产环境上使用 Webpack）。如果需要应用于生产环境，请忽略--save-dev 选项。

对于大多数项目，建议本地安装。这可以在引入重大更新版本时，更容易分别升级项目。通常会通过运行一个或多个 NPM 脚本以在本地 node_modules 目录中查找并运行安装的 Webpack，具体代码如下。

```
"scripts":{
    "build":"webpack"
}
```

注意：

想要运行本地安装的 Webpack，可以通过 node_modules/.bin/webpack 来访问其二进制版本。如果使用的是 npm 5.2.0 或更高版本，则可以运行 npx webpack 来执行。

(2) 安装到全局

通过以下 NPM 安装方式，可以使 Webpack 在全局环境下使用。

```
npm install --global webpack
```

注意：

不推荐全局安装 Webpack。这会将项目中的 Webpack 锁定为指定版本，并且在使用不同 Webpack 版本的项目中，可能会导致构建失败。

2. 配置 Webpack

Webpack 具有很大的灵活性，以配置处理文件的方式。在项目根目录下，新建一个名为 wbpack. config. js 的文件，作为 Webpack 的默认配置文件。通过编写该文件，可以告诉 Webpack 具体如何打包，以实现打包的定制。该文件配置如下。

```
module.exports = {
    mode: 'development',
    entry: './src/server.js',
    output: {
        filename: 'bundle.js',
        path: path.resolve(__dirname,'./dist'),
    }
}
```

上面的代码是一个 Webpack 的最小配置。其中，mode 表示打包模式，可以是生产模式（production）；也可以是开发模式（development）。开发期间为了方便定位错误（Bug）的位置，建议使用开发模式，待开发完成后实际部署时，再改为生产模式，以便优化文件尺寸。entry 是打包的入口，Webpack 从入口开始递归解析出所有依赖的模块。output 是输出文件，其中又分为 path（路径）和 filename（文件名），组合起来表示出输出文件的位置。

3. 使用 Webpack

在没有安装全局 Webpack 的情况下，是无法在根目录直接执行 Webpack 命令进行打包的。前面已经讲解了在 package. json 文件中通过改写其 scripts 键中的值来自定义脚本命令，并直接使用 npx webpack 命令执行的方法。

下面通过 Webpack 构建一个采用 CommonJS 模块化编写的项目，该项目中的某个网页会通过 JavaScript 显示“Hello，Webpack”。通过此案例演示打包过程。

运行构建前需要完成最基础的 JavaScript 文件和 HTML 文件的建立。

① 创建页面入口文件 index. html，并编写代码如下。

```
<html>
    <head>
```

```
        <meta charset="UTF-8">
    </head>
    <body>
        <div id="app"></div>
        <!--导入 webpack 输出的 JS 文件-->
        <script src="./dist/bundle.js"></script>
    </body>
</html>
```

② 创建用于存放工具函数的 show.js 文件，编写代码如下。

```
// 操作 DOM 元素,把 content 显示到网页上
function show(content) {
    window.document.getElementById('app').innerText = 'Hello,'+ content;
}

// 通过 CommonJS 规范导出 show 函数
module.exports = show;
```

③ 创建包含执行入口的 main.js 文件，编写代码如下。

```
// 通过 CommonJS 规范导入 show 函数
const show = require('./show.js');
// 执行 show 函数
show('Webpack');
```

④ 创建 Webpack 的配置文件 webpack.config.js，编写代码如下。

```
const path = require('path');
module.exports = {
        // JS 执行入口文件
        entry: './main.js',
        output: {
        // 将所有依赖的模块合并输出到一个 bundle.js 文件
        filename: 'bundle.js',
        // 输出文件都放到 dist 目录下
        path: path.resolve(__dirname, './dist'),
    }
};
```

由于 Webpack 构建运行在 Node.js 环境下，所以该文件最后需要通过 CommonJS 规范导出一个描述如何构建的 Object 对象。

此时，项目目录如下。

- index.html。
- main.js。
- show.js。
- webpack.config.js。

文件就绪后，在根目录下执行 npx webpack 命令构建 Webpack。完成后会发现目录下多

了一个 dist 目录，里面有一个 bundle. js 文件，如图 2-25 所示。bundle. js 是一个可执行的 JavaScript 文件，包含页面所依赖 main. js 和 show. js 两个模块，以及内置的 webpackBootstrap 启动函数。这时用浏览器打开 index. html 网页，就会看到“Hello，Webpack”。如图 2-26 所示。

图 2-25 生成 dist 文件夹和 bundle. js 文件

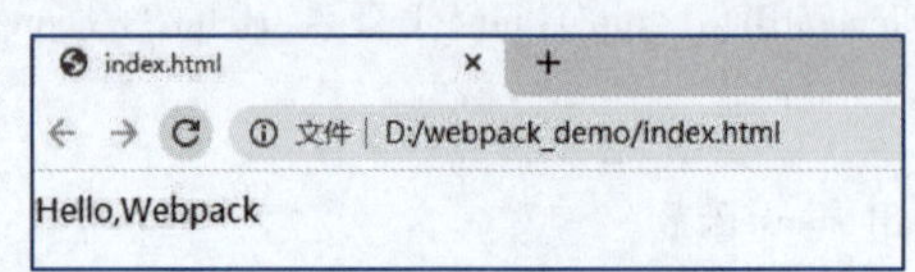

图 2-26 运行结果

Webpack 是一个打包模块化 JavaScript 的工具，它会从 main. js 出发，识别源码中的模块化导入语句，递归找出入口文件的所有依赖，将入口和其他所有依赖打包到一个单独的文件中。从 Webpack 2 开始，Webpack 已经内置了对 ES6、CommonJS、AMD 模块化语句的支持。

项目小结

本节主要介绍了 Node. js、NPM 包管理工具、常用的打包工具 Webpack，并在拓展阅读中学习了目前广泛使用的 git 技术。

课后练习

选择题

1. 下列选项中，关于 Node. js 的全局函数编程模式说法正确的是（　　）。

A. 开发效率高　　B. 维护成本低

C. 容易污染全局变量　　D. 不容易污染全局变量

2. 下列选项中，对 Node. js 中包说明文件 package. json 的属性描述错误的是（　　）。

A. version 表示包的版本号

B. main 表示包的简介

C. author 表示包的作者

D. dependencies 是包的依赖项，NPM 会根据该属性自动加载依赖包

3. 在 Node. js 中，module. exports 初始值为（　　）。

A. 0　　B. ''　　C. {}　　D. null

4. NPM 的命令中，用于查看包的文档的命令是（　　）。

A. npm install - save 包名　　B. npm install -g 包名

C. npm docs 包名　　D. npm uninstall 包名

5. 如果把项目中文件 hello. py 的内容破坏，如何使其还原至原始版本？（　　）

A. git reset - hello. py　　B. git checkout HEAD - hello. py

C. git revert hello. py　　D. git update hello. py

6. 查看当前代码在 git 服务器的分支列表，git 命令为（　　）。

A. git branch -a　　B. git branch -d

C. git branch -r　　D. git branch -s

7. git 中，暂存操作的命令是（　　）。

A. git bisect　　B. git stash　　C. git rebase　　D. git fetch

8. 下面关于 Node. js 中包的加载规则的说法中，错误的是（　　）。

A. 包模块遵循 require（）的加载规则

B. 如果发现标识名不是核心模块，就会停止寻找

C. 在加载的时候，Node. js 默认会把包模块当作核心模块去加载

D. 如果发现标识名不是核心模块，就会在当前目录的 node_moudules 下寻找

项目3 ECMAScript程序设计

学习目标

知识目标

1. 掌握 let 和 const 命令、变量的解构赋值、数组以及函数的扩展等。
2. 掌握 ES6 引入的新特性，掌握 ES6 的核心语法。
3. 掌握 ES6 Promise 异步编程。
4. 理解 ES6 Module 的关键点。

技能目标

1. 了解 ES6 和 ES5 的区别，了解 ES6 的相关拓展。
2. 掌握 ES6 引入的新特性，掌握 ES6 的核心语法。
3. 掌握 ES6 Promise 异步编程。
4. 理解 ES6 Module 的关键点。

素养目标

1. 学会模块化开发。
2. 学会团队协作开发。

任务 3-1 了解 ECMAScript6

任务背景

ECMAScript 简称 ES，其第 6 版本简称 ES6，第 5 版本简称 ES5。ECMAScript 是一种通过 ECMA-262 标准化的脚本程序设计语言。

ES6 中新增了 let 命令，主要用于变量的声明，与 var 不一样的是 let 所声明的变量只能在当前的代码块内有效，且在声明之后才能使用，不能在同一个作用域中重复声明相同的变量。另外，ES6 支持各种变量的解构赋值，包括数组解构、对象解构、字符串的解构赋值、字符串的扩展、数值的扩展、函数的扩展、数组的扩展、对象的扩展等。

知识储备

1. const 命令

在只读常量的声明中，经常使用 const 命令。一旦声明之后，其值就不能再进行改变。在使用上，const 常量必须在声明之后才能使用，只在当前声明所在的块级作用域中有效。

2. 变量的解构赋值

（1）数组解构与对象解构

ES6 支持“模式匹配”，即只要等号两边的模式是相同的，左边的变量就会被赋予对应的值。当解构不成功时，变量的值就变成 undefined。数组的解构中，数组元素按照一定次序进行排列，变量的取值根据位置而定，而在对象的属性里没有次序，所以要求变量必须与属性同名，才能保证取到的值是正确的。

示例 1：

```
let {c, b} = {c:'cc', b:'bb'} //c='cc'b='bb'
```

示例 2：

```
let [a, b, c] = 'javascript'// a='j'b='a'c='v'
```

（2）字符串的扩展

ES6 中，新增了一些对于字符串的扩展，以下是对几个新增方法的具体介绍。

① String.fromCodePoint()。

ES5 中 String.fromCharCode() 方法不能识别码点大于 0xFFFF 的字符。ES6 新增的

String. fromCodePoint( ) 方法，可以识别大于 0xFFFF 的字符，是对 String. fromCharCode( ) 方法的补充。

② String. raw( )。

此方法返回一个斜杠前面再加一个斜杠的字符串类型，在模板字符串的处理中经常用到此方法。如果在原字符串中，斜杠已经转义，那么 String. raw( ) 会进行再次转义。

③ codePointAt( )。

codePointAt( ) 方法能够正确处理 4 字节储存的字符，返回一个字符的码点。

④ normalize( )。

normalize( ) 方法用于将字符的不同表示方法统一为相同的样式，即 Unicode 正规化。

(3) 数值的扩展

① 二进制和八进制表示法。

ES6 中新增了二进制和八进制数值的新写法，用前缀 0b（或 0B）来表示二进制，0o（或 0O）表示八进制。

② 扩展函数。

Number. isFinite( )：此方法用来检查一个数值是否有限。

Number. isNaN( )：用来检查一个值是否为 NaN。传统的 isFinite( ) 和 isNaN( ) 的方法先调用 Number( ) 函数，将非数值的值转为数值，再进行判断，而此方法只对数值有效。

Number. isInteger( )：用于判断一个数值是否为整数。

③ Math 对象扩展。

在 ES6 中，新增了很多 Math 对象的新方法，如 Math. trunc ( )、Math. sign ( )、Math. cbrt( )、Math. clz32( )、Math. imul( )、Math. fround( )、Math. hypot( ) 等。

(4) 函数的扩展

① 箭头函数。

ES6 新增了一种函数的快捷写法，即箭头函数。箭头函数在创建函数时不需要 function 关键字，同时省略了 return 关键字，继承来自当前上下文的 this 关键字，this 指向外部作用域。

② 函数的 length 属性。

当指定了默认值时，函数的 length 属性返回的是没有指定默认值参数的个数，指定了默认值，length 属性将会失真。length 属性的含义在于指定函数预期传入的参数个数时，如果某个参数指定默认值以后，预期传入的参数个数就不包括此参数。

(5) 数组的扩展

① 扩展运算符。

ES6 扩展运算符（spread）用 3 个点表示（...）。可将一个数组转换为用逗号分隔的参数序列。

```
console.log(1,...[2, 3, 4], 5)// 1 2 3 4 5
```

② Array. from。

Array. from 将类似数组的对象转为数组。如果一个对象部署了遍历器接口，Symbol. iterator 就可将其转换为数组。Array. from 方法还支持类似数组的对象。即任何有 length 属性的对象，都可以通过 Array. from 方法转换为数组，而此时扩展运算符就无法转换。

③ Array. of 方法。

Array. of 方法可以将一组值转换为数组。

```
Array.of(3, 11, 8) // [3,11,8]
Array.of(3) // [3]
```

④ copyWithin。

copyWithin( ) 方法用于将当前数组内部指定位置的成员复制并粘贴到其他位置（会覆盖原有成员），再返回当前数组。主要包含 3 个参数：target（必须）：从该位置开始替换数据，如果该值为负，表示倒数；start（可选）：表示从该位置开始读取数据，默认为 0，如果该值为负，表示从末尾开始计算；end（可选）：到该位置前停止读取数据，默认等于数组长度，如果该值为负，表示从末尾开始计算。

⑤ find 和 findIndex。

find 方法可以找出第一个符合条件的数组成员。其参数是一个回调函数。所有数组成员依次执行该回调函数，直到找出第一个返回值为 true 的成员，然后返回该成员。如果没有符合条件的成员，则返回 undefined。

findIndex 方法的用法与 find 方法非常类似，返回第一个符合条件的数组成员的位置，如果所有成员都不符合条件，则返回-1。

⑥ fill。

fill 方法可以根据给定值，填充一个数组。

⑦ entries、keys 和 values。

entries、keys 和 values 都用于遍历数组，都返回一个遍历器对象，可用 for…of 循环进行遍历。区别在于 keys 是对键名的遍历，values 是对键值的遍历，而 entries 是对键值对的遍历。

⑧ includes。

includes 用来判断是否包含某个值。

（6）对象的扩展

① 对象的简写。

属性名和属性值相同时，属性值可以省略，对象的属性名和方法名允许为变量或者表达式。

② 对象的扩展运算符。

对象的扩展运算符与数组扩展运算符相似，支持对象解构剩余的参数、进行对象的合并、复制对象。

③ Object. is。

比较两个值是否为严格相等，效果等同于“===”。

④ Object. assign。

此方法用于对象的合并，当第一个参数是目标对象时，后面的参数都是源对象，如果目标对象与源对象具有同名属性，则后面的属性会覆盖前面的属性。

⑤ super 关键字。

与 this 关键字类似，super 关键字用于指向当前对象的原型对象。

任务实施

1. let 命令

let 命令示例代码如下。

```
{
        var a = 1;
        let b = 2;
    }
    a
    B
```

以上例中，let 和 var 都声明了一个变量。在代码块之外调用这两个变量时，let 声明的变量没有返回正常值，var 声明的变量返回了正常值。

在 ES6 中，可以实现对块级作用域的任意嵌套，示例代码如下。

```
Function func1(){
        let a=1;
        if(true){
        let a=2;
         }
    Console.log(a);//1
    }
```

以上例的函数 funcn1 中，在两个代码块中对变量 a 进行声明并赋值，其结果为 1，即外层代码块没有受到内层代码块的影响。

2. 数组解构

示例代码如下。

```
let [a, b, c] = [2, 4, 6]                // a=2, b=4, c=6
let [a, [b], c] = [1, [2], 3]            // 嵌套数组解构 a=1, b=2, c=3
let [k,l] = [1, 3, 5]                    // 不完全解构 k=1, l=3
```

上例中正常解构时，a=2、b=4、c=6。嵌套数组解构时，a=1、b=2、c=3。不完全解构时，k=1、l=3。

3. 箭头函数

示例代码如下。

```
var fn = v => v;
// 等同于 var fn = function (v) { return v; };
```

当箭头函数不需要参数或需要多个参数时，使用一个圆括号代表参数部分，如果箭头函数的代码块部分多于一条语句时，使用大括号将其括起来，并使用 return 语句进行返回。如果箭头函数直接返回一个对象，必须在对象外面加上括号，否则会出现错误。

4. includes( )的使用

示例代码如下。

```
[2, 4, 3].includes(2)           // true
[1, 6, 3].includes(4)           // false
[1, 8, NaN].includes(NaN)       // true
[1, 5, 3].includes(3, 3);       // false
[1, 6, 3].includes(3, -1);      // true
```

在上例中，第 1 个的返回值为 true；第 2 个的返回值是 false；第 3 个的返回值为 true；其中第 2 个参数表示搜索的开始位置，负数表示倒数位置；第 4 个的返回值为 false；第 5 个的返回值为 true。

任务 3-2　了解 ES6 新特性

任务背景

在 ES5 中，对象的属性名是字符串类型，属性名会发生冲突的情况。ES6 引入了名为 Symbol 的原始数据类型，即独一无二的值。如此，JavaScript 语言就拥有了多种数据类型：undefined、null、布尔值（Boolean）、字符串（String）、数值（Number）和对象（Object）等。

知识储备

1. Symbol

ES6 中 Symbol 的值通过 Symbol 函数生成。换言之，对象的属性名有两种类型，一种为字符串类型，另一种类型为新增的 Symbol 类型。当属性名属于 Symbol 类型时，其为独一无二的，因此不会与其他属性名产生冲突。

当 Symbol 的参数是一个对象时，会调用该对象的 toString 方法，将其转为字符串类型，再次生成一个 Symbol 类型的值。

2. Set 和 Map 数据结构

（1） Set

ES6 新增了数据结构 Set。Set 用法与数组类似，但与数组不同的是其成员的值都是唯一的，不存在重复的值。因为 Set 本身就是一个构造函数，用于生成 Set 数据结构。

Set 实例的属性和方法如下。

Set. prototype. constructor：构造函数，其默认是 Set 函数。

Set. prototype. size：返回结果为 Set 实例的成员总数。

Set 实例的方法主要分为操作方法（用于操作数据）和遍历方法（用于遍历成员）两大类。以下是 Set 的 4 个操作方法。

Set. prototype. add(value)：添加某个值，返回结果为 Set 结构本身。

Set. prototype. delete(value)：删除某个值，返回结果为一个布尔值，表示删除操作是否成功。

Set. prototype. has(value)：返回一个布尔值，判断该值是否为 Set 的成员。

Set. prototype. clear( )：清除所有的成员，并且没有返回值。

（2） Map

在 ES5 中，JavaScript 的对象是键值对的集合，一般只能用字符串当作键，因此在使用上有很大的限制。ES6 新增的 Map 数据结构，其键的范围不限于字符串，各种类型的值（包括对象）都可以当作键。也就是说，Object 结构提供了“字符串—值”的对应，Map 是“值—值”的对应，是一种更完善的哈希结构实现。当需要“键值对”的数据结构时，Map 是更好的选择。如果对同一个键多次赋值，后面的值将覆盖前面的值。对于一个未知的键，将返回 undefined。只有对同一个对象的引用，Map 结构才将其视为同一个键。

Map 具有以下属性和操作方法。

```
Map. prototype. set( key, value);
Map. prototype. get( key);
Map. prototype. has( key)
Map. prototype. delete( key)
Map. prototype. clear( )
```

Map 结构具有 3 个原生遍历器生成函数及一个遍历方法，具体如下。

Map. prototype. keys( )：返回键名的遍历器。

Map. prototype. values( )：返回键值的遍历器。

Map. prototype. entries( )：返回所有成员的遍历器。

Map. prototype. forEach( )：遍历所有成员。

3. Proxy

ES6 中 Proxy 的主要用途是修改某些操作的默认行为，即在语言层面做出修改，是一种“元编程”（meta programming），对编程语言进行编程。可以将 Proxy 理解成在目标对象之前架设一层“拦截”。当外界对该对象进行访问时，都必须先通过这层拦截，因此提供了一种可以对外界的访问进行过滤和改写的机制。

ES6 提供原生的 Proxy 构造函数，用来生成 Proxy 实例具体如下。

```
var proxy = new Proxy(target, handler);
```

4. class

JavaScript 语言中，一般通过构造函数生成实例对象。ES6 提供了新的更接近传统语言的写法，引入 class（类）这个概念作为对象的模板。通过 class 关键字，可以定义类。事实上，ES6 的 class 的绝大部分功能，ES5 都可以做到，新的 class 写法只是让对象原型的写法更加清晰而已。事实上，类的所有方法都定义在类的 prototype 属性上面。

Object. assign 方法可以一次性向类添加多个方法。constructor 方法是类的默认方法，通过 new 命令生成对象实例时，自动调用该方法。一个类必须有 constructor 方法，如果没有显式定义，一个空的 constructor 方法会被默认添加。

5. Generator 函数

ES6 提供的一种异步编程解决方案即 Generator 函数，其语法行为与传统函数完全不同。语法上，可以将 Generator 函数理解成是一个状态机，封装了多个内部的状态。执行 Generator 函数时会返回一个遍历器对象。也就是说，Generator 函数除了状态机，同时还是一个遍历器对象生成函数。返回的遍历器对象，可以依次遍历 Generator 函数内部的每一个状态。Generator 函数在形式上是一个普通函数，其有两个典型特征。第 1 个特征是 function 关键字与函数名之间有一个星号；第 2 个特征是函数体内部使用 yield 表达式，定义不同的内部状态。

Generator 函数的调用方法与普通函数一样，也是在函数名后面加上一对括号。不同的是，调用 Generator 函数后，该函数并不执行，返回的也不是函数运行结果，而是一个指向内部状态的指针对象。

在调用遍历器对象的 next 方法，指针移向下一个状态。每次调用 next 方法，内部指针就从函数头部或上一次停下来的地方开始执行，直到遇到下一个 yield 表达式（或 return 语句）才停止，即 Generator 函数是分段执行的，yield 表达式是暂停执行的标记，而 next 方法可以恢复执行。

任务实施

1. Symbol 的使用

示例代码如下。

```
let a= Symbol( ) ;
typeof a
// "symbol"
```

在上例中，变量 a 就是一个独一无二的值。typeof 运算符的结果表示变量 a 是 Symbol 数据类型。需要注意的是，对于 Symbol 函数，不能使用 new 命令，其原因是：Symbol 是一个原始类型的值，而非对象，因此不能添加属性。Symbol 是一种类似于字符串的数据类型。

2. Set 的使用

示例代码如下。

```
const s = new Set( ); [1, 2, 3, 4, 3, 2, 1]. forEach( x => s. add( x) ) ;
for (let i of s) {
console. log( i) ;
}
// 1 2 3 4
```

在上例中，用 add 方法向 Set 结构加入成员，可以看到 Set 结构不会添加重复的数值。在 Set 函数的参数中，可以使用一个数组用来初始化。

3. class 的使用

示例代码如下。

```
class Point{
    constructor( a, b) {
        this. a = a; this. b= b;
        }
    toString( ) {
return &apos;( &apos; + this. a + &apos;, &apos; + this. b + &apos;) &apos;;
        }
    }
```

上例中定义了一个“类”，其中包含一个 constructor 方法，也就是构造方法，this 关键字则代表实例对象。构造函数的 prototype 属性，在 ES6 的“类”中继续存在。

4. Generator 函数的使用

示例代码如下。

```
function * firstGenerator() {
    yield &apos;hello&apos;;
    yield &apos;world&apos;;
    return &apos;ending&apos;;
}
var fn = helloWorldGenerator();
```

在上例中定义了一个名为 firstGenerator 的 Generator 函数，其内部包含两个 yield 表达式（hello 和 world），即该函数有 3 个状态：hello、world 和 return 语句（结束执行）。

任务 3-3 ES6 Promise 编程

任务背景

相比传统的回调函数和事件，Promise 作为异步编程的一种重要解决方案更为合理也更为强大。ES6 将 Promise 写进语言标准，不但统一了其用法，还提供了原生的 Promise 对象。

Promise 的实质是一个容器，其中保存着某个未来事件（此事件可以认为是一个异步操作）的结果。从语法层面上说，Promise 是一个对象，通过 Promise 可以获取异步操作的消息。Promise 提供了统一的 API，对于不同的异步操作都可以使用相同的方法进行处理。

知识储备

1. Promise 的特点

Promise 对象的一大特点就是其状态不受外界影响。Promise 对象代表着一个异步操作，包含 3 种状态：pending（进行中）、fulfilled（已成功）和 rejected（已失败）。当异步操作的结果出来时，才可以决定当前的状态是哪一种，其他任何操作都改变不了这个状态。也正是因为该特性，才产生了 Promise 这个名称，Promise 有“承诺”的意思，表示其他任何手段都无法改变。

Promise 对象的状态改变仅有两种情况，一种是从 pending 变为 fulfilled，另外一种是从 pending 转变为 rejected。但凡这两种情况发生，状态就不会再发生改变，而是会一直保持这个结果，此种情况称为 rcsolvcd（已定型）。当改变发生之后，如果对 Promisc 对象添加回调函数，得到的依然是这个结果。这与事件的特点完全不一样，当错过事件以后，如果再去监听，是无法得到结果的。

Promise 对象的这些特点使其可以用同步操作的流程表达异步操作，避免了回调函数的层层嵌套。与此同时，Promise 提供了统一的接口，异步操作的控制变得更加容易。

Promise 有其自身的优点，但也存在一定的缺点。第一，Promise 一旦建立起来，就会立刻执行，无法中途取消。第二，如果不对其设置回调函数，Promise 内部抛出错误时，是不会被反映到外部的。第三，一旦处于 pending 状态，便无法知道目前的进展是哪一个阶段。

2. 基本用法

（1）Promise 生成实例

在 ES6 的规定中，Promise 作为一个构造函数，用其生成 Promise 实例。在 Promise 构造函数中，其会接收一个函数作为它的参数，这两个参数分别为 resolve 和 reject。resolve 和 reject 是两个函数，均由 JavaScript 提供，不需要自己部署。resolve 函数的主要作用是将 Promise 的状态从“未完成”转变为“成功”，也就是从 pending 转变为 resolved，当异步操作成功之后进行调用，同时将异步操作得到的结果作为参数，再传递出去。reject 函数的作用则是将 Promise 对象的状态从“未完成”转变成“失败”，即从 pending 转变为 rejected，在异步操作失败时进行调用，同时将异步操作所报出的错误作为参数再传递出去。

需要注意的是一旦 Promise 实例生成，可以用 then 方法对 resolved 状态和 rejected 状态指定回调函数。

在 then 的方法中，可以接受两个回调函数作为其参数。第 1 个回调函数是在 Promise 对象的状态变为 resolved 的时候调用，第 2 个回调函数是在 Promise 对象的状态变为 rejected 时再调用。这两个函数均为可选函数，两者都接收 Promise 对象传出的值作为其参数。

（2）Promise 异步加载

当加载成功时，调用 resolve 方法，否则就会调用 reject 的方法。当调用 resolve 函数和 reject 函数时，如果带有参数，则参数会被传递到回调函数。reject 函数的参数一般都是 Error 对象的实例，代表抛出的错误；resolve 函数的参数不仅可以是正常的值，也可能是另一个 Promise 实例。

3. Promise 的 then 方法

定义在原型对象 Promise. prototype 上的 then 方法，其主要作用是在 Promise 实例状态改变时，添加回调函数。then 方法的第 1 个参数为 resolved 状态的回调函数，第 2 个参数为 rejected 状态的回调函数，它们均为可选项。

then 方法返回的结果是一个 Promise 的新实例，而不是原来的 Promise 实例，所以可以采用链式的写法，也就是在 then 方法后面再调用另一个 then 的方法。

当使用链式的 then 方法时，可以为其指定一组按照一定次序调用的回调函数。此时，前面一个回调函数，其结果有可能返回的依然是一个 Promise 对象，即前面所说的异步操作，这时后一个回调函数，就会等待这个 Promise 对象的状态发生变化，再继续被调用。

4. Promise. prototype. catch( )

catch 方法是 . then(null, rejection) 或 . then(undefined, rejection) 的别名，用于明确发生错误时的回调函数。需要注意的是，一般不要在 then 方法中定义 reject 状态的回调函数，而总是使用 catch 方法。与传统的 try…catch 代码块相比，如果没有使用 catch 方法指定错误处理的回调函数，Promise 对象抛出的错误将不会传递到外层代码，因此不会有任何反应。

一般建议 Promise 对象后面跟 catch 方法，这样便可以处理 Promise 内部发生的错误。另外，catch 方法返回的依然是一个 Promise 对象，后面可以继续调用 then 方法。

5. Promise. prototype. finally( )

在 ES2018 的标准中，finally 方法用于指定不管 Promise 对象最后状态如何，都会执行的操作。语法示例如下。

```
promise
.then(result => {...})
.catch(error => {...})
.finally(() => {...});
```

在上例中，不论 promise 的最后状态如何，在执行完 then 或 catch 指定的回调函数以后，都会执行 finally 方法指定的回调函数。

6. Promise. resolve( )

Promise. resolve 方法主要用于将现有对象转换为 Promise 对象。

7. Promise. reject( )

Promise. reject(reason) 的结果会返回一个新的 Promise 实例，此实例的状态为 rejected。

```
const f = Promise.reject('出问题了');
// 等同于
const f= new Promise((resolve, reject) => reject('出问题了'))
p.then(null, function (a) {
console.log(a)
});
// 出错了
```

上例中生成一个 Promise 对象的实例 f，状态为 rejected，回调函数便会立即执行。

任务实施

1. 生成 Promise 实例

示例代码如下。

```
const promise = new Promise(function(resolve, reject) {
// ......
if (/* 异步操作成功 */){
resolve(value);
} else {
reject(error);
}
});
```

需要注意的是一旦 Promise 实例生成，可以用 then 方法对 resolved 状态和 rejected 状态指定回调函数，示例代码如下。

```
promise.then(function(value) {
    // 成功
}, function(error) {
    // 失败
});
```

在 then 的方法中，可以接收两个回调函数作为其参数。第 1 个回调函数在 Promise 对象的状态变为 resolved 时调用，第 2 个回调函数在 Promise 对象的状态变为 rejected 时再调用。这两个函数均为可选函数。两者都接收 Promise 对象传出的值作为其参数，示例代码如下。

```
function timeout(ns) {
    return new Promise((resolve, reject) => {
        setTimeout(resolve, ns, 'done');
    });
}
timeout(150).then((value) => {
    console.log(value);
});
```

在上例中，timeout 方法返回的是一个 Promise 实例，表示一段时间之后才会发生的结果。当过了指定的时间（ns 参数），Promise 的状态将转变为 resolved，此时会触发 then 方法中绑定的回调函数。需要注意的是 Promise 新建以后就会开始执行，示例代码如下。

```
let promise = new Promise(function(resolve, reject) {
    console.log('Promise');
    resolve();
});
promise.then(function() {
    console.log('resolved.');
});
console.log('Hello!');
// Promise
// Hello!
// resolved
```

在上例中，Promise 新建后就开始执行，首先输出的结果是 Promise，将在当前脚本所有同步任务执行完以后，then 方法指定的回调函数才会执行，因此 resolved 最后才会输出。

2. Promise 异步加载图片

示例代码如下。

```
function loadImg(url) {
    return new Promise(function(resolve, reject) {
        const img = new Image();
        img.onload = function() {
            resolve(img);
        };
        img.onerror = function() {
            reject(new Error('You can not load image at '+ url));
        };
        Img.src = url;
    });
}
```

在上例中，用 Promise 包装了一个图片加载的异步操作。当加载成功时，调用 resolve 方法，否则就会调用 reject 的方法。

用 Promise 对象实现了 Ajax 的操作，示例代码如下。

```
const getResult = function(url) {
const promise = new Promise(function(resolve, reject){
const method = function() {
if (this.readyState !== 4) {
return;
}
if (this.status === 200) {
resolve(this.response);
} else {
reject(new Error(this.statusText));
}
};
const client = new XMLHttpRequest();
client.open("GET", url);
client.onreadystatechange = method;
client.responseType = "json";
client.setRequestHeader("Accept", "application/json");
client.send();
});
return promise;
};
getResult("/posts.json").then(function(json) {
console.log('内容为：'+ json);
}, function(error) {
console.error('it is wrong', error);
});
```

在上例中，getResult 对 XMLHttpRequest 对象进行封装，发出一个针对 JSON 数据的 HTTP 请求，同时会返回一个 Promise 对象。需要注意的是，在 getResult 内部，resolve 函数和 reject 函数在调用之时，均带有参数。

当调用 resolve 函数和 reject 函数时，如果带有参数，则参数会被传递到回调函数。reject 函数的参数一般都是 Error 对象的实例，代表抛出的错误。resolve 函数的参数不仅可以是正常的值，也可能是另一个 Promise 实例，示例代码如下。

```
const f1 = new Promise(function (resolve, reject) {
// ...
});
const f2 = new Promise(function (resolve, reject) {
// ...
resolve(f1);
})
```

在上例中，f1 和 f2 均为 Promise 实例，但是 f2 的 resolve 方法将 f1 作为参数，即一个异步操作的结果是去返回另一个异步操作。换言之，此时 f1 的状态就会传递给 f2，f1 的状态决定了 f2 的状态。当 f1 的状态是 pending，那么 f2 的回调函数就会去等待 f1 的状态改变。如果 f1 的状态已经是 resolved 或者 rejected，那么 f2 的回调函数将会立刻执行，示例代码如下。

```
const f1 = new Promise(function (resolve, reject) {
setTimeout(() => reject(new Error('失败')), 1000)
})
const f2 = new Promise(function (resolve, reject) {
setTimeout(() => resolve(f1), 500)
})
f2
.then(result => console.log(result))
.catch(error => console.log(error))
// Error: 失败
```

在上例中，f1 是一个 Promise，1 秒之后变为 rejected。f2 的状态在 0.5 秒之后会改变，resolve 方法返回的是 f1。由于 f2 返回的结果是另一个 Promise，p2 本身的状态将会无效，由 f1 的状态去决定 f2 的状态。因此，后面的 then 语句都变成针对 f1。又过了 1 秒，f1 变为 rejected，从而导致触发 catch 方法指定的回调函数。需注意的是，resolve 或 reject 的调用并不会终结 Promise 的参数函数的执行。

3. 使用 Promise 的 then 方法

```
getJSON("/get/1.json").then(function(get) {
return getJSON(get.commentURL);
}).then(function (comments) {
console.log("resolved: ", comments);
}, function (err){
```

```
console.log("rejected: ", err);
});
```

在上例中，第 1 个 then 方法指定的回调函数，其返回的结果是另一个 Promise 对象。此时，第 2 个 then 方法指定的回调函数，则会等待此新的 Promise 对象状态发生变化。如果变为 resolved，就会调用第一个回调函数，当状态变为 rejected，就会调用第 2 个回调函数。以上代码采用箭头函数，会变得更加简洁，示例代码如下。

```
getJSON("/post/1.json").then(
post => getJSON(get.commentURL)
).then(
comments => console.log("resolved: ", comments),
err => console.log("rejected: ", err)
);
```

4. Promise.prototype.catch()

示例代码如下。

```
getJSON('/post.json').then(function(post) {
// ...
}).catch(function(error) {
// 处理 getJSON 和前面的回调函数运行时所发生的错误
console.log('有误!', error);
});
```

在上例中，getJSON 方法的结果返回一个 Promise 对象，当此对象状态变为 resolved 时，将会调用 then 方法所指定的回调函数，当异步操作抛出错误时，其状态就会变为 rejected，此时会调用 catch 方法指定的回调函数来对这个错误进行处理。当然，如果 then 方法指定的回调函数在运行中抛出错误，也会被 catch 方法捕获。

5. Promise 加载图片

示例代码如下。

```
const preloadImage = function (path) {
    return new Promise(function (resolve, reject) {
        const img = new Image();
        img.onload  = resolve;
        img.onerror = reject;
        img.src = path;
    });
};
```

图片的加载可以写成一个 Promise，当加载完成时，则 Promise 的状态就会发生变化。

6. Generator 函数与 Promise 的结合

示例代码如下。

```
function getFoo () {
    return new Promise(function (resolve, reject) {
        resolve('foo');
    });
}
const g = function * () {
    try {
        const foo = yield getFoo();
        console.log(foo);
    } catch (e) {
        console.log(e);
    }
};
function run (generator) {
    const it = generator();
    function go(result) {
        if (result.done) return result.value;
        return result.value.then(function (value) {
            return go(it.next(value));
        }, function (error) {
            return go(it.throw(error));
        });
    }
    go(it.next());
}
run(g);
```

当使用 Generator 函数管理流程时，会遇到异步操作，此时通常返回一个 Promise 对象。以上 Generator 函数 g 中，有一个异步操作 getFoo，其返回的就是一个 Promise 对象。函数 run 用来处理这个 Promise 对象，并调用下一个 next 方法。

任务 3-4 ES6 Module 编程

任务背景

ES6 的 Class 对 ES5 的构造函数的原型链继承写法进行了升级，但依然没有解决模块化的问题。Module 的出现就是为了解决模块化的问题。JavaScript 一直没有模块（module）体系，没有办法将一个大程序拆成互相依赖的小文件，再用简单的方法拼装起来。这个问题对开发大型的、复杂的项目造成了巨大困扰。

ES6 出现之前，社区其实有制定一些模块加载方案，例如突出的 CommonJS 和 AMD。CommonJS 用于服务器，AMD 用于浏览器。ES6 的出现实现了模块功能，并且操作相当简单，可以取代现有的 CommonJS 和 AMD 规范，成为浏览器和服务器都通用的模块解决方案。

ES6 模块的设计理念，是希望尽可能保持静态化，这样在编译时就能确定模块的依赖关系，以及输入和输出的变量，而 CommonJS 和 AMD 模块只能在运行时才能确定这些东西。

知识储备

1. 严格模式

不论有没有在模块头部加上 use strict，ES6 的模块都会自动采用严格模式。ES6 中的模块并不是对象，而是采用 export 命令显式指定输出的代码，输入时也可以采用静态命令的方式，示例代码如下。

```
// ES6 模块
import {
    start,
    exist,
    getFile
} from 'f1';
```

在上例中，是从 f1 模块加载 3 个方法，其他方法均不加载。这种加载方式称为“编译时加载”，效率比 CommonJS 模块加载方式高很多。不过这也导致无法引用 ES6 模块本身，因为它不是对象。

由于 ES6 模块是在编译时进行加载的，让静态分析变为可能。有了它，也能进一步拓宽 JavaScript 的语法，例如引入宏（macro）和类型检验（type system）。

浏览器使用 ES6 模块的语法如下。

```
<script type = "module" src = "f1.js" > </script>
```

上面代码在网页中插入一个模块 f1.js，由于 type 属性设为 module，所以浏览器知道这是一个 ES6 模块。

2. export 命令

在模块功能中主要由两个命令构成：export 和 import。export 命令用于规定模块的对外接口，import 命令用于输入其他模块提供的功能。

通常一个模块就是一个独立的文件。该文件内部的所有变量，外部是无法获取的。当希望外部能够读取模块内部的某个变量时，就必须使用 export 关键字输出该变量。在 JS 文件中使用 export 命令输出变量的示例代码如下。

```
// profile.js
export var firstName = 'Michael';
export var lastName = 'Jackson';
export var year = 1960;
```

以上例子是 profile. js 文件，保存了用户的信息。ES6 将其视为一个模块，里面用 export 命令对外部输出了 3 个变量。

3. import 命令

通过 export 命令定义模块的对外接口以后，其他 JS 文件就可以通过 import 命令来加载这个模块（文件）。

```
// main.js
import {
    firstName,
    lastName,
    year
} from './profile';

function setName(element) {
    element.textContent = firstName + ''+ lastName;
}
```

上面代码的 import 命令，就是用于加载 profile. js 的文件，并从中输入变量。此时 import 命令会接收一个对象，里面指定了要从其他模块导入的变量名。大括号里面的变量名，必须与被导入模块的对外接口的名称相同。当想为输入的变量重新获取一个名字时，import 命令要使用 as 关键字，并将输入的变量重命名。

4. 模块的整体加载

除了指定加载某个输出值外，还可以使用整体加载的方法。用星号指定一个对象，将所有的输出值都加载到这个对象上面。

下面为一个 circle. js 文件，它输出 area 和 circumference 两个方法。

```
// circle.js
export function area(radius) {
    return Math.PI * radius * radius;
}
export function circumference(radius) {
    return 2 * Math.PI * radius;
}
```

再加载此模块。

```
// main.js
import {
    area,
    circumference
} from './circle';
console.log('圆的面积：'+ area(4));
console.log('圆的周长：'+ circumference(14));
```

以上写法是逐一指定要加载的方法，整体加载的写法如下所示。

```
import * as circle from './circle';
console.log('圆的面积：'+ circle.area(4));
console.log('圆的周长：'+ circle.circumference(14));
```

5. export default 命令

import 命令要求用户知道所要加载的变量名或函数名，否则无法加载成功。为了使用户不需要阅读文档就能加载模块，就要用到 export default 命令，为模块指定默认输出。

```
// export-default.js
export default function() {
    console.log('foo');
}
```

以上例子是一个模块文件 export - default.js，其默认输出的是一个函数。当其他模块加载此模块时，import 命令可以为匿名函数指定任意名字。

6. 模块的继承

模块之间通常也是可以继承的。假设有一个 circleps 模块，继承了 circle 模块，示例代码如下。

```
// circleps.js
export * from 'circle';
export var e = 2.71828182846;
export default function(x) {
    return Math.exp(x);
}
```

以上例子中的 export *，表示在输出 circle 模块的所有属性和方法。注意，export * 命令会忽略 circle 模块的 default 方法。

任务实施

1. 模块加载的实质

与 CommonJS 模块的加载机制完全不同。CommonJS 模块输出的是值的复制，但 ES6 模块输出的是值的引用。CommonJS 模块输出的是被输出值的复制，即一旦输出一个值，模块内部的变化就影响不到这个值，示例代码如下。

```
// lib.js
var counter = 1;

function incCounter() {
    counter++;
```

```
}
module. exports = {
    counter: counter,
    incCounter: incCounter,
};
```

以上例子中输出内部变量 counter，然后改写这个变量的内部方法 incCounter，接着在 main. js 里面加载此模块。

ES6 模块的运行机制与 CommonJS 不同，当遇到模块加载命令 import 时，不会执行模块，而是生成一个动态的只读引用。当需要使用时，可以到模块里面取值。当原始值改变，import 输入的值也会跟着变。可见 ES6 模块是动态引用，不是缓存值，模块里面的变量绑定其所在的模块。示例代码如下。

```
// lib. js
export let counter = 2;
export function incCounter( ) {
    counter++;
}
// main. js
import {
    counter,
    incCounter
} from './lib';
console. log( counter); // 2
incCounter( );
console. log( counter); // 3
```

2. CommonJS 模块的加载原理

CommonJS 中的一个模块就是一个脚本文件。当 require 命令第 1 次加载脚本时，就会执行整个脚本，然后在内存中生成一个对象。

```
{
    id: '...',
    exports: {...
    },
    loaded: true,
    ...
}
```

上例是在 Node. js 内部加载模块后所生成的一个对象。此对象的 id 属性是模块名，exports 属性是模块输出的各接口。loaded 属性是一个布尔值，表示该模块的脚本是否执行完毕。总的来说，CommonJS 模块无论加载多少次，都只会在第 1 次加载时运行一次，以后如果再加载，就会返回第 1 次运行的结果，除非手动清除系统的缓存。

3. CommonJS 模块的循环加载

CommonJS 模块的一大特点就是加载时执行，即脚本代码还在 require 时就会全部执行。当出现某个模块被“循环加载”时，只输出已经执行的部分，还未执行的部分则不会输出。Node. js 官方文档中 a. js 脚本例子如下。

```
exports.done = false;
var b = require('./b.js');
console.log('在 a.js  之中，b.done = %j', b.done);
exports.done = true;
console.log('a.js  执行完毕 ');
```

上例中，a. js 脚本先输出一个 done 变量，然后加载另一个脚本文件 b. js。注意，此时 a. js 代码会等待 b. js 执行完毕再往下执行。b. js 的代码如下。

```
1  exports.done = false;
2  var a = require('./a.js');
3  console.log('在 b.js  之中，a.done = %j', a.done);
4  exports.done = true;
5  console.log('b.js  执行完毕 ');
```

上例中，b. js 执行到第 2 行时，就会加载 a. js。因此发生了“循环加载”。系统会去 a. js 模块对应对象的 exports 属性取值，但 a. js 还没有执行完，所以从 exports 属性只能取回已经执行的那个部分值，而不是最后的值。a. js 已经执行的部分只有一行。可见，CommonJS 输入的是被输出值的复制，而不是引用。

4. ES6 模块的循环加载

ES6 中模块是动态引用的。如果使用 import 从一个模块加载变量，这些变量不会被缓存，而是成为一个指向被加载模块的引用，真正取值的时候能够取到值。示例代码如下。

```
// a.js 如下
import {
    ba
} from './b.js';
console.log('a.js');
console.log(ba);
export let fo = 'foo';
// b.js
import {
    fo
} from './a.js';
console.log('b.js');
console.log(fo;
export let bar = 'ba';
```

a. js 加载 b. js，b. js 又加载 a. js，构成了循环加载。执行 a. js 时结果如下。

```
$ babel - node a.js
b.js
undefined
a.js
ba
```

以上例子中，a.js 的第 1 行是加载 b.js，所以先执行的是 b.js，而 b.js 的第 1 行又是加载 a.js。这时由于 a.js 已经开始执行了，因此不会再重复执行，而是继续往下执行 b.js，因此第 1 行输出的是 b.js。

以下是这段代码的运行过程的详细解释。

```
// a.js
// 这一行建立一个引用,
// 从'b.js'引用 'ba'
import {
    ba
} from './b.js';
export function foo() {
    // 执行时第一行输出 foo
    console.log('foo');
    // 到 b.js  执行 ba
    ba();
    console.log('执行完毕 ');
}
foo();
// b.js
// 建立'a.js'的'foo'引用
import {
    fo
} from './a.js';
export function ba() {
    // 执行时第二行输出 bar
    console.log('bar');
    // 递归执行 foo ,一旦随机数小于等于 0.5 ,就停止执行

    if (Math.random() > 0.5) {
        foo();
    }
}
```

5. 跨模块常量

const 声明的常量只能在当前代码块内有效。当想要设置跨模块的常量时（即跨多个文件），可以采用如下的写法。

```
// constants.js  模块
export const A = 2;
```

```
export const B = 6;
export const C = 8;
// test1. js  模块
import * as constants from './constants';
console. log( constants. A) ; // 1
console. log( constants. B) ; // 3
// test2. js  模块
import {
      A,
      B
} from './constants';
console. log( A) ; // 2
console. log( B) ; // 6
```

项目小结

本节主要介绍了 ES6 引入的新特性、ES6 的核心语法、ES6 Promise 异步编程、ES6 Module 的关键点。

课后练习

选择题

1. 下列中不属于 ECMAScript 规范的范围的是（　　）。

A. 数据类型　　B. 语法

C. DOM 事件　　D. 内置对象和函数的标准库

2. 下列中不属于关键字 let 的特点的是（　　）。

A. 只在 let 命令所在的代码块内有效

B. 会产生变量提升现象

C. 同一个作用域，不能重复声明同一个变量

D. 不能在函数内部重新声明参数

3. 关于关键字 const，下列说法中错误的是（　　）。

A. 用于声明常量，声明后不可修改　　B. 不会发生变量提升现象

C. 不能重复声明同一个变量　　D. 可以先声明，不赋值

4. 在数组的解构赋值时，var[a,b,c]=[1,2]后，a、b、c 的值分别是（　　）。

A. 1 2 null　　B. 1 2 undefined

C. 1 2 2　　D. 抛出异常

5. 在对象的解构赋值时，var{a,b,c} = {"c":10,"b":9,"a":8}后，a、b、c 的值分别是（　　）。

A. 10　9　8　　B. 8　9　10

C. undefined　9　undefined　　D. null　9　null

6. 关于模板字符串，下列说法中不正确的是（　　）。

A. 使用反引号标识

B. 插入变量的时候使用 ${}

C. 所有的空格和缩进都会被保留在输出中

D. ${} 中的表达式不能是函数的调用

7. 关于字符串扩展的新函数，下列描述中错误的是（　　）。

A. includes 函数用于判断字符串中是否含有指定的子字符串

B. repeat 函数将目标字符串重复 *N* 次，目标字符串被修改

C. startsWidth 函数判断指定的子字符串是否出现在目标字符串头部位置

D. endWidth 函数判断指定的子字符串是否出现在目标字符串尾部位置

8. 关于数值的扩展，window. isNaN("abc") 和 Number. isNaN("abc") 的结果分别是（　　）。

A. true　false　　B. false　true

C. true　true　　D. false　false

9. 关于数值扩展的 Number. isInteger 函数，下列说法中错误的是（　　）。

A. 用来判断是否是整数，返回布尔值

B. Number. isInteger(3)；结果为 true

C. Number. isInteger(3.0)；结果为 false

D. Number. isInteger(3.01)；结果为 false

10. 数组扩展的 fill( ) 函数，[1,2,3] . fill(4) 的结果是（　　）。

A. [4]　　B. [1,2,3,4]

C. [4,1,2,3]　　D. [4,4,4]

项目4 TypeScript基础

学习目标

知识目标

1. 了解和掌握 TypeScript 的环境搭建。
2. 掌握 TypeScript 引入的主要语法。
3. 掌握 TypeScript 面向对象编程。
4. 理解和掌握 TypeScript 与主流框架结合的方法。

技能目标

1. 理解 JavaScript 的不足，理解 TypeScript 产生的背景及其优点。
2. 搭建 TypeScript 开发环境，能使用第三方库简化流程。
3. 理解 TypeScript 中的各种静态类型，掌握 TypeScript 语法和使用方式。

素养目标

1. 具有独立学习、获取新知识和新技能的能力。
2. 具有发现问题、分析问题和解决问题的能力。
3. 具有良好的动手能力以及实操能力。

任务 4-1 了解 TypeScript

任务背景

随着互联网技术的飞速发展，前端开发领域日益繁荣，JavaScript 作为前端开发的核心技术之一，其应用范围越来越广泛。然而，使用纯 JavaScript 编写大型项目时，代码的可维护性、可读性和类型安全等方面存在一定的局限性。为了弥补这些不足，TypeScript 应运而生。

TypeScript 是 JavaScript 超集，在 JavaScript 的基础上增加了静态类型检查和其他一些语言特性。这些特性有助于提高代码的可维护性、可读性和类型安全性，使得开发者能够更好地管理和控制项目风险。

知识储备

1. 什么是 TypeScript

TypeScript 是 JavaScript 的一个超集，如图 4-1 所示。TypeScript 基于 ECMAScript 标准进行了扩展，支持 ECMAScript 未来提案中的特性，如装饰器、异步功能等。TypeScript 设计目标是开发较大规模 JavaScript 应用程序，可以编译成纯 JavaScript，编译出来的 JavaScript 可以在任何浏览器上运行。

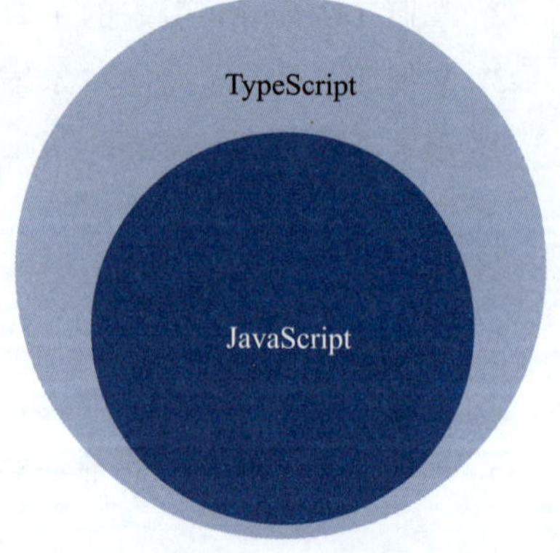

图 4-1 TypeScript 是 JavaScript 的超集

2. JavaScript 与 TypeScript 的区别

JavaScript 是一门非常灵活的编程语言，其特点如下。

- JavaScript 没有类型约束，一个变量在初始化时是字符串，又可以被赋值为数值。
- JavaScript 动态绑定类型，变量的类型在运行时才能确定。
- 基于原型的面向对象编程，使得原型上的属性或方法可以在运行时被修改。
- JavaScript 中的函数可以赋值给变量，也可以当作参数或返回值。

这种灵活性一方面使得 JavaScript 适用性变高；另一方面也使得 JavaScript 代码质量参差不齐，运行时错误多，维护成本高。而 TypeScript 的类型系统，在很大程度上弥补了

JavaScript 的不足。从 TypeScript 的名字就可以看出来，“类型”是其最核心的特性。

TypeScript 扩展了 JavaScript 的语法，因此现有的 JavaScript 代码可与 TypeScript 一起工作而无须任何修改。TypeScript 通过类型注解提供编译时的静态类型检查。TypeScript 可处理已有的 JavaScript 代码，并只对其中的 TypeScript 代码进行编译。

3. TypeScript 的特性

（1）静态类型

JavaScript 已经成熟，并得到广泛应用。那为什么还要用 TypeScript 呢？回答这个问题前，先来看看下面这些 JavaScript 中的常见错误。

- TypeError:null is not an object。
- TypeError:Object doesn't support property。
- TypeError:'undefined' is not a function。

不难发现，这些错误是一些比较底层的类型错误。因为 JavaScript 只会在运行时才去做数据类型检查，而 TypeScript 作为静态类型语言，其数据类型是在编译期间确定的，编写代码时要明确变量的数据类型。使用 TypeScript 后，理论上这些底层错误将不再发生。

另外，JavaScript 是弱类型语言，当执行一些无效的操作时，JavaScript 有可能根据规则进行隐式类型转换，从而得到非预期的结果。例如以下代码。

```
var a=5;
var b=[3];
var c=a+b;
```

在该代码中 JavaScript 会隐式地将 5 和［3］转换为字符串，并把字符串连接在一起，得到“53”的结果，JavaScript 的这种隐式转换可能导致难以追踪的错误。而 TypeScript 则会在编译时对代码做静态分析，在程序运行之前将错误报告给开发者。

（2）三大框架支持

在学习一门新技术时会关心它的生命力。如果这门技术在较短时间内就要被淘汰，那么花费大量的时间学习也是不划算的。TypeScript 能够保持长久生命力的另一个原因，就是前端的三大框架对 TypeScript 的支持。

- Angular 是 TypeScript 最早的支持者，Angular 官方推荐使用 TypeScript 来创建应用。
- React 虽然经常与 Flow 一起使用，但是对 TypeScript 的支持也很友好。
- Vue3.0 正式版也由 TypeScript 编写。

（3）兼容 JavaScript 的灵活性

TypeScript 虽然严谨，但也有 JavaScript 的灵活性，TypeScript 非常包容。

- TypeScript 通过 tsconfig.json 来配置对类型的检查严格程度。
- 可以把 .js 文件直接重命名为 .ts。
- 可以通过将类型定义为 any 来实现任意类型的兼容。
- 即使 TypeScript 编译错误，也可以生成 JavaScript 文件。

这里先简单介绍下 any 类型。例如一个 string 类型，在赋值过程中类型是不允许改变的，示例代码如下。

```
let brand: string = 'node';
brand = 1;  // Type '1'is not assignable to type 'string'. ts(2322) 1
```

如果是 any 类型，则允许被赋值为任意类型。这样就跟平时编写 JavaScript 一样，示例代码如下。

```
let brand: any = 'node';
brand = 1 ;
代码块
```

基于这些特点，一个熟悉 JavaScript 的工程师，在学习 TypeScript 语法后，即可快速上手 TypeScript。

任务 4-2 TypeScript 环境搭建

任务背景

在使用 TypeScript 开发项目之前，首先需要搭建开发环境。

知识储备

完成 TypeScript 环境搭建任务，需要具备以下知识。

① 基本的计算机操作知识：了解如何在操作系统（如 Windows、macOS 和 Linux）上安装和配置软件。

② 网络搜索和问题解决能力：在搭建过程中遇到问题时，能够通过搜索引擎、官方文档或社区提问获得解决方案。

③ 命令行操作知识：熟练使用命令行工具（如 Windows 的命令提示符、macOS 和 Linux 的终端）进行软件安装和配置。

④ Node. js 基础知识：了解 Node. js 的基本概念、安装和使用方法，以便于后续安装和运行 TypeScript 相关工具和库。

⑤ 版本控制工具知识：了解如何使用版本控制工具（如 Git）进行代码管理，以便在搭建过程中同步和更新代码。

⑥ 了解 TypeScript 的基本概念：熟悉 TypeScript 的起源、目的、基本语法和常用特性，以便在搭建环境过程中能够正确配置和使用。

任务实施

1. 安装 TypeScript

在安装 TypeScript 前，需先安装和配置 Node.js，见任务 2-1。

2. 使用 Visual Studio Code 进行开发

TypeScript 的优势之一是增强了编辑器和 IDE 的功能，包括代码补全、接口提示、跳转、重构等。

主流的编辑器都支持 TypeScript，本书推荐使用 Visual Studio Code（简称 VS Code）。VS Code 是一款开源，跨终端的轻量级编辑器，内置了对 TypeScript 的支持。另外，VS Code 本身也是用 TypeScript 编写的，界面如图 4-2 所示。

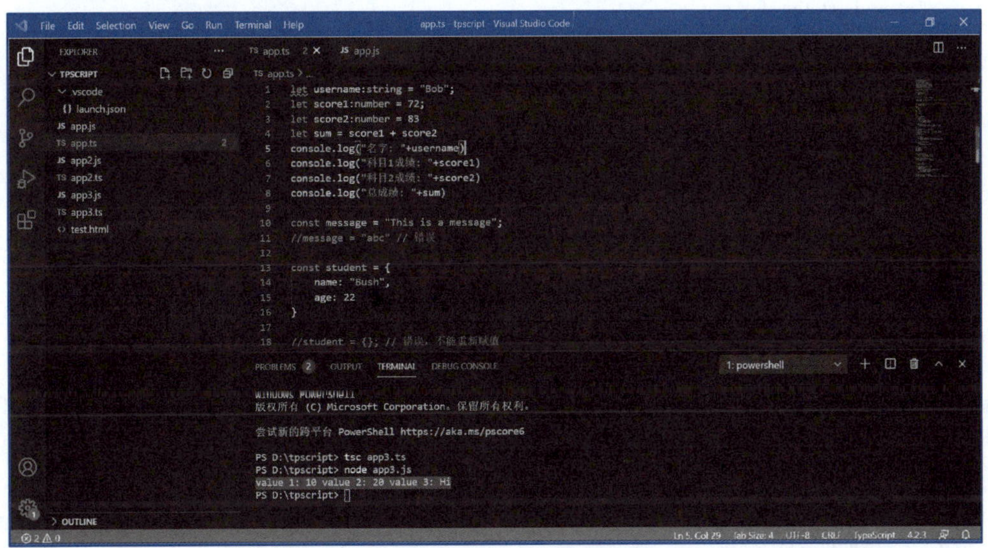

图 4-2　Visual Studio Code 界面

也可获取如下编辑器或 IDE 对 TypeScript 的支持。

- Sublime Text。
- WebStorm。
- Vim。
- Emacs。
- Eclipse。
- Atom。
- Visual Studio 2019。
- Visual Studio 2017。

3. 关于 tsconfig 配置

在一个 TypeScript 项目文件夹中存在一个 tsconfig. json 文件，这个文件夹就是 TypeScript 项目的根文件夹。tsconfig. json 文件中指定了用来编译这个项目的根文件和编译选项。

在 TypeScript 的项目中，TypeScript 最终都会被编译为 JS 文件执行，TypeScript 编译器在编译 TypeScript 源文件的时候会根据项目根文件夹中的 tsconfig. json 文件的配置进行编译。默认情况下，如果该文件没有任何配置，TypeScript 编译器会默认编译项目文件夹下所有的 . ts、. tsx、. d. ts 文件。

下面就来详细了解 tsconfig. json 的文件配置。

tsconfig. json 示例文件配置如下。

- 使用 files 属性。

```
{
    "compilerOptions": {
        "module": "commonjs",
        "noImplicitAny": true,
        "removeComments": true,
        "preserveConstEnums": true,
        "sourceMap": true
    },
    "files": [
        "core.ts",
        "sys.ts",
        "types.ts",
        "scanner.ts",
        "parser.ts",
        "utilities.ts",
        "binder.ts",
        "checker.ts",
        "emitter.ts",
        "program.ts",
        "commandLineParser.ts",
        "tsc.ts",
        "diagnosticInformationMap.generated.ts"
    ]
}
```

- 使用 include 和 exclude 属性。

```
{
    "compilerOptions": {
        "module": "system",
        "noImplicitAny": true,
        "removeComments": true,
```

```
            "preserveConstEnums": true,
            "outFile": "../../built/local/tsc.js",
            "sourceMap": true
        },
    "include": [
            "src/**/*"
            ],
            "exclude": [
                "node_modules",
                "**/*.spec.ts"
        ]
}
```

compilerOptions 可以被忽略，这时编译器会使用默认值。在这里查看完整的编译器选项列表。

files 指定一个包含相对或绝对文件路径的列表。include 和 exclude 属性指定一个文件 glob 匹配模式列表。支持的 glob 通配符如下。

- * 匹配 0 或多个字符（不包括目录分隔符）。
- ? 匹配一个任意字符（不包括目录分隔符）。
- **/递归匹配任意子目录。

如果一个 glob 模式里的某部分只包含 * 或 .*，那么仅有支持的文件扩展名类型被包含在内（如默认 .ts、.tsx 和 .d.ts；如果 allowJs 设置为 true，则还包含 .js 和 .jsx）。

如果 files 和 include 都没有被指定，编译器默认包含当前目录和子目录下所有的 TypeScript 文件（.ts、.d.ts 和 .tsx），排除 exclude 里指定的文件。如果 allowJs 被设置为 true，则 JS 文件（.js 和 .jsx）也会被包含进来。如果指定了 files 或 include，则编译器会将它们结合一并包含进来。使用 outDir 指定的目录下的文件永远会被编译器排除，除非明确地使用 files 将其包含进来（这时即使用 exclude 指定也没用）。

使用 include 引入的文件可以使用 exclude 属性过滤。然而，通过 files 属性明确指定的文件却会被包含在内，不管 exclude 如何设置。如果没有特殊指定，exclude 会默认排除 node_modules、bower_components、jspm_packages 和 outDir 目录。

任何被 files 或 include 指定的文件所引用的文件也会被包含进来。A.ts 引用了 B.ts，因此 B.ts 不能被排除，除非引用它的 A.ts 在 exclude 列表中。

注意：

编译器不会去引入那些可能被作为输出的文件。例如，文件中包含了 index.ts，那么 index.d.ts 和 index.js 会被排除在外。通常，不推荐只用扩展名的不同来区分相同文件夹下的文件。

tsconfig.json 文件可以是个空文件，这时所有默认的文件都会以默认配置选项编译。

4. 第一个 TypeScript 程序

以下是一段用 TypeScript 书写的代码，用于在控制台输出 Hello World。与 JavaScript 一样，TypeScript 区分大小写，通常情况下，建议每条语句使用分号结束（但分号不是必需的）。如果多条语句写在同一行内，则必须用分号分隔，否则会报错。

```
const str : string = "Hello World";
console.log(str);
```

将代码通过 tsc 命令编译，得到 index. js。

```
tsc index.ts
```

编译后的代码如下。

```
var str = "Hello World";
console.log(str);
```

然后使用 node 命令执行该 JS 代码，运行结果如下。

```
$node index.js
Hello World
```

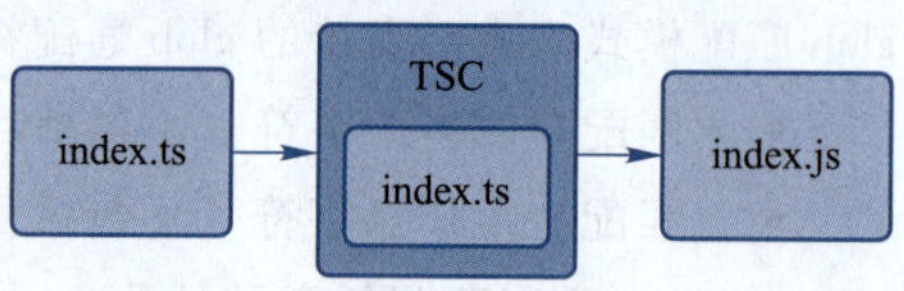

图 4-3 TypeScript 编译过程

编译的整个过程如图 4-3 所示。

tsc 还可以同时编译多个 ts 文件，命令格式如下。

```
tsc prog01.ts prog2.ts prog3.ts
```

任务 4-3 学习 TypeScript 语法

任务背景

学习 TypeScript 语法可以帮助开发人员进一步理解 JavaScript，并在编写代码时避免一些低级错误。此外，由于 TypeScript 可以编译为纯粹的 JavaScript 代码，可以在不担心兼容性问题的情况下，在现有项目中引入 TypeScript。

知识储备

① JavaScript 基础：在学习 TypeScript 之前，需要熟悉 JavaScript 的基本语法和概念，如变量、数据类型、函数、循环、条件语句等。

② 面向对象编程（Object-Oriented Programming，OOP）：了解类、对象、继承、封装

等面向对象编程概念，这将有助于更好地理解 TypeScript 中的类和接口等语法。

③ 模块化编程：了解模块化编程的概念，如模块、导入、导出等，以便在 TypeScript 项目中组织和管理代码。

任务实施

1. TypeScript 基础类型

TypeScript 包含的数据类型见表 4-1。

注意：

在 TypeScript 中描述类型均用小写字母。使用大写字母开头的类型如 Boolean、Number、String 代表的是 JavaScript 的构造函数。

表 4-1 TypeScript 基础类型

数据类型	关键字	描　述
任意类型	any	声明为 any 的变量可以赋予任意类型的值
数字类型	number	默认为双精度 64 位浮点值。它可以用来表示整数和分数
字符串类型	string	文本数据类型，使用单引号（'）或双引号（"）表示字符串类型。反引号（`）用来定义多行文本和内嵌表达式
布尔类型	boolean	逻辑值，true 和 false
数组类型	无	声明变量为数组
元组	无	元组类型用来表示已知元素数量和类型的数组，各元素的类型不必相同，对应位置的类型需要相同
枚举	enum	枚举类型用于定义数值集合
void	void	表示该方法没有返回值
null	null	表示对象值缺失
undefined	undefined	用于初始化变量为一个未定义的值
never	never	never 是其他类型（包括 null 和 undefined）的子类型，代表从不会出现的值

（1） any 类型

任意值是 TypeScript 针对编程时类型不明确的变量使用的一种数据类型，通常情况下应尽量避免使用 any 类型。但 any 类型可用于以下 3 种情况。

变量的值会动态改变时，如来自用户的输入，任意值类型可以让这些变量跳过编译阶段的类型检查，示例如下。

```
let x: any = 1;                // 数字类型
x = 'Nice to meet you';        // 字符串类型
x = false;                     // 布尔类型
x = [];
```

改写现有代码时，any 类型是十分有用的，允许在编译时选择性地包含或移除类型检查，示例如下。

```
let x: any = 4;
x.name;                        // 正确,name 属性在运行时可能存在,但这里并不会检查
x.eat();                       // 正确,eat 方法在运行时可能存在,但这里并不会检查
```

定义存储各种类型数据的数组时，示例如下。

```
let list: any[] = [1, true, "free"];
list[1] = 100;
```

（2）number 类型

与 JavaScript 一样，TypeScript 里的所有数字都是浮点数。这些浮点数的类型是 number。除了支持十进制和十六进制，TypeScript 还支持二进制和八进制，示例如下。

```
let num1: number = 6;
let num2: number = 0xf00d;
let num3: number = 0b1010;
let num4: number = 0o744;
```

（3）string 类型

与 JavaScript 语言一样，TypeScript 使用 string 表示文本数据类型。可以使用双引号（"）或单引号（'）来表示字符串类型。反引号（`）用来定义多行文本和内嵌表达式，示例如下。

```
let realname: string = "Hellen";
let partner: string = 'Dr. Johnson';
let sentence: string = '她的名字叫 ${ realname }';
```

（4）boolean 类型

逻辑数据类型，表示逻辑值 true 或 false。

```
let isOver: boolean = true;
```

（5）数组类型

TypeScript 与 JavaScript 一样，有两种定义数组的方式。第 1 种方式是在元素类型后面接上 [ ]，表示由此类型元素组成的一个数组，示例如下。

```
let list: number[] = [1, 2, 3];
```

第 2 种方式是使用数组泛型，Array<元素类型>，示例如下。

```
let list: Array<number> = [1, 2, 3];
```

（6）元组类型

元组类型表示一个已知元素数量和类型的数组，各元素的类型不尽相同，示例如下。

```
let arr: [string, number];
arr = ['hello', 10];          // 正确
arr = [10, 'hello'];          // 错误
```

当访问一个已知索引的元素时，会得到正确的类型，示例如下。

```
console.log(arr[0].substr(1));   // 正确
console.log(arr[1].substr(1));   // 错误，'number'does not have 'substr'
```

（7）enum 类型

enum 枚举类型是对 JavaScript 标准数据类型的补充，通常用于定义数值集合，示例如下。

```
enum Color {Red, Green, Blue}
let bgcolor: Color = Color.Blue;
console.log(bgcolor);            // 显示输出 2
```

枚举类型可以由枚举的值得到它的名字。例如，已知索引为 2，但是不确定它映射到 Color 里的哪个名字，可以查找相应的名字，示例如下。

```
let colorName: string = Color[2];
console.log(colorName);          // 显示输出'Blue'
```

（8）void 类型

void 类型像是与 any 类型相反，它表示没有任何类型。当一个函数没有返回值时，其返回值类型是 void，示例如下。

```
function warnUser(): void {
    alert('This is a warning message');
}
```

声明一个 void 类型的变量只能为它赋予 undefined 和 null，示例如下。

```
let unusable: void = undefined;
```

（9）null 和 undefined

TypeScript 里，undefined 是一个没有设置值的变量，null 是一个只有一个值的特殊类型，表示一个空对象引用，示例如下。

```
let u: undefined = undefined;
let n: null = null;
let num:number=undefined;
```

默认情况下 null 和 undefined 是所有类型的子类型。也就是说，可以把 null 和 undefined 赋值给 number 类型的变量。

（10）never 类型

never 是其他类型（包括 null 和 undefined）的子类型，never 类型表示那些永不存在的值的类型。例如，never 类型是那些总是会抛出异常或根本就不会有返回值的函数表达式

或箭头函数表达式的返回值类型；never 类型是任何类型的子类型，也可以赋值给任何类型；然而，没有类型是 never 的子类型或可以赋值给 never 类型（除了 never 本身之外）。即使 any 也不可以赋值给 never，示例如下。

```
let x: never;
let y: number;

x = 123;   // 错误,数字类型不能转换为 never 类型

// 返回值为 never 的函数可以是抛出异常的情况
function error(message: string): never {
    throw new Error(message);
}
```

2. TypeScript 变量声明

TypeScript 变量的命名规则如下。

- 变量名称可以包含数字和字母。
- 除了下画线_和 $ 符号外，不能包含其他特殊字符，包括空格。
- 变量名不能以数字开头。

在 TypeScript 中，变量必须先声明、后使用。let 是 JavaScript 里较新的变量声明方式，推荐使用 let 来代替 var。let 在很多方面与 var 是相似的，除了名字不同外，let 与 var 的语法是一致的，用 let 来声明变量可避免 var 声明变量时一些常见的作用域问题。当用 let 声明一个变量，使用的是词法作用域或块作用域，不同于使用 var 声明的变量可以在包含它们的函数外访问，块作用域变量在包含它们的块或 for 循环之外是不能访问的。在 TypeScript 中主要使用以下 3 种方式来声明变量。

（1）var 声明变量

TypeScript 是 JavaScript 的超集，自然支持通过 var 关键字声明变量，例如以下代码。

```
var a = 10;
```

跟 JavaScript 一样，var 可以在函数内部声明变量。

```
function f() {
    var message = "Hello, world!";
    return message;
}
```

对于熟悉其他编程语言的开发者来说，var 声明变量只有全局作用域和函数作用域，没有块级作用域，这会带来很多不合理的场景，例如以下代码。

```
var uname = 'zhangsan'
while (true) {
    var uname = 'lisi'
    console.log(uname)          // 输出 lisi
    break
```

```
}
console.log(uname)          // 输出 lisi
```

（2）let 声明变量

在 ES6 之前，ECMAScript 的作用域只有全局作用域和函数作用域两种。现在通过命令 let 和 const 新增了块级作用域，该作用域定义在代码块中的变量在代码块被执行结束后内存会被释放，语法如下。

```
let [变量名]：[类型] = 初始值;
```

示例如下。

```
let username:string = "Bob";
```

如果声明了变量的类型，但没有初始值，变量值会设置为 undefined。语法如下。

```
let [变量名]：[类型];
```

示例如下。

```
let username:string;
```

如果声明变量为初始值，但不设置类型，该变量可以是任意类型。语法如下。

```
let [变量名] = 值;
```

示例如下。

```
let username = "Bob";
```

用 let 声明一个变量，不同于使用 var 声明的变量那样可以在包含它们的函数外被访问，块作用域变量在包含它们的块或 for 循环之外是无法被访问的。所有声明的 let 变量仅在 let 命令所在的代码块（块级作用域）内有效，在同样的作用域中，let 不允许变量被重复声明，示例如下。

```
function funA(input: boolean) {
    let a = 100;
    if(input) {
        let b = a + 1;      // 运行正确
        return b;
    }
    return b;               // 错误, b 没有被定义
}
function funB() {
    let a = 10;
    let a = 1;              // 错误,变量 a 重复声明
}
```

let 声明变量，示例如下。

```
let username:string = "Bob";
let score1:number = 72;
let score2:number = 83
let sum = score1 + score2
```

```
console.log("名字：" +username)
console.log("科目 1 成绩：" +score1)
console.log("科目 2 成绩：" +score2)
console.log("总成绩：" +sum)
```

注意：

变量名不要使用 name，否则会与 DOM 全局对象 window 中的 name 属性出现重名。使用 tsc 命令编译以上代码，得到如下 JavaScript 代码。

```
var username = "Bob";
var score1 = 72;
var score2 = 83;
var sum = score1 + score2;
console.log("名字：" + username);
console.log("科目 1 成绩：" + score1);
console.log("科目 2 成绩：" + score2);
console.log("总成绩：" + sum);
```

执行该 JavaScript 代码输出结果如下。

```
名字：Bob
科目 1 成绩：72
科目 2 成绩：83
总成绩：155
```

（3）const 声明

const 和 let 非常相似，拥有相同的作用域规则。其区别在于用 const 声明的变量必须在声明时赋值，而且不可以重新赋值。const 和 let 开发中的很多变量在运行过程中都是不会被更改，也不应该被更改的。在实际开发中应尽量使用 const 来声明变量（const 声明的变量，也可以称之为常量），以保证变量的值不会被随意篡改。但是如果定义的常量是对象，对象里的属性值是可以被重新赋值的。示例如下。

```
const message = "This is a message";
message = "abc"                 // 错误

const student = {
    name: "Bush",
    age: 22
};

student = {};                   // 错误,不能重新赋值

student.name = "Tony";          // 正确,对象常量的属性允许被重新赋值
student.age = 20                // 正确
```

对象常量的内部状态可以被修改，但要避免这种情况的出现。TypeScript 允许将对象的成员设置为只读。

3. TypeScript 函数

TypeScript 的函数在 JavaScript 的基础之上添加了一些额外的功能，如泛型、参数类型声明、返回值类型声明、重载、装饰器等。另外，一些其他的特性（如箭头函数、生成器、async-await、promise 等）都是 ES6 中的特性。

（1） 函数的定义

TypeScript 与 JavaScript 一样，可以创建有名字的函数和匿名函数，示例如下。

```
//有名字的函数
function function_name(){
    // 语句
    return value;
}
// 匿名函数
const variable_name=function{
    // 语句
    return value;
};
```

匿名函数自调用在函数后使用（）即可，示例如下。

```
(function () { let x:string= "Hello!!"; console.log(x) })();
```

编译以上代码，得到以下 JavaScript 代码。

```
(function () { var x = "Hello!!"; console.log(x) })()
```

在 TypeScript 中编写函数，需要综合考虑输入和输出。在 TypeScript 函数声明中，函数的返回值类型和参数类型都是极为重要的。TypeScript 要求标注返回值和参数的类型，这可以帮助编译器进行正确的类型推导。其中函数声明的语法格式如下。

无参数无返回值的函数格式如下。

```
function function_name()[:void] { // void 可省略
    // 语句
}
```

示例如下。

```
function log(){
    console.log("没有返回值");
}
// 调用函数
log()
```

无参数有返回值的函数格式如下。

```
// return_type 是返回值的类型
function function_name():return_type {
    // 语句
    // return 关键词后面是要返回的结果,返回值的类型需要与函数定义的返回类型(return_type)一致
    return value;
}
```

示例如下。

```
// 函数定义
function greet():string { // 返回一个字符串
    return "返回值";
}
function caller() {
    let msg = greet(); // 调用 greet()函数
    console.log(msg);
}
caller();    // 调用函数
```

有返回值有参数的函数格式如下。

```
function func_name(param1 [:datatype], param2 [:datatype]):return_type {
    // 语句
    return value;
}
```

示例如下。

```
function add(x: number, y: number): number {
    return x + y;
}
console.log(add(3,5));
```

示例中定义了函数 add() 返回值的类型为 number。add() 函数中定义了两个 number 类型的参数，函数内将两个参数相加并返回。用 tsc 命令编译以上代码后，得到以下 JavaScript 代码。

```
function add(x, y) {
    return x + y;
}
console.log(add(3, 5));
```

（2）可选参数和默认参数

① 可选参数。

在 TypeScript 函数里，如果定义了参数，则必须传入这些参数，除非将这些参数设置为可选。可选参数使用英文问号（?）标识。示例如下。

```
function buildName(firstName: string, lastName: string) {
    return firstName + " " + lastName;
}
let fullname1 = buildName("zhang");                          // 错误,缺少参数
let fullname2 = buildName("zhang", "xiaofei", "teacher");    // 错误,参数太多了
let fullname3 = buildName("zhang, "xiaofei");                // 正确
```

在以下示例中，将 lastName 设置为可选参数。

```
function buildName(firstName: string, lastName?: string) {
    if (lastName) return firstName + " " + lastName;
```

```
    else return firstName;
}
let fullname1 = buildName("zhang");                        // 正确
let fullname2 = buildName("zhang", "xiaofei", "teacher");  // 错误,参数太多了
let fullname3 = buildName("zhang", "xiaofei");             // 正确
```

可选参数必须跟在必需参数后面。如果想让上例中 firstName 是可选的、lastName 必选，那么就要调整它们的位置，把 firstName 放在后面。如果都是可选参数，参数的前后位置就无所谓了。

② 默认参数。

也可以设置参数的默认值，这样在调用函数的时候，如果不传入该参数的值，则使用默认参数，语法格式如下。

```
function function_name(param1[:type],param2[:type] = default_value) {
}
```

注意：

参数不能同时设置为可选和默认。

以下示例函数的参数 rate 设置了默认值为 0.50，调用该函数时如果未传入参数，则使用该默认值，示例如下。

```
function calculate (price:number,rate:number = 0.50) {
    let discount = price * rate;
    console.log("计算结果: ",discount);
}
calculate(100);
calculate(100,0.30);
```

编译以上代码，得到以下 JavaScript 代码。

```
function calculate (price, rate) {
    if (rate === void 0) { rate = 0.50; }
    var discount = price * rate;
    console.log("计算结果: ", discount);
}
calculate(100);
calculate(100, 0.30);
```

输出结果如下。

```
计算结果: 50
计算结果: 30
```

（3）剩余参数

当不知道要向函数传入的参数数量时，在 JavaScript 中可以通过 arguments 对象实现。arguments 是一个类似数组的对象，在调用内置的 .reduce() 之前要把它转换为数组。在 TypeScript 中使用剩余参数来接收不确定数量的参数。剩余参数语法允许将一个不确定数

量的参数作为一个数组传入。示例代码如下。

```
function joinStr(firstParam: string, ...restParam: string[]):string {
    return firstParam + " " + restParam.join(" ");
}
let sentence:string = joinStr ("Xiao Zhang", "is", "a", "student");
```

函数的最后一个参数 restParam 以“...”为前缀，该前缀表示一个由剩余参数组成的数组，索引值从 0 到 restParam.length-1。一个函数最多只能有一个剩余参数，而且必须位于参数列表的最后。

```
function add(...nums:number[]) {
    let i:number;
    let sum:number = 0;
    for(i = 0;i<nums.length;i++) {
        sum = sum + nums[i];
    }
    console.log("和为:",sum)
}
add(1,3,5);
add(1,3,5,7,9);
```

编译以上代码，得到以下 JavaScript 代码。

```
function add() {
    var nums = [];
    for (var _i = 0; _i < arguments.length; _i++) {
        nums[_i] = arguments[_i];
    }
    var i;
    var sum = 0;
    for (i = 0; i < nums.length; i++) {
        sum = sum + nums[i];
    }
    console.log("和为:", sum);
}
add(1, 3, 5);
add(1, 3, 5, 7, 9);
```

由于 TypeScript 可以根据 return 来推断返回值的类型，因此有时候函数的返回值类型并不是一定要进行书写。但写上明确的返回值类型，是一种非常好的编程习惯，体现了一个开发者的工程能力。

（4）箭头函数

ES6 版本的 TypeScript 提供了箭头函数。箭头函数是定义匿名函数的简写语法，用于函数表达式，省略了 function 关键字。可以称它为胖箭头（一般将“->”称为细箭头，而将“=>”称为胖箭头）或 Lambda 函数。箭头函数具有“this”关键字的词法作用域。

箭头函数的语法。可以把一个箭头函数的语法分为 3 部分。

- 参数：函数可以有参数，也可以没有参数。
- 箭头符号：符号（=>）。
- 语句：表示函数的指令集。

示例代码如下。

```
(parameter1, parameter2, ..., parameterN) => expression;
```

如果使用胖箭头（=>）表示法，就不需要使用 function 关键字。参数在方括号中传递，函数表达式括在大括号中。以下 ES6 风格的代码中有两种编写函数的方法。

```
// 使用 function 关键字定义函数
let fun1 = function(param1 [:datatype], param2 [:datatype], ...) :return_type {
    语句
    return value;
}
function fun2(param1 [:datatype], param2 [:datatype], ...) :return_type{
    语句
    return value;
}
// 使用 ES6 箭头函数语法定义函数,将原函数的 function 关键字和函数名都删掉,
// 并使用=>连接参数列表和函数体。
let fun3 = (param1 [:datatype], param2 [:datatype], ...) :return_type =>{
    语句
    return value;
}
(param1 [:datatype], param2 [:datatype], ...) :return_type =>{
    语句
    return value;
}
```

带参数的箭头函数。下面的程序是一个带有参数的箭头函数示例。

```
let sum = (a: number, b: number): number => {
    return a + b;
}
console.log(sum(20, 30));  // returns 50
```

在上面的例子中，sum 是一个箭头函数，“a: number, b: number” 是参数及其类型，“: number” 是返回类型，箭头符号 “=>” 分隔了函数参数和函数体。

编译上述 TypeScript 程序后，对应的 JavaScript 代码如下。

```
let sum = (a, b) => {
    return a + b;
};
console.log(sum(20, 30)); // returns 50
```

无参数的箭头函数。下面的程序是一个无参数的箭头函数示例。

```
let Print = () => console.log("Hello srcmini!");
Print();
```

在箭头函数中，如果函数体只包含一条语句，则不需要大括号和 return 关键字。可以实操下面的例子来理解。

```
let sum = (a: number, b: number) => a + b;
console.log("SUM: " +sum(5, 15));
```

类中的箭头函数。

可以将箭头函数作为一个属性包含在类中，示例如下。

```
class Student {
    studCode: number;
    studName: string;
    constructor(code: number, name: string) {
        this.studName = name;
        this.studCode = code;
    }
    showDetail = () => console.log("Student Code: " + this.studCode + '\nStudent Name: '+ this.studName)
}
let stud = new Student(101, 'La Oreja');
stud.showDetail();
```

（5）this 关键字

在 JavaScript 中，this 的值在函数被调用的时候才会被指定。this 既强大又灵活，但需要弄清楚函数调用的上下文是什么。示例如下。

```
function func() {
    console.log(this);
}
func();                    // 输出的是浏览器 window 全局对象的信息
let test={
    func
};
test.func();               // 输出的是 test,因为 func 在 test 中被调用
```

可以看到，第一次的非方法式调用会将 this 视为 window。如果要将类中的 this 与调用上下文断开连接，可以在函数被返回时就绑定 this，箭头函数能保存函数创建时的 this 值，而不是调用时的值，示例如下。

```
const obj = { name: '张三'}
function fn () {
    console.log(this);// this 指向的是 obj 对象
    return () => {
        console.log(this);// this 指向的是箭头函数定义的位置,那么这个箭头函数定义在 fn 里面,而这个 fn 指向是的 obj 对象,所以这个 this 也指向是 obj 对象
    }
}
const resFn = fn.call(obj);
resFn();
```

对象方法调用，这也是绝大部分 this 的使用场景，当函数作为对象的方法调用时，this 指向该对象，示例如下。

```
const obj = {
    name: "yj",
    getName() {
        return this.name; // 可以自动推导为{ name:string, getName():string}类型
    },
};
obj.getName();          // string 类型
```

4. Promise

(1) 什么是 Promise

Promise，简单说就是一个容器，里面保存着某个未来才会结束的事件（通常是一个异步操作）的结果。从语法上说，Promise 是一个对象，从它可以获取异步操作的最终状态（成功或失败）。

Promise 是一个构造函数，对外提供统一的 API，自身有 all、reject、resolve 等方法，原型上有 then、catch 等方法。Promise 是异步编程的一种解决方案。从语法上讲，Promise 是一个对象，从它可以获取异步操作的消息。从本意上讲，它是承诺，承诺过一段时间会返回一个结果。Promise 有 3 种状态：pending（等待态），fulfiled（成功态），rejected（失败态）。状态一旦改变，就不会再变。创造 Promise 实例后，它会立即执行。

(2) Promise 解决什么问题

通常，Promise 用来解决以下两个问题。

- 用同步的方式编写异步的代码，用来解决“回调地狱”。“回调地狱”是指把函数作为参数层层嵌套请求。这种层层嵌套被称之为回调地狱，其代码阅读性非常差。
- 信任问题。同步的思想是所有的操作都做完后，才会返回给用户。用户在线等待的时间太长，会有一种“卡死”的体验（在系统迁移中，单击了迁移，界面没有改变，但是程序还在执行，产生“卡死”的错觉）。这种情况下，用户不能关闭界面，如果关闭，迁移程序就会中断。

异步的思想则是将耗时很长的任务 A 交付的工作交给系统之后，就去继续做任务 B 交付的工作。等到系统完成了前面的工作之后，再通过回调或者事件，继续做任务 A 剩下的工作。任务 A 和任务 B 工作的完成顺序，和交付它们的时间顺序无关，所以叫“异步”。

只有异步操作的结果可以决定当前是哪一种状态，其他任何操作都无法改变这个状态，状态一旦改变就不会再变，创造 Promise 实例后，将立即执行。

(3) Promise 的应用

Promise 的做法就是把异步写法写成同步写法。传入 Promise 构造函数的函数参数会优先执行，无论这个函数多么复杂，有多少层回调，有多少秒的时间等待计数器，统统都会

被最优先执行。

① Promise 是回调地狱的解决方案之一，使用 Promise 的语法来解决“回调地狱”问题，使代码拥有可读性和可维护性。以下是一个回调地狱的例子。

```
let p = new Promise(function(resolve,reject){
    // 此处做一个异步的事情
})
p.then(function(){ })
p.catch(function(){ })
```

下面的例子，使用 Promise 解决“回调地狱”问题。

```
var sayhello = function (order) {
    return new Promise(function (resolve, reject) {
            setTimeout(function () {
            console.log(order);
            resolve(); // 在异步操作执行完后执行 resolve 函数
        }, 1000);
    });
}
sayhello("first").then(function () {
    // 仍然返回一个 Promise 对象
    return sayhello("second");
}).then(function () {
    return sayhello("third");
}).then(function () {
    console.log('end');
}).catch(function (err) {
    console.log(err);
})
```

这样不仅代码的可读性高，而且也能够拿到异步的数据。

② 回调函数不能保证什么时候回调，以及使用什么方式回调。而 Promise 一旦被确认成功或失败，就不能再被更改。Promise 成功之后仅调用一次 resolve()，不会产生回调多次执行的问题，除非 Promise 再次被调用，所以 Promise 很好地解决了第三方工具导致的回调被多次执行（控制反转）的问题，即信任问题。

任务 4-4　学习 TypeScript 类 

任务背景

学习 TypeScript 类有助于更好地理解和应用面向对象编程原则，提高代码的可读性、可维护性和开发效率。TypeScript 中的类语法与 JavaScript 相比有很大的改进，提供了更清晰的语法结构和更丰富的功能。

知识储备

TypeScript 可理解为面向对象的 JavaScript。早期的 JavaScript 程序使用函数和基于原型的继承来创建可重用的标签，但其对熟悉使用面向对象方式开发的程序员存在学习门槛，因为他们用的是基于类的继承，并且对象是由类构建出来的。从 ES6 开始，JavaScript 程序员能够使用基于类的面向对象方式开发。TypeScript 是 JavaScript 的超集，允许开发者使用面向对象的方式，并且编译后的 JavaScript 可以在所有主流浏览器和平台上运行。类描述了其创建对象共同的属性和方法。

任务实施

1. 定义类

TypeScript 支持面向对象的所有特性，例如类、接口等。TypeScript 类定义方式如下。

```
class class_name {
    // 类作用域
}
```

定义类的关键字为 class，后面紧跟类名。类可以包含以下 3 个模块（类的数据成员）。

- 字段：字段是类里面声明的变量。字段表示对象的有关数据。
- 构造函数：构造函数在类实例化时调用，可以为类的对象分配内存。
- 方法：方法为对象要执行的操作。

创建一个 Student 类，示例如下。

```
class Student { }
```

编译以上代码，得到以下 JavaScript 代码。

```
var Student = /** @class */ (function () {
    function Student () {
    }
    return Student;
}());
```

创建类的数据成员。

以下示例声明了 Customer 类，包含字段为 gender，构造函数在类实例化后初始化字段 gender。this 关键字表示当前类实例化的对象。注意构造函数的参数名与字段名相同，this. gender 表示类的字段。此外还在类中定义了一个方法 buy。

```
class Customer {
    // 字段
    gender:string;
    // 构造函数
    constructor(gender:string) {
        this.gender = gender
    }
    // 方法
    buy():void {
        console.log("购买"+this.gender+"性用品")
    }
}
```

编译以上代码，得到以下 JavaScript 代码。

```
var Customer = /** @class */ (function () {
    // 构造函数
    function Customer(gender) {
        this.gender = gender;
}
// 方法
Customer.prototype.buy = function () {
        console.log("购买" + this.gender + "性用品");
    };
    return Customer;
}());
```

实例化对象。

使用 new 关键字来实例化类的对象，语法格式如下。

```
var object_name = new class_name([ arguments ]);
```

类实例化时会调用构造函数。

```
let obj = new Customer("男");
```

类中的字段属性和方法可以使用“.”来访问，示例代码如下。

```
// 访问属性
obj.field_name
// 访问方法
obj.function_name()
```

以下示例使用上面的 Customer 类，用关键字 new 来创建一个对象并访问属性和方法。

```
// 创建一个对象
let customer = new Customer ("男");
// 访问字段
console.log("该客户的性别是 : "+ customer.gender);
// 访问方法
customer.buy();
```

编译以上代码，得到以下 JavaScript 代码。

```
var Customer = /** @class */ (function () {
    // 构造函数
    function Customer(gender) {
        this.gender = gender;
    }
    // 方法
    Customer.prototype.buy = function () {
        console.log("购买" + this.gender + "性用品");
    };
    return Customer;
}());
// 创建一个对象
var customer = new Customer("女");
// 访问字段
console.log("该客户的性别是：" + customer.gender);
// 访问方法
customer.buy();
```

输出结果如下。

```
该客户的性别是：女
购买女性用品
```

2. 类的继承

TypeScript 支持继承类，即可以在创建类时继承一个已存在的类。这个已存在的类称为父类，继承它的类称为子类。类继承使用关键字 extends，子类除了不能继承父类的私有成员（方法和属性）和构造函数，其他的都可以继承。TypeScript 一次只能继承一个类，不支持继承多个类，但 TypeScript 支持多重继承（A 继承 B，B 继承 C）。

语法格式如下。

```
class child_class_name extends parent_class_name
```

类的继承：实例中创建了 Animal 类，Dog 类继承了 Animal 类，Dog 类可以直接使用父类 Animal 的 move 方法，示例如下。

```
class Animal {
    move(distanceInMeters: number = 0) {
        console.log('Animal moved ${distanceInMeters}m.');
    }
}
class Dog extends Animal {
    bark() {
        console.log('Woof! Woof!');
    }
}
const dog = new Dog();
```

```
dog.bark();
dog.move(10);
dog.bark();
```

编译以上代码，得到以下 JavaScript 代码。

```
var Animal = /** @class */ (function () {
    function Animal() {
    }
    Animal.prototype.move = function (distanceInMeters) {
        if (distanceInMeters === void 0) { distanceInMeters = 0; }
        console.log("Animal moved " + distanceInMeters + "m.");
    };
    return Animal;
}());
var Dog = /** @class */ (function (_super) {
    __extends(Dog, _super);
    function Dog() {
        return _super !== null && _super.apply(this, arguments) || this;
    }
    Dog.prototype.bark = function () {
        console.log('Woof! Woof!');
    };
    return Dog;
}(Animal));
var dog = new Dog();
dog.bark();
dog.move(10);
dog.bark();
```

输出结果如下。

```
Woof! Woof!
Animal moved 10m.
Woof! Woof!
```

该例子展示了最基本的继承，类从基类中继承了属性和方法。这里，Dog 是一个派生类，通过 extends 关键字派生自 Animal 基类。派生类通常被称作子类，基类通常被称作父类或超类。因为 Dog 继承了 Animal 的功能，因此可以创建一个 Dog 的实例，能够使用 bark 和 move 函数。

3. 继承类的方法重写

类继承后，子类可以对父类的方法重新定义，这个过程称为方法的重写。其中 super 关键字是对父类的直接引用，该关键字可以引用父类的属性和方法。示例如下。

```
class Animal {
    name: string;
    constructor(theName: string) { this.name = theName; }
```

```
    move( distanceInMeters: number = 0) {
        console. log('$ {this. name} moved $ {distanceInMeters} m. ');
    }
}
class Snake extends Animal {
    constructor( name: string) { super( name); }
    move( distanceInMeters = 5) {
        console. log( "Slithering. . . ");
        super. move( distanceInMeters);
    }
}
class Horse extends Animal {
    constructor( name: string) { super( name); }
    move( distanceInMeters = 45) {
        console. log( "Galloping. . . ");
        super. move( distanceInMeters);
    }
}
let sam = new Snake( "Sammy the Python");
let tom: Animal = new Horse( "Tommy the Palomino");
sam. move( );
tom. move( 34);
```

这个例子中使用 extends 关键字创建了 Animal 的两个子类 Horse 和 Snake。与前一个例子的不同点是，派生类包含了一个构造函数，必须调用 super。派生类会执行基类的构造函数。而且，在构造函数里访问 this 的属性之前，一定要调用 super，这是 TypeScript 强制执行的一条重要规则。

这个例子演示了如何在子类里重写父类的方法。Snake 类和 Horse 类都创建了 move 方法，它们重写了从 Animal 继承来的 move 方法，使得 move 方法根据不同的类而具有不同的功能。

注意：

即使 tom 被声明为 Animal 类型，但因为它的值是 Horse。在调用 tom. move (34) 时，tom 会调用 Horse 里重写的方法。

程序运行的结果如下。

```
Slithering. . .
Sammy the Python moved 5m.
Galloping. . .
Tommy the Palomino moved 34m.
```

需要注意的是，在 TypeScript 中，子类只能继承一个父类，不支持继承多个类，但支持多重继承，示例如下。

```
class Root {
    str:string;
}
class Child extends Root {}
class Leaf extends Child {} // 多重继承,继承了 Child 和 Root 类
var obj = new Leaf();
obj.str ="hello";
console.log(obj.str);
```

编译以上代码，得到以下 JavaScript 代码。

```
var __extends = (this && this.__extends) || (function () {
    var extendStatics = function (d, b) {
        extendStatics = Object.setPrototypeOf ||
        ({ __proto__: [] } instanceof Array && function (d, b) { d.__proto__ = b; }) ||
        function (d, b) { for (var p in b) if (b.hasOwnProperty(p)) d[p] = b[p]; };
      return extendStatics(d, b);
    };
    return function (d, b) {
        extendStatics(d, b);
        function __() { this.constructor = d; }
        d.prototype = b === null ? Object.create(b) : (__.prototype = b.prototype, new __());
    };
})();
var Root = /** @class */ (function () {
    function Root() {
    }
    return Root;
}());
var Child = /** @class */ (function (_super) {
    __extends(Child, _super);
    function Child() {
        return _super !== null && _super.apply(this, arguments) || this;
    }
    return Child;
}(Root));
var Leaf = /** @class */ (function (_super) {
    __extends(Leaf, _super);
    function Leaf() {
        return _super !== null && _super.apply(this, arguments) || this;
        }
        return Leaf;
}(Child)); // 多重继承,继承了 Child 和 Root 类
var obj = new Leaf();
obj.str = "hello";
console.log(obj.str);
```

输出结果如下。

```
hello
```

类继承后，子类可以对父类的方法重新定义，这个过程称为方法的重写。其中 super 关键字是对父类的直接引用，该关键字可以引用父类的属性和方法，示例如下。

```
class PrinterClass {
    doPrint():void {
        console.log("父类的 doPrint() 方法。");
    }
}
class StringPrinter extends PrinterClass {
    doPrint():void {
        super.doPrint(); // 调用父类的函数
        console.log("子类的 doPrint()方法。");
    }
}
```

输出结果如下。

```
父类的 doPrint()方法。
子类的 doPrint()方法。
```

static 关键字

static 关键字用于定义类的数据成员（属性和方法）为静态的，静态成员可以通过类名直接调用，无须创建对象。

```
class StaticMem {
    static num:number;
    static disp():void {
        console.log("num 值为 "+ StaticMem.num)
    }
}
StaticMem.num = 12;            // 初始化静态变量
StaticMem.disp();              // 调用静态方法
```

编译以上代码，得到以下 JavaScript 代码。

```
var StaticMem = /** @class */ (function () {
    function StaticMem() {
    }
    StaticMem.disp = function () {
        console.log("num 值为 " + StaticMem.num);
    };
    return StaticMem;
}());
StaticMem.num = 12;          // 初始化静态变量
StaticMem.disp();            // 调用静态方法
```

输出结果如下。

```
num 值为 12
```

4. 访问控制修饰符

在上面的例子里，程序可以自由地访问程序里定义的成员，而没有使用 public 来作修饰。在 TypeScript 里，成员都默认为 public，可以用下面的方式来重写上面的 Animal 类。TypeScript 中，可以使用访问控制符来保护对类、变量、方法和构造方法的访问。TypeScript 支持以下 4 种不同的访问权限。

- public（默认）：公有，可以在任何地方被访问。
- protected：受保护，可以被自身以及其子类和父类访问。
- private：私有，只能被其定义所在的类访问。
- readonly：只读，将属性设置为只读。

（1）public 修饰符

以下示例定义了两个变量 str1 和 str2，str1 为 public，str2 为 private，实例化后可以访问 str1，而如果要访问 str2，则会编译错误。

```
class test {
    public str1:string = "hello";
    private str2:string = "world";
}
let obj = new test();
console.log(obj.str1);// 可访问
console.log(obj.str2);// 编译错误，str2 是私有的
```

（2）private 修饰符

TypeScript 使用的是结构性类型系统。当它比较两种不同的类型时，如果其中一个类型里包含一个 private 成员，那么只有当另外一个类型中也存在这样一个 private 成员，并且它们都是来自同一处声明时，它才认为这两个类型是兼容的。protected 成员也适用于这一规则。下面来看一个示例。

```
class Animal {
    private name: string;
    constructor(theName: string) { this.name = theName; }
}
class Lion extends Animal {
    constructor() { super("Lion"); }
}
class Employee {
    private name: string;
    constructor(theName: string) { this.name = theName; }
}
let animal = new Animal("Tiger");
let lion = new Lion();
let employee = new Employee("Musk");
animal = lion;
animal = employee; // 错误：Animal 与 Employee 不兼容
```

这个例子中有 Animal 和 Lion 两个类，Lion 是 Animal 类的子类。还有一个 Employee 类，其类型看上去与 Animal 相同。在创建了这些类的实例后，对其相互赋值。因为 Animal 和 Lion 共享了来自 Animal 里的私有成员定义 private name：string，因此它们是兼容的。然而 Employee 却不是这样。当把 Employee 赋值给 Animal 的时候，会报类型不兼容的错误。尽管 Employee 里也有一个私有成员 name，但该成员明显不是 Animal 里面定义的那个。

（3）protected 修饰符

protected 修饰符与 private 修饰符的行为很相似，但有一点不同：protected 成员在派生类中仍然可以访问。示例代码如下。

```
class Person {
    protected name: string;
    constructor(name: string) { this.name = name; }
}
class Employee extends Person {
    private department: string;
    constructor(name: string, department: string) {
        super(name)
        this.department = department;
    }
    public getElevatorPitch() {
        return 'Hello, my name is ${this.name} and I work in ${this.department}.';
    }
}
let howard = new Employee("Howard", "Sales");
console.log(howard.getElevatorPitch());
console.log(howard.name); // 错误
```

注意：

不能在 Person 类外使用 name，但是仍然可以通过 Employee 类的实例方法访问，因为 Employee 是由 Person 派生而来的。

当成员被标记成 protected 时，它就不能再声明其类的外部访问，但是该类的子类可以访问，示例如下。

```
class Person2 {
    protected name: string;
      constructor(name: string) {
        this.name = name;
      }
}
class exPerson extends Person2 {
    public age: number;
    constructor(age: number, name: string) {
        super(name);
        this.age = age;
```

```
        this.name = name;
    }
    public getInfo() {
        console.log('${this.name}哈哈哈哈 ${this.age}');
    }
}
let ps = new exPerson(123, "za"); // 派生类可以继承 protected 属性,但是
ps.name = "zz"; // 报错,外部无法直接访问
console.log(ps); // { name: 'za', age: 123 }
```

构造函数也可以被标记成 protected。这意味着这个类不能在包含它的类外被实例化，但是能被继承。示例如下。

```
class Person22 {
    protected name: string;
    protected constructor(name: string) {
        this.name = name;
    }
}
class exPerson2 extends Person2 {
    public age: number;
    constructor(age: number, name: string) {
        super(name);
        this.age = age;
        this.name = name;
}
public getInfo() {
        console.log('${this.name}哈哈哈哈 ${this.age}');
    }
}
let exp = new exPerson2(21, "exp-name");
let per22 = new Person22("zs"); // 报错类 Person22 的构造函数是受保护的,仅可在类声明中访问
```

(4) readonly 修饰符

使用 readonly 关键字将属性设置为只读。只读属性必须在声明时或构造函数里被初始化，示例代码如下。

```
class octPers {
    readonly name: string;
    readonly age: number = 8;
    constructor(name: string, age: number) {
        this.name = name;
        this.age = age;
    }
}
let ns = new octPers("zz", 123);
console.log("--1", ns);
ns.age = 456; // 报错 Cannot assign to 'age'because it is a read-only property.
console.log("--2", ns); // 这里会执行什么内容呢?
```

5. 类和接口

类可以实现接口，使用关键字 implements。接口是一系列抽象方法的声明，是一些方法特征的集合，这些方法都应该是抽象的，需要由具体的类去实现，然后第三方就可以通过这组抽象方法调用，让具体的类执行具体的方法。TypeScript 接口定义如下。

```
interface interface_name {
}
```

以下示例中，定义了一个接口 Husband，接着定义了一个变量 myHusband。其类型是 Husband。myHusband 实现了接口 Husband 的属性和方法。

```
interface Husband {
    sex: string,
    interest: string,
    sayHi: ()=>string
}
let myHusband:Husband = {
    sex: '男',
    interest:'游泳跑步健身',
    sayHi: ():string =>{return "Hi there";}
}
console.log(myHusband.sex);
console.log(myHusband.interest);
console.log(myHusband.sayHi());
```

编译后，输出结果如下。

```
男
游泳跑步健身
Hi there
```

以下实例 AgriLoan 类实现了 ILoan 接口，并将 interest 字段作为类的属性使用。

```
interface ILoan {
    interest:number;
}
class AgriLoan implements ILoan {
    interest:number;
    rebate:number;
    constructor(interest:number,rebate:number) {
        this.interest = interest;
        this.rebate = rebate;
    }
}
let obj = new AgriLoan(10,1);
console.log("利润为 : "+obj.interest+",抽成为 : "+obj.rebate);
```

编译以上代码，得到以下 JavaScript 代码。

```
var AgriLoan = /** @class */ (function () {
    function AgriLoan(interest, rebate) {
        this.interest = interest;
        this.rebate = rebate;
        }
        return AgriLoan;
}());
var obj = new AgriLoan(10, 1);
console.log("利润为:" + obj.interest + ",抽成为 : " + obj.rebate);
```

输出结果如下。

```
利润为 : 10,抽成为 : 1
```

6. 继承接口

和类一样，接口也可以相互继承。这让开发者能够从一个接口里复制成员到另一个接口里，可以更灵活地将接口分隔到可重用的模块里。示例如下。

```
interface Shape {
    color: string;
}

interface Square extends Shape {
    sideLength: number;
}
let square = <Square> {};
square.color = 'red';
square.sideLength = 10;
```

一个接口可以继承多个接口，创建出多个接口的合成接口。示例如下。

```
interface IParent1 {
    v1:number;
}
interface IParent2 {
    v2:number;
}
interface Child extends IParent1, IParent2 {
    v3:string;
}
let obj = <Child> {};
obj.v1 = 10;
obj.v2 = 20;
obj.v3 = "Hi"
console.log("value 1: " + obj.v1 + " value 2: " + obj.v2 + " value 3: " + obj.v3)
```

输出结果如下。

```
value 1: 10 value 2: 20 value 3: Hi
```

项目小结

通过本项目，可以全面了解 TypeScript 的基本概念、语法和编程技巧。这将有助于开发者在实际项目中更好地应用 TypeScript，提高代码质量、可维护性和开发效率。在后续的学习和实践中，开发者继续深入探索 TypeScript 的更多高级特性，以提升前端开发技能。

课后练习

一、选择题

1. 每个 TypeScript 项目的根文件夹中需要放置一个名为（　　）的配置文件。

A. tsconfig. json　　B. tsconfig. ts

C. tsc. ts　　D. tsc. json

2. 以下 TypeScript 代码中，正确的是（　　）。

A. let arr：[string, number];arr = ['hello', 10]

B. let arr：[string, number];arr = [10,'hello']

C. let arr：[string, number];arr = [10,'hello',10]

D. let arr：[string, number];arr = ['hello', '10']

3. 下列中不是 TypeScript 支持的面向对象的编程特性为（　　）。

A. 属性　　B. 接口　　C. 继承　　D. 泛型

4. TypeScript 实现接口使用的关键字是（　　）。

A. implements　　B. interface

C. readonly　　D. Extends

二、编程题

用 TypeScript 编写程序，求 1000 以内的水仙花数。

提示：1000 以内的水仙花数指，位数等于 3 的数据，每个位上数字的 3 次幂之和等于它本身，如 $153=1^3+5^3+3^3$。

项目5　Vue.js基础用法与进阶应用

学习目标

知识目标

1. Vue.js 基本概念。
2. Vue.js 基本语法。
3. Vue.js 基本用法。

技能目标

1. 掌握 Vue.js 的安装方法。
2. 熟悉 Vue.js 的目录结构。
3. 掌握 Vue.js 的语法基础。
4. 掌握 Vue.js 的高级应用。

素养目标

1. 具有人文素养、科学素养。
2. 具有社会责任感和职业道德素质。

任务 5-1　初识 Vue.js

任务背景

Vue.js 是一个渐进式的 JavaScript 框架，是一种可以由浅入深、由简单到复杂来使用的框架。Vue. js 具有以下优点：

① 体积小，压缩后的安装包为 33 KB 左右。

② 更高的运行效率，Vue 基于虚拟 DOM 技术，通过预先使用 JavaScript 的各种计算，把最终的 DOM 操作计算出来并加以优化，由于 DOM 操作属于预处理操作，并没有真正操作 DOM 对象，因此称之为虚拟 DOM。

③ 双向数据绑定，开发者能够免去操作 DOM 对象，将更多精力投入到业务逻辑的实现。

④ 生态丰富，学习成本低，存在大量成熟、稳定的基于 Vue. js 的 UI 框架和常用标签，可用来实现快速开发。

⑤ 开发界面对初学者友好，入门容易，学习资料多。

知识储备

1. Vue. js 的安装

在前后端完全分离的项目中，通常分单页应用及多页应用两种模式。在多页应用中可以使用以下两种方式安装并使用 Vue. js。

方式 1：从 Vue. js 官网下载 Vue. js 文件，并且复制和粘贴至网页文件所在目录下，即可在网页文件中使用<script>标签引入，代码如下。

```
<script src=" vue.js"></script>
```

方式 2：在页面上通过<script>标签，以 CDN Package 的形式导入，代码如下。

```
<script src="https://cdn.staticfile.org/vue/2.2.2/vue.min.js"></script>
```

在单页应用中，使用 NPM 的方式进行安装 Vue. js。

```
npm install vue
npm install -global vue-cli      //安装 Vue 脚手架
vue init webpack test01          //创建项目
```

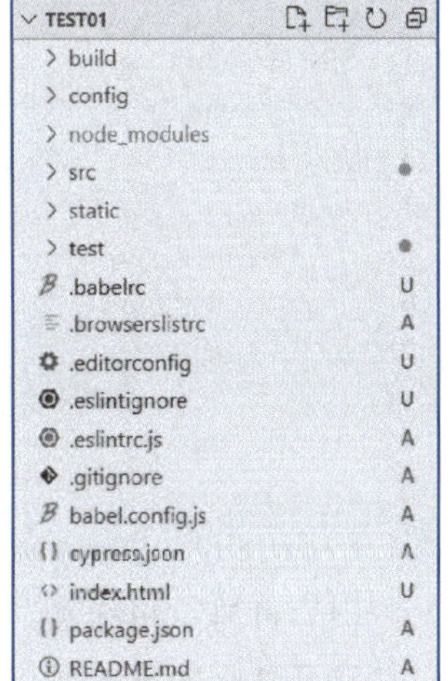

图 5-1　项目目录结构示意图

2. Vue. js 目录结构

当使用 NPM 安装项目后，项目目录结构如图 5-1 所示。

以上目录结构详细解释如下。

① build 目录：保存的是与项目构建（Webpack）相关代码。

② config 目录：主要保存配置信息（如端口号等），对于初学者可以使用默认配置。

③ node_ modules 目录：保存使用 NPM 方式加载项目时需

要的依赖项。

④ src 目录：保存项目开发文件，主要包含 assets 目录（可放置项目使用的图片文件，如 logo 文件等）、components 目录（项目中如果使用了标签文件可放在这里，如果没有使用标签，则没有这个目录）、App. vue 文件（项目入口文件，标签也可直接写在这个文件里而不使用 components 目录）、main. js 文件（项目核心文件）。

⑤ static 目录：保存静态资源文件，如图片、字体等。

⑥ test 目录：保存测试文件。

⑦ 其他文件：index. html 为首页入口文件；package. json 为项目配置文件；README. md 文件为 Markdown 格式的项目说明文档；其他配置文件如语法配置、Git 配置等，其文件扩展名则各不相同。

任务实施

1. 语法基础

在每个 Vue 项目中，都是通过 Vue 构造器创建新的 Vue 实例开始的，基本实现代码如下。

```
<script>
    var vm = new Vue({
        //选项
    })
</script>
```

以上 Vue 实例中的选项包括 el 唯一根标签、data 数据对象、methods 方法、components 子标签、computed 计算属性、filters 过滤器、watch 监听器。这些选项的用法在后续项目和任务中将具体实操，在以下示例中将简单展示 el 和 data 的使用。

使用 Vue 实例的唯一根标签和数据对象实现数据内容的展示。

```
<div id="div1">
    {{name}}
</div>
<script>
    var vm = new Vue({
        el: '#div1',
        data: {
            name: "实验"
        }
    })
</script>
```

（1） el 唯一根标签

它可以通过 class 或 id 选择器将 Vue 实例与 DOM 元素 div 绑定，这样该 Vue 实例只影响该 DOM 元素。

（2）data 数据对象

Vue 会将数据对象 data 的 name 属性转换为 getter 和 setter 来响应数据变化（示例中未使用），这样在 Vue 实例创建之后，代码可以通过 vm. $data 来访问原始数据对象，其属性值可以通过 vm. $data. name 或者直接通过 vm. name（Vue 实例可以代理 data 对象所有的属性）访问。示例中的 HTML 页面中是通过 {{…}} 插值语法来显示 name 属性的值。

综上所述，当一个 Vue 实例被创建时，它向 Vue 的响应式系统中加入了其 data 对象中能找到的所有的属性，当改变这些属性值的时候，HTML 视图中对该属性值的使用也会随之产生相应的变化。

2. 模板语法

Vue. js 使用了基于 HTML 的模板语法，这样就可以声明式地将 DOM 元素与 Vue 实例的数据绑定，在页面显示的时候将数据传给 DOM 元素，并且通过 Vue 的响应系统，在应用状态改变时智能地计算出重新渲染标签的最小代价，并将这些状态的改变应用到 DOM 元素的操作上。以下示例将分别实现 Vue 对 DOM 元素的操作。

（1）插值操作

文本插值示例如下。

```
<div id="div1">
    <p>{{name}}</p>
</div>
<script>
    var vm = new Vue({
        el: '#div1',
    data: {
    name: "文本插值"
    }
    })
</script>
```

在 HTML 页面中插入文本值最常见的形式就是使用 {{...}}（双大括号）。

HTML 代码插值示例如下。

```
<div id="div1">
    <div v-html="msg"></div>
</div>
<script>
    var vm=new Vue({
    el: '#div1',
    data: {
    msg: '<h1>HTML 代码插值</h1>'
    }
    })
</script>
```

在页面中插入 HTML 代码可在 DOM 元素属性中使用 v-html 指令，此时页面中插入的是 HTML 代码，而不是简单的文本值。

属性插值示例如下。

```
<div id="div1">
    <a v-bind:href="url">百度链接</a>
</div>
<script>
    var vm=new Vue({
    el: '#div1',
    data: {
    url: "http://www.baidu.com"
    }
    })
</script>
```

在页面中改变 DOM 元素标签<a>的 href 属性可以使用 v-bind 指令。

> **注意：**
> v-bind 指令可缩写，相应代码可改为 href="url"。

表达式插值示例如下。

```
<div id="div1">
    {{2 * 15}}<br>
    {{ bool ? '真': '假'}}<br>
    {{ msg.split('').reverse().join('-') }}
</div>
<script>
    var vm=new Vue({
    el: '#div1',
    data: {
            bool: false,
            msg: 'I love You',
    }
    })
</script>
```

Vue.js 提供了完全的 JavaScript 表达式支持，因此可以在页面中直接使用 JavaScript 的表达式。

（2）指令操作

指令是带有 v-前缀的特殊属性。指令属性的值预期是单个 JavaScript 表达式（v-for 是例外情况）。指令的作用为：当表达式的值改变时，将其产生的连带影响响应式地作用于 DOM 元素。

Vue 为开发者提供了一些内置指令，通过这些内置指令可以用简洁的代码实现复杂的功能。常用的内置指令有 v-model（双向数据绑定）、v-on（监听事件）、v-bind（单向数据绑定）、v-text（插入文本内容）、v-html（插入 HTML 代码）、v-for（循环或称列表渲染）、v-if（条件渲染）、v-show（显示隐藏）等。此处将给出 v-if 和 v-model 指令示例，以后的项目中将有更多示例讲解这些指令。

了解 v-if 指令的用法示例如下。

```
<div id="div1">
    <p v-if="on">当 on 的值为 true 时,本段将在页面显示!</p>
</div>
<script>
    var vm=new Vue({
        el: '#div1',
    data: {
    on: true
    }
    })
</script>
```

v-if 指令将根据表达式 on 的值（true 或 false）来确定是否在 HTML 代码中插入<p>标签。

使用 v-model 指令实现数据的双向绑定示例如下。

```
<div id="div1">
    <input type="text" v-model="msg">
</div>
<script>
    var vm=new Vue({
    el: '#div1',
    data: {
    msg: '此处输入的数据可刷新!'
    }
    })
</script>
```

以上代码中的 DOM 元素 input 通过 v-model 指令绑定了 data 中的 msg 数据，因此在页面第 1 次加载时，文本输入框中为原始的 msg 数据值，也可以直接在浏览器开发人员工具的控制台中使用 vm. msg 来查看，结果如图 5-2 所示。当用户修改文本输入框中的值后，再次在控制台中查询 vm. msg，可以看到 msg 数据值已经为修改后的值，结果如图 5-3 所示。

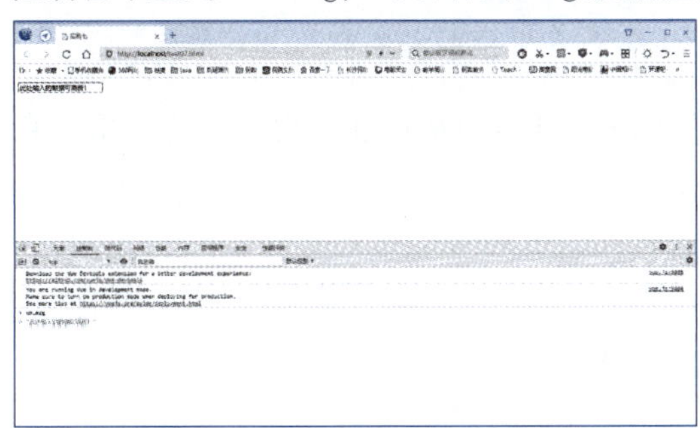

图 5-2　第 1 次加载页面效果示意图

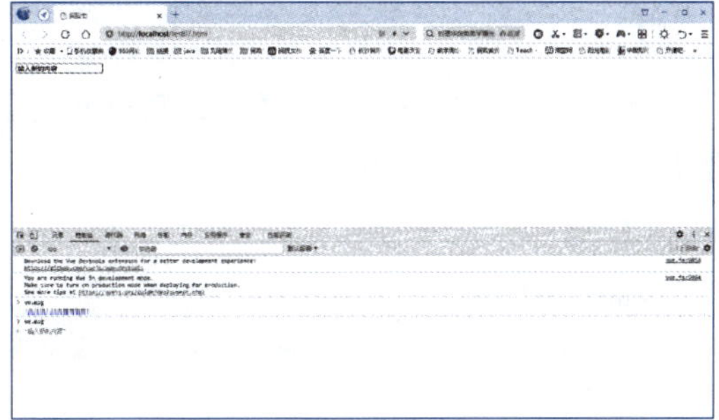

图 5-3　修改文本输入框的值后页面效果示意图

综上所述，双向数据绑定的初始效果是数据驱动视图的结果，但是当视图中的内容发生变化后，同样会改变代码中的数据，这就是双向数据绑定的实际用途。

（3）过滤器

在 Vue. js 开发前端页面中，通过数据绑定可以将 data 数据经过逻辑层处理后最终绑定到页面上显示，这种对数据的处理除了在 Vue. js 逻辑层操作外，还可以通过过滤器实现。Vue. js 的过滤器由管道符（|）标识，使用方式主要有两种：① 直接使用文本插值语法（两个大括号）；② 在指令中作为参数来选择。

在插值表达式中使用过滤器示例如下。

```
<div id="div1">
    <p>{{msg | szmdx}}</p>
</div>
<script>
    var vm=new Vue({
        el: '#div1',
    data: {
    msg: 'this is a test.'
    },
    filters:{
    szmdx(v){
    return v.charAt(0).toUpperCase() + v.slice(1)
            }
    }
    })
</script>
```

示例代码的插值表达式 {{msg | szmdx}} 就是将 msg 数据通过 szmdx 过滤器函数处理后的最终结果在<p>段落中显示，其中符号“|”称为管道符，msg 数据值作为过滤器函数 szmdx 的传入参数被传递给 v。

注意：

以上代码中字符串处理方法 charAt（0）的作用是获取字符串中指定索引值位置的字符，本示例中索引值为 0，即获取字符串的首字母。slice（1）方法的作用是返回字符串的一个子串，如输入为两个参数，即为子串在原字符串中的起始和结束位置。

本示例中只传递一个参数 1，则返回的子串为原字符串中从该参数指定位置开始一直到原字符串末尾的所有字符。

在属性绑定中使用过滤器示例如下。

```
<div id="div1">
    <div v-bind:style="color | xzbjs" >选择背景色</div>
</div>
<script>
    var vm=new Vue({
```

```
            el: '#div1',
    data: {
    color: "red"
    },
    filters: {
    xzbjs(v) {
                if (v==="red") {
                return "background-color:red"
                }
                else {
                return "background-color:blue"
                }
                }
        }
        })
</script>
```

示例代码中对 DOM 元素 div 的 style 属性使用过滤器进行属性绑定，通过管道符“|”将 color 的值传递给 xzbjs 函数进行处理，判断后返回设置背景色的 HTML 代码。

（4）缩写

Vue. js 为两个最为常用的指令提供了特别的缩写，如属性插值示例中的“v-bind: href”可缩写为“: href”，同样内置指令“v-on”可缩写为“@”（后续实验中可自行替代验证）。

3. 条件语句

Vue. js 可使用 v-if 指令作为条件判断，以根据不同的要求实现不同的页面展示效果。在 v-if 示例中简单演示了 v-if 的使用，可以使用 v-else 和 v-else-if 指令来增加更多的判断条件。

使用 v-if、v-else 和 v-else-if 完成多重条件判断示例如下。

```
<div id="div1">
    <div v-if="pdz === '1'">
    匹配条件 1
    </div>
    <div v-else-if="pdz === '2'">
    匹配条件 2
    </div>
    <div v-else-if="pdz === '3'">
    匹配条件 3
    </div>
    <div v-else>
    所有条件均不匹配
    </div>
</div>
<script>
    var vm=new Vue({
```

```
            el: '#div1',
            data: {
                pdz: '4'
        }
        })
</script>
```

示例代码中根据 pdz 的值进行了 3 次 v-if 和 v-else-if 判断，当不满足前面 3 个条件都匹配最后一个 v-else 时，最终页面输出“所有条件均不匹配”。

注意：

v-if 和 v-show 都可以实现对页面元素的渲染（显示或隐藏），但是两者的区别主要在于 v-if 是“真正”的条件渲染，在切换过程中条件块内的事件监听器和子标签一定会被相应地销毁和重建；而 v-show 就简单得多，不管初始条件如何，页面元素总是会被渲染，并简单地基于 CSS 进行切换。

并且由于 v-if 的惰性，当且仅当条件由假变为真时，才会开始渲染页面元素，因此通常 v-if 有更高的切换开销，而 v-show 有更高的初始渲染开销。所以，如果页面元素的显示和隐藏需要非常频繁地切换，则使用 v-show 较好。如果在运行时条件很少改变，则使用 v-if 较好。

使用 v-if、v-else 和 v-else-if 完成多重条件判断示例如下。

```
<div id="div1">
    <div v-if="ok">v-if 指令判断显示</div>
    <div v-show="ok">v-show 指令判断显示</div>
</div>
<script>
    var vm=new Vue({
        el: '#div1',
        data: {
            ok: false
    }
    })
</script>
```

示例代码中当设置变量 ok 的值为 false 时，可以在浏览器的开发人员工具中查看 HTML 代码。可以发现尽管页面中对应的元素都没有显示，但是 v-show 指令对应的 div 元素得到了渲染，也就是在 HTML 代码中出现了，只是这个元素样式中的 display 属性被设置成 none，而 v-if 指令对应的 div 元素则完全未渲染，效果如图 5-4 所示。

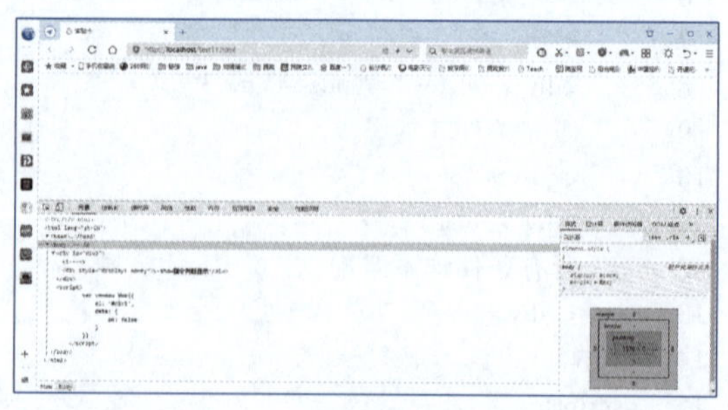

图 5-4 示例页面结果示意图

4. 循环语句

Vue. js 使用 v-for 指令实现对数组的循环，这样就可以利用绑定到数组的数据来渲染一个列表，因此也经常被称为列表渲染。

(1) 简单应用

使用 v-for 指令完成列表渲染示例如下。

```
<div id="div1">
    <ul>
        <li v-for="a in array">
            {{ a.msg }}
    </li>
    </ul>
</div>
<script>
    var vm=new Vue({
        el: '#div1',
        data: {
            array: [
                { msg: '元素 1'},
                { msg: '元素 2'}
            ]
    }
    })
</script>
```

示例代码中使用 v-for 指令基于对数组的循环取值来渲染一个列表，其中 v-for="a in array"中的 array 是源数据数组。a 是数组元素迭代的别名，可以理解为数组每次循环时都将对应的数组元素存入临时变量 a 中，然后就可以使用插值语法 {{…}} 来使用该元素。

> **注意：**
> v-for 指令可以用 of 替代 in 作为分隔符，示例 12 中的 a in array 可以改写为 a of array，这种写法更接近 JavaScript 迭代器的语法。

(2) 数组的索引值

v-for 指令还可以使用第 2 个参数来对应数组的索引值（如果循环遍历的不是数组而是对象，这个参数的含义会不同)。使用 v-for 指令的第 2 个参数完成数组循环，示例如下。

```
<div id="div1">
    <ul>
        <li v-for="(a,b) in array">
    {{b}}--{{ a.msg }}
    </li>
    </ul>
</div>
```

```
<script>
    var vm = new Vue({
        el: '#div1',
        data: {
            array: [
                { msg: '元素 1'},
                { msg: '元素 2'}
            ]
        }
    })
</script>
```

该代码中数组每次循环时的索引值存入了临时变量 b 中。

（3）迭代对象

v-for 指令的迭代源数据还可以是对象，可以使用 3 个参数来分别接收每次循环中对象对应的属性、键名和索引值。使用 v-for 指令遍历对象，示例如下。

```
<div id="div1">
    <ul>
        <li v-for="(a,b,c) in obj">
            序号:{{c}}<br>
            列名:{{b}}<br>
               值:{{a}}<br>
    </li>
    </ul>
</div>
<script>
    var vm = new Vue({
        el: '#div1',
        data: {
            obj: {
                name: '张三',
                number: '210101',
                class: '网站 2101 班'
            }
        }
    })
</script>
```

示例代码中使用 v-for 指令遍历了一个对象，其中 a、b、c 3 个参数分别接收对应项的属性、键名和索引值。

注意：

以上 3 个参数的使用顺序是固定的，并且后面两个参数可用可不用，如果只使用两个参数，则第 2 个参数对应的是键名。

除了可以循环迭代数组元素和对象外，v-for 指令还能循环整数，例如 v-for="a in 10"。

5. 计算属性

Vue.js 可以在页面中使用表达式，这种便利性也使得其在计算逻辑比较简单时非常适用。但是当模板放入太多的逻辑时，会让模板不够轻量化且难以维护。例如以下示例。

```
<div id="example">
    {{ msg.split('').reverse().join('') }}
</div>
```

这段代码不再是简单的声明式逻辑，包含更多的复杂逻辑，如果这样的代码多次出现就会使程序逻辑复杂度成倍提高。因此，对于任何复杂逻辑可以更多地使用计算属性。

（1）简单应用

使用计算属性 computed，示例如下。

```
<div id="div1">
    <p>使用表达式：{{ msg.split('').reverse().join('') }}</p>
    <p>调用计算属性：{{ jssxMsg }}</p>
</div>
<script>
    var vm = new Vue({
        el: '#div1',
        data: {
            msg: 'I love You'
        },
        computed: {
            jssxMsg: function () {
                return this.msg.split('').reverse().join('')
            }
        }
    })
</script>
```

示例代码中声明了一个计算属性 jssxMsg 来实现对复杂逻辑表达式的简单插值，在计算属性中提供的函数实际上相当于属性 vm.jssxMsg 的 get 函数。

注意：

Vue.js 中也可以通过在标签中定义方法 methods 来替代计算属性 computed，从效果上看两者是一样的。但是计算属性 computed 基于依赖缓存，只有相关依赖发生改变时才会重新计算取值。methods 在页面重新渲染时，methods 函数总会重新调用执行。

（2）计算属性的 set 和 get

计算属性 computed 属性默认只有 get 函数，也可以设置 set 函数。

实现计算属性 computed 的 set 和 get 函数示例如下。

```
<div id="div1">
    <p>{{ name }}</p>
```

```
</div>
<script>
    var vm = new Vue({
        el: '#div1',
        data: {
            xing: 'Li',
            ming: 'Si'
        },
        computed: {
            name: {
                get: function () {
                    return this. xing + ''+ this. ming
                },
                set: function (v) {
                    var nameV = v. split('')
                    this. xing = nameV[0]
                    this. ming = nameV[1]
                }
            }
        }
    });
    vm. name = 'Zhang San';
    document. write('姓: '+ vm. xing);
    document. write('<br>');
    document. write('名: '+ vm. ming);
</script>
```

示例代码中声明了一个计算属性 name 来实现对复杂逻辑表达式的简单插值，并提供了相应的 get 和 set 函数。当运行 vm. name='Zhang San'时，set 函数会被调用。因此，最终页面显示的结果是“Zhang San”而不是“Li Si”。

6. 监听属性

Vue. js 中的事件处理方法可根据用户需要自定义，它可以通过单击事件、键盘事件等触发条件来触发，但不能自动监听当前 Vue 对象的状态变化。为解决这一问题，Vue. js 提供了监听属性 watch（或称为状态监听功能），当监听到当前 Vue 实例发生了数据变化，就能调用当前数据绑定的事件处理方法。

使用监听属性 watch 示例如下。

```
<div id = "div1">
    <p style = "font-size:25px;">计数器: {{ counter }}</p>
    <button v-on:click = "counter++" style = "font-size:25px;">加 1</button>
    <p id="info"></p>
</div>
<script>
    var vm = new Vue({
```

```
            el: '#div1',
            data: {
                counter: 1
            },
            watch:{
                counter( newValue, oldValue) {
                    alert('计数器值将发生变化:从'+oldValue+'变为'+newValue + '!');
                }
            }
        });
        vm. $watch('counter', function (newValue, oldValue) {
            document. getElementById ("info"). innerHTML = "计数器修改前值为: " + oldValue + ",修改后值为: " + newValue;
        });
</script>
```

示例代码声明了一个监听属性 watch，对数据 data 的 counter 属性值的变化实现实时监听，并以弹出一个警告对话框来响应，最后在 counter 属性值改变后，使用 vm. $watch 回调函数实现页面显示一段提示信息的功能。

7. 样式绑定

操作页面 DOM 元素的 class 列表和 style 内联样式是数据绑定的一个常见需求，两者都是 HTML 元素的属性，用于设置元素的样式。因此可以通过表达式来计算字符串结果，然后用 v-bind 指令来处理样式绑定。

注意：

这个表达式结果的类型除了字符串类型外，还可以是对象或数组，并且如果结果为字符串，则经常会因为拼接问题出错。

(1) 绑定 HTML class

实现 class 样式绑定内联样式表示例如下。

```
<style>
    .a {
        width: 50px;
        height: 50px;
        background: red;
    }
</style>
```

HTML 代码如下。

```
<div id="div1">
    <div v-bind:class="{'a': on}"></div>
</div>
<script>
```

```
    var vm=new Vue({
        el: '#div1',
        data: {
            on: true
        }
    })
</script>
```

示例代码对 HTML 代码中第 2 个 div 元素的 class 属性进行了样式绑定，当 on 属性设置为 true 时，这个 div 元素的 class 属性被设置为 a（浏览器页面 HTML 代码为<div class="a"></div>），也就能选中 style 中的样式，网页显示红色的 div 块。如果 on 属性设置为 false，那么这个 div 元素的 class 属性被设置为空（浏览器页面 HTML 代码为<div class></div>），也就无法显示红色的 div 块。

传入更多属性实现动态切换多个 class 内联样式表示例如下。

```
<style>
    .a {
        width: 50px;
        height: 50px;
        background: red;
    }
    .b {
        background: blue;
    }
</style>
```

代码：

```
<div id="div1">
    <div v-bind:class="{'a': onA, 'b': onB}"></div>
</div>
<script>
    var vm=new Vue({
        el: '#div1',
        data: {
            onA: true,
            onB: true
        }
    });
</script>
```

示例代码结果中浏览器页面 HTML 代码为<div class="a b"></div>，b 类样式中的背景色覆盖了 a 类样式的背景色。

（2）数据对象绑定 class

使用数据里的对象绑定 v-bind：class 样式示例如下。

```
<div id="div1">
    <div v-bind:class="classComputed"></div>
```

```
</div>
<script>
    var vm = new Vue({
        el: '#div1',
        computed: {
            classComputed: function () {
                return {
                    a: true,
                    b: true,
                }
            }
        }
    });
</script>
```

示例代码利用了计算属性返回给 v-bind：class 的一个对象，这个返回的对象可以包含更多字段（本例中为类 a 和类 b）来动态切换多个 class。

（3）数组绑定 class

使用数组绑定 v-bind：class 样式示例如下。

```
<div id="div1">
    <div v-bind:class="[onA, onB]"></div>
</div>
<script>
    var vm = new Vue({
        el: '#div1',
        data: {
            onA: 'a',
            onB: 'b'
        }
    });
</script>
```

示例代码将一个数组传递给 v-bind：class 以应用一个 class 列表，最终 HTML 页面渲染结果为<div class="a b"></div>。

（4）绑定内联样式

使用 v-bind：style 绑定内联样式示例如下。

```
<div id="div1">
    <div v-bind:style="{color:dataColor,fontSize:dataSize+'px'}">直接设置样式</div>
    <div v-bind:style="dataObject">绑定对象设置</div>
    <div v-bind:style="[dataArray1, dataArray2]">数组绑定设置</div>
</div>
<script>
    var vm = new Vue({
        el: '#div1',
        data: {
            dataColor: 'red',
```

```
                dataSize: 20,
                dataObject: {
                    color:'blue',
                    fontSize:'15px'
                },
                dataArray1: {
                    color:'green',
                    fontSize:'35px'
                },
                dataArray2: {
                    'font-weight':'bold'
                }
            }
        });
</script>
```

示例代码让第 1 个 div 元素直接在 v-bind：style 中设置样式；而第 2 个 div 元素则使用了样式对象（dataObject）进行设置；第 3 个 div 元素则使用了数组（dataArray1 和 dataArray2）来绑定多个样式。

注意：

① 在 Vue. js 代码中，如果对应的 CSS 属性名（如 font-weight）由短横线分隔，则命名需要使用引号（参见数组元素 dataArray2 中的定义）；

② 当 v-bind：style 使用需要添加浏览器引擎前缀的 CSS 属性（如 transform）时，Vue. js 会自动侦测并添加相应的前缀。

8. 事件处理

Vue. js 中可以使用 v-on 指令来监听 DOM 元素的事件，并触发运行 JavaScript 代码，被称为事件处理。

（1）简单应用

在上述示例中已经简单应用了 v-on 指令，但是这种直接把 JavaScript 代码（事件处理）写在 v-on 指令中的方法，对更为复杂的事件处理逻辑并不适用。因此，v-on 指令最好还是接收一个方法名称来按需调用相应的事件处理代码。修改如下。

简单实现事件处理示例如下。

```
<div id="div1">
    <p style = "font-size:25px;">计数器：{{ counter }}</p>
    <button v-on:click = "counterAdd" style = "font-size:25px;">加 1</button>
    <p id="info"></p>
</div>
<script>
    var vm=new Vue({
        el: '#div1',
```

```
            data: {
                counter: 1
            },
        watch:{
        counter(newValue, oldValue) {
                        alert('计数器值将发生变化:从'+oldValue+'变为'+newValue+'!');
                    }
        },
        methods: {
        counterAdd: function (event) {
                        this.counter++;
                    }
            }
        });
        vm.$watch('counter', function (newValue, oldValue) {
            document.getElementById ("info").innerHTML = "计数器修改前值为: " + oldValue + ",修改后值为: " + newValue;
        })
</script>
```

对比之前的代码，本例在 methods 对象中增加了 counterAdd 方法来实现事件处理代码 this. counter++，而不是将这行代码直接写在 v-on 指令中，同时将 v-on 指令修改为对这个方法的调用 v-on:click = "counter++"，页面显示效果相同。

注意：

以上示例的 counterAdd 方法函数会接收一个输入参数 event。这个参数不能随意命名，因为它其实包含了事件更详细的信息，如事件发生时光标的位置等。

（2）事件修饰符

在事件处理程序中调用 event. preventDefault()（用于阻止元素发生默认的行为）或 event. stopPropagation()（用于阻止 click 事件传播到父元素）是非常常见的行为。尽管在方法中实现这一点较简单，但方法应只包括纯粹的数据逻辑，而不包括处理 DOM 事件的细节。

针对以上问题，Vue. js 为 v-on 指令提供了事件修饰符（由“.”开头的指令后缀）。Vue. js 支持的事件修饰符共以下 8 种。

①. stop：阻止冒泡。

②. prevent：阻止默认事件。

③. capture：阻止捕获。

④. self：只监听触发该元素的事件。

⑤. once：只触发一次。

⑥. left：左键事件。

⑦. right：右键事件。

⑧. middle：中间滚轮事件。

使用事件修饰符 .stop 实现阻止冒泡示例如下。

```
<div id="div1" style="height:100px;width:500px;padding:10px;border:1px solid blue; background-color:lightblue;" v-on:click = "divClick">
    这是一个最外层的 div 区域。
    <p style="background-color:pink" v-on:click="pClick">
        这是中间层的 p 区域<br>
        <span style="background-color:orange" v-on:click.stop="spanClick">
        这是最内层的 span 区域</span>
    </p>
</div>
<script>
    var vm=new Vue({
        el: '#div1',
        methods: {
            divClick:function (event) {
                alert("单击 div");
            },
            pClick:function (event) {
                alert("单击 p");
            },
            spanClick:function (event) {
                alert("单击 span");
            },
        }
    });
</script>
```

演示示例代码效果，当单击 div 区域时，触发事件将弹出“单击 div”警告；当单击 p 区域时，由于 p 元素有父元素 div，因此会先弹出“单击 p”警告，然后弹出“单击 div”警告；但是单击 span 区域时，由于在其事件绑定时使用了事件修饰符 .stop，所以该事件不再传播至父元素，因此只弹出“单击 span”警告，这一用法与在事件处理中使用 event.preventDefault()的效果一致。

(3) 按键修饰符

Vue.js 允许为 v-on 在监听键盘事件时添加按键修饰符，以确定具体的按键。在具体使用时，可以使用 Keycode（整数值），或者使用按键别名。部分 Keycode 对应的按键别名见表 5-1。

表 5-1 Keycode 对应按键别名

Keycode	按键别名	Keycode	按键别名	Keycode	按键别名
8	BackSpace	13	Enter	32	Space
35	End	36	Home	37	Left
38	Up	39	Right	40	Down
48	0	65	a	112	F1

使用按键修饰符确定具体的按键，示例如下。

```
<div id="div1">
    <input v-on:keyup.enter="tixing">
</div>
<script>
    var vm=new Vue({
        el: '#div1',
        methods: {
            tixing:function (event) {
                alert("在输入框中按了 Enter 键!");
            }
        }
    });
</script>
```

示例代码中对页面元素 input 的键盘事件 keyup 设定了按键别名，因此当用户将光标移入输入框后，按 Enter 键将会激活事件处理方法，页面将弹出提醒框。

注意：
将 v-on：keyup. enter 修改为 v-on：keyup. 13，页面显示效果一致。

9. 表单处理

Vue. js 支持用 v-model 指令在表单<input><textarea>及<select>元素上创建双向数据绑定，它会根据控件类型自动选取正确的方法来更新元素，并且负责监听用户的输入事件以更新数据，并对一些个性化场景进行特殊处理。

(1) 输入框和文本域

使用 v-model 绑定表单的<input>和<textarea>元素，示例如下。

```
<div id="div1">
    <p>在以下输入框中输入内容:</p>
    <input v-model="msg">
    <p>该输入框中的内容通过数据对象的 msg 属性传递并显示在这里:{{ msg }}</p>
    <p>在以下文本域中输入内容:</p>
    <textarea v-model="msg2"></textarea>
    <p style="white-space: pre">该文本域的内容通过数据对象的 msg 属性传递并显示在这里:{{ msg2 }}</p>
</div>
<script>
    var vm=new Vue({
        el: '#div1',
        data: {
            msg: '在此输入单行文本',
            msg2: '在此输入\r\n 多行文本'
        }
```

```
    })
</script>
```

示例代码中对表单的<input>和<textarea>元素使用 v-model 实现双向数据绑定。

(2) 单选按钮和复选框

使用 v-model 绑定表单的单选按钮和复选框，示例如下。

```
<div id="div1">
    <h2>单选按钮示例:<h2>
    <input type="radio" id="nan" value="男" v-model="gender" >男
    <input type="radio" id="nv" value="女" v-model="gender" >女
    <p>您选择的性别是:{{ gender }}</label>
    < h2>单个复选框示例:</ h2>
    <input type="checkbox" id="tongyi" v-model="agree">同意
    <p>您是否勾选同意:{{ agree }}</p>
    < h2>多个复选框示例</ h2>
    <p>您的兴趣:</p>
    <input type="checkbox" id="tiyu" value="体育" v-model="interest">体育
    <input type="checkbox" id="yinyue" value="音乐" v-model="interest">音乐
    <input type="checkbox" id="lvxing" value="旅行" v-model="interest">旅行
    <br>
    <span>您选择的兴趣有：{{ interest }}</span>
</div>
<script>
    var vm=new Vue({
        el: '#div1',
        data: {
            gender:'',
            agree : '',
            interest: []
        }
    })
</script>
```

示例代码中对表单的单选按钮和复选框元素使用 v-model 实现双向数据绑定。

注意：

当绑定的复选框只有一个时，其值为 true 或 false。

(3) 下拉列表

使用 v-model 绑定表单的下拉列表，示例如下。

```
<div id="div1">
    <h1>单选下拉列表示例:</h1>
    <p>您来自哪个省份:</p>
    <select v-model="selected1">
        <option disabled value="">请选择</option>
        <option>湖南省</option>
```

```
            <option>湖北省</option>
            <option>江西省</option>
        </select>
        <p>您来自的省份是：{{ selected1 }}</p><br>
        <h1>多选下拉列表示例:</h1>
        <p>您家里现住人口有:</p>
        <select v-model="selected2" multiple="multiple">
            <option>父母</option>
            <option>兄弟</option>
            <option>姐妹</option>
        </select>
        <p>您家里现在人口有:{{ selected2 }}</span> </p><br>
    </div>
    <script>
        var vm=new Vue({
            el: '#div1',
            data: {
                selected1:'',
                selected2:[]
            }
        })
    </script>
```

示例代码中对表单的单选下拉列表和多选下拉列表元素使用 v-model 实现双向数据绑定。

> **注意：**
> 绑定多选下拉列表时需使用数组。

（4）修饰符

Vue. js 为 v-model 提供了修饰符，来达到相应目的。主要的修饰符如下。

① . lazy。在默认情况下，v-model 在 input 事件中同步输入框的值与数据，如果希望转为在 change 事件中同步，可以使用修饰符 . lazy。

② . number。如果想自动将用户输入值转换为 Number 数值类型（若原值的转换结果为 NaN，则返回原值），可使用 . number 修饰符。

③ . trim。如果要自动过滤用户输入的首尾空格，可以使用 . trim 修饰符。

使用 . lazy 示例如下。

本示例代码与使用 v-model 绑定表单示例基本相同，需要修改代码<input v-model="msg">为：

```
<input v-model.lazy="msg">
```

示例代码执行后，当在输入框中输入数据时，页面不会同步显示输入的数据，只有输入数据结束并按 Enter 键或光标移出输入框后（此时触发 change 事件），页面才会同步显示修改后的数据。

10. 生命周期

Vue. js 为生命周期提供了回调函数，也称为钩子函数。在项目从创建、运行到销毁的整个生命周期中，用户使用这些钩子函数就能在不同阶段通过添加相应的代码来实现所需的功能。Vue. js 提供的主要钩子函数如下。

① beforeCreate 和 created，创建实例对象之前和之后。

② beforeMount 和 mounted，页面挂载成功之前和之后。

③ beforeUpdate 和 updated，标签更新之前和之后。

④ beforeDestroy 和 destroyed，实例销毁之前和之后。

应用钩子函数 beforeCreate、created、beforeMount 和 mounted，并观察结果以理解这些函数的执行顺序，示例如下。

```
<div id="div1">
    <h2 id="msgbox">页面还没有被渲染 -- {{msg}} </h2>
</div>
<script>
    var vm=new Vue({
        el:"#div1",
        data:{
            msg:"页面渲染完闭"
        },
        beforeCreate(){
            console.info("beforeCreate")
            console.log("表示刚初始化一个 Vue 的空对象。这个时候在这个对象上只有一些默认的事件和默认的生命周期函数,其他的没有创建")
            console.log("data 中的 msg : "+this.msg +" => data 还没有挂载到 vue,此时 vue 是一个空对象");
            var msgbox=document.getElementById("msgbox");
            console.log(msgbox.innerHTML+" => 页面还没有被渲染,vue 的插值运算符只能当字符串使用。");
            console.log("------------------------------------------------")
        },
        created(){
            console.info("created")
            console.log("data、methods 已经被初始化好了")
            console.log("data 中的 msg : "+this.msg +" => data 成功被挂载 vue 中,可以使用 data 的数据,这是 data 第一次可以使用");
            var msgbox=document.getElementById("msgbox");
            console.log(msgbox.innerHTML+" => 页面还没有被渲染,vue 的插值运算符只能当字符串使用。");
            console.log("------------------------------------------------")
        },
        beforeMount(){
            console.info("beforeMount")
```

```
28                console.log("模板已经在内存中编译好,没有挂载到页面中去")
29                console.log("data 中的 msg : "+this.msg +"  => data 成功被挂载 vue 中,可以使用 data 的数据");
30                var msgbox=document.getElementById("msgbox");
31                console.log(msgbox.innerHTML+"  => 页面还没有被渲染,vue 的插值运算符只能当字符串使用。");
32                console.log("----------------------------------------------------------")
33            },
34            mounted(){
35                console.info("mounted")
36                console.log("页面编译完结,页面重新被渲染")
37                console.log("data 中的 msg : "+this.msg +"  => data 成功被挂载 vue 中,可以使用 data 的数据");
38                var msgbox=document.getElementById("msgbox");
39                console.log(msgbox.innerHTML+"  => 页面重新被渲染");
40                console.log("----------------------------------------------------------")
41            }
42        })
43    </script>
```

示例代码执行后，在浏览器中打开开发人员工具，观察结果如图 5-5 所示。

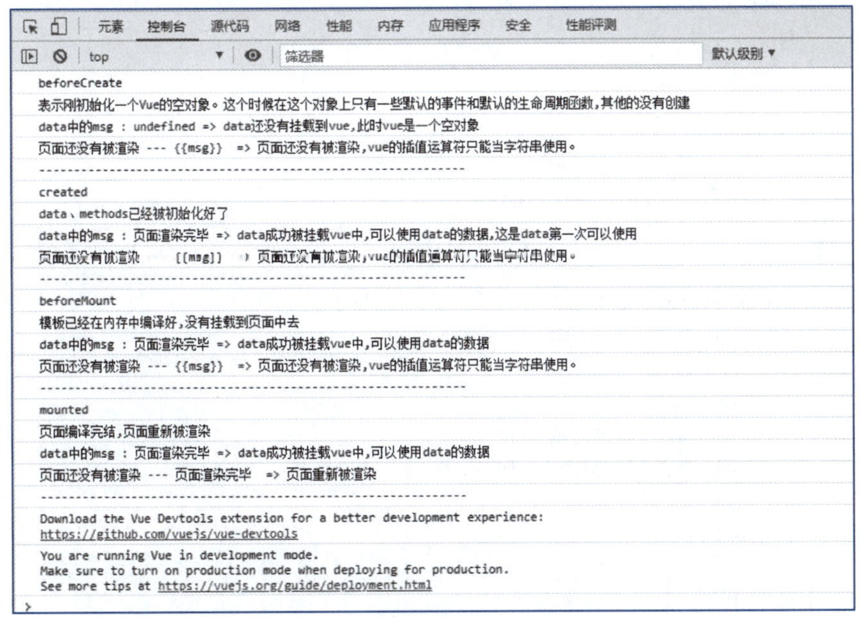

图 5-5　钩子函数示例页面效果 1

注意：

① 在控制台输出第 3 行时，Vue 实例仅初始化为一个空对象，因此 data 对象和 msg 属性没有创建，因此 this.msg 的输出结果为 undefined。

② 在控制台输出第 4 行时，页面还没有渲染，因此 msgbox. innerHTML 所提取的 HTML 代码中的 {{msg}} 被当作了字符串，而无法实现插值运算。

③ 在控制台输出第 8 行时，Vue 实例已初始化，data 对象和 msg 属性此时已经创建。因此 this. msg 输出结果为“页面渲染完毕”。

④ 在控制台输出第 9 行时，页面还没有渲染。因此 msgbox. innerHTML 所提取的 HTML 代码中的 {{msg}} 被当作了字符串，而无法实现插值运算。

⑤ 在控制台输出第 14 行时，页面还没有渲染。因此 msgbox. innerHTML 所提取的 HTML 代码中的 {{msg}} 被当作了字符串，而无法实现插值运算。

应用钩子函数 beforeUpdate、updated、beforeDestroy 和 destroyed，并观察结果以理解这些函数的执行顺序，示例如下。

```
<div id="div1">
    <div v-if="on" ref="regDiv">test</div>
    <button @click="on=!on">更新</button>
</div>
<script>
    var vm=new Vue({
        el:"#div1",
        data:{
            on:false
        },
        beforeUpdate(){
            console.log("更新之前");
            console.log(this.$refs.regDiv);
        },
        updated(){
            console.log("更新之后");
            console.log(this.$refs.regDiv);
        },
        beforeDestroy(){
            console.log("销毁之前");
            console.log(this.$refs.regDiv);
            console.log(this.on);
            console.log(vm);
        },
        destroyed(){
            console.log("销毁之后");
            console.log(this.$refs.regDiv);
            console.log(this.on);
            console.log(vm);
        }
    })
</script>
```

示例代码执行后，在浏览器中打开开发人员工具，观察如图 5-6 所示结果。

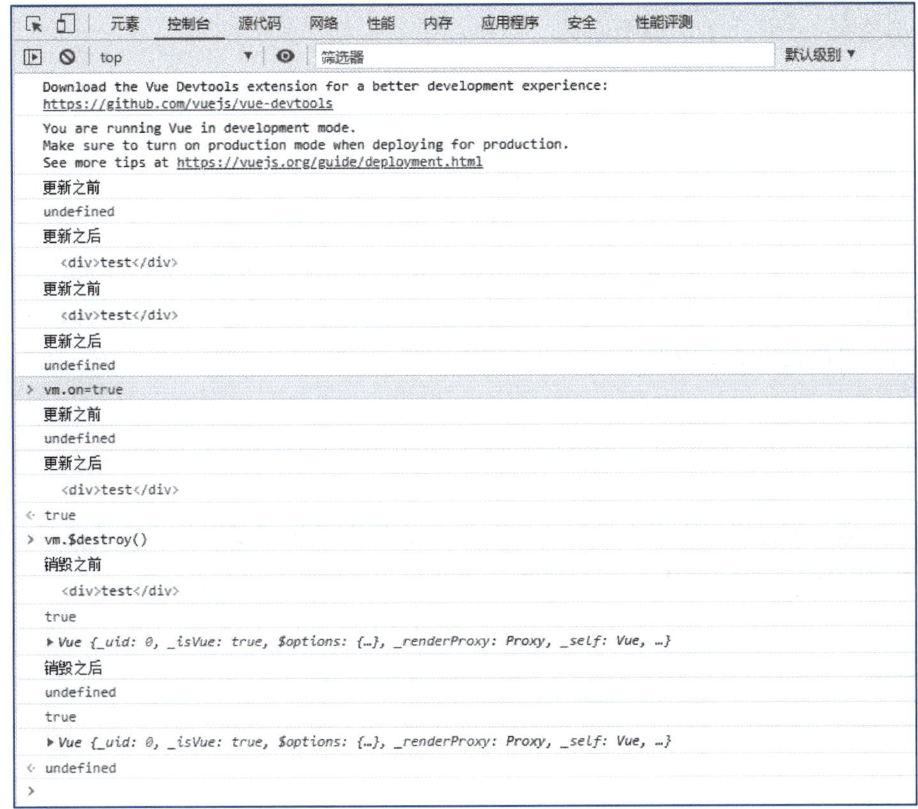

图 5-6　钩子函数示例页面效果 2

注意：

① 在 Vue 实例挂载完成后，当单击 button 按钮后，数据发生变化从而顺序触发 beforeUpdate 和 updated 钩子函数；当再次单击 button 按钮后，结果反转（函数顺序执行不变）。

② DOM 元素 div 的属性配置 ref = " regDiv" 用于注册引用信息，代码 this. $refs. regDiv 用来获得 DOM 节点元素 div，它与代码 console. log(document. getElementById( )) 相比可以减少获取 DOM 节点的消耗。

③ 在控制台输入 vm. on = true 显示 div 元素后，再次执行 vm. $destroy( ) 来销毁 vm 实例，将触发 beforeDestroy 和 destroyed 钩子函数。从结果可以看到 vm 实例在这两个函数执行时都存在，但是销毁之后 div 元素已获取不到（undefined）。

任务 5-2 标签高级应用

任务背景

标签（Component）是 Vue. js 的基本结构单元，也是 Vue. js 最强大的功能之一。按照 Vue. js 规范来定义标签，就能扩展 HTML 元素，利用独立可复用的小标签来构建更复杂的大型应用，提高代码的复用性。

知识储备

Vue. js 标签可以实现应用中局部功能和资源的集合，从而复用代码，简化项目编码，达到提高隐形效率的目的。Vue. js 标签可分为非单文件标签和单文件标签。

任务实施

1. 全局标签

全局标签的定义和使用示例如下。

```
<div id="div1">
    <compo1></compo1>
</div>
<template id="temp1">
    <div>
        <button v-on:click="counter++">加 1</button>
        <p>计数器的值:{{counter}}</p>
    </div>
</template>
<script>
    Vue.component('compo1', {
        data(){
            return{
                counter:0
            }
        },
        template: '#temp1'
    })
    var vm=new Vue({
```

```
            el: '#div1'
        })
</script>
```

示例代码实现了全局标签 compo1，并在标签定义中将模板字符串代码写在 HTML 页面中，使用 id 号（temp1）调用，在该模板中实现的是使用监听属性 watch 示例中的计数器。

注意：

① 标签的命名不应使用大写字母，因为在 HTML 渲染时会统一转换为小写。

② 标签中定义的 data 并不是一个对象，错误示例如下。

```
data: {
            count: 0
}
```

取而代之的是一个函数，正确示例如下。

```
data: function () {
    return {
    count: 0
    }
}
```

这是因为如果定义 data 为对象，则标签生成多个实例时，这些实例都将共享这个数据对象。但是定义为函数，则每个实例中的 data 函数可以维护自身的数据而不会相互影响。

③ 标签内部具有自己的独立作用域，不能直接被外部访问。

④ Vue.js 标签的定义必须在 Vue 实例创建之前，顺序不可颠倒。

⑤ template 模板只能有一个根元素，其他元素必须放在此根元素中。

2. 局部标签

局部标签在实例选项中注册，这样标签就只能在这个实例中使用。

局部标签的定义和使用示例如下。

```
<div id="div1">
    <compo1></compo1>
</div>
<script>
    var temp1 = {
        template:'<p>局部标签示例</p>'
    }
    var vm = new Vue({
        el: '#div1',
        components: {
```

```
                compo1:temp1
            }
    })
</script>
```

示例代码在 Vue 实例的 components 属性中实现局部标签 compo1，compo1 只能在这个实例中使用。也可以理解为仅在 Vue 实例对应的 div 元素的子标签中可用。

3. 标签间的数据传递

由于标签实例具有局部作用域，因此标签之间的数据传递需要使用 props 属性或 $emit（触发父标签的自定义事件）来实现父标签向子标签传递数据信息。父标签和子标签的依赖关系是完成数据传递的基础。

（1）props 传值

props 属性是标签用来接收父标签传递过来的数据的一个自定义属性，需要显式地声明。

使用 props 属性实现父标签向子标签传递数据示例如下。

```
<div id="div1">
    <compo1 parameter="我是父标签传递给子标签的参数"></compo1>
</div>
<script>
    Vue.component('compo1',{
        props:['parameter'],
        template:'<p>接收父标签传递来的消息为:{{parameter}}</p>'
    })
    var vm=new Vue({
        el: '#div1'
    })
</script>
```

示例代码通过在标签中显式声明 props 属性来接收父标签的 parameter 数据。

注意：

props 属性是从上至下的单向数据传递，并且父标签的数据更新会向下传入子标签，但是反之不可。因此可以在父标签中使用 v-bind 来动态绑定，这样父标签的数据变化时，该变化也会相应向下传递给子标签。

（2）$emit 传值

$emit 可以将子标签的数据传递给父标签，通过触发父标签中定义的事件并以参数传递的方式来实现。使用 $emit 实现子标签向父标签传递数据示例如下。

```
<div id="div1">
    <compo-parent></compo-parent>
</div>
```

```
<template id="temp-child">
    <div>
        <label>子标签:</label>
        <button v-on:click="childClick">数据传递</button>
        <input type="text" v-model="msgChild">
    </div>
</template>
<script>
    Vue.component('compo-parent', {
        template:'<div><compo-child v-on:emitByChild="transData">
</compo-child>'+'这里是子标签传来的数据:{{msgParent}}'+'</div>',
        data(){
            return{
                msgParent:''
            }
        },
        methods:{
            transData(msgFromChild){
            this.msgParent=msgFromChild;
            }
        }
    }),
    Vue.component('compo-child', {
        template:'#temp-child',
        data(){
            return{
                msgChild:'子标签上传的数据'
            }
        },
        methods:{
            childClick(){
                this.$emit('emitByChild',this.msgChild);
            }
        }
    })
    var vm=new Vue({
        el:'#div1'
    })
</script>
```

示例代码定义了父标签和子标签，其中子标签中按钮单击事件调用 childClick 函数，在这个函数中使用 $emit 触发一个 emitByChild 事件，这个事件被父标签监听并调用 transData 函数来响应，子标签的数据通过这些函数中的参数得以传递给父标签。

4. 标签切换

Vue.js 的页面结构由标签构成，不同标签可以表示不同页面，这就很适合单页面应用开发。

实现登录标签和注册标签的切换示例如下。

```
<div id="div1">
    <a href="#" v-on:click.prevent="on? on:on=!on">登录</a>
    <a href="#" v-on:click.prevent="on? on=!on:on">注册</a>
    <login v-if="on"></login>
    <register v-else="on"></register>
</div>
<script>
    Vue.component('login',{
        template:'<div>登录页面</div>'
    }),
    Vue.component('register',{
        template:'<div>注册页面</div>'
    })
    var vm=new Vue({
        el: '#div1',
        data:{
            on:true
        }
    })
</script>
```

示例代码定义了登录标签和注册标签。页面首次渲染时，on 属性为 true，这时登录页面的 v-if 判断为 true，登录页面显示而注册页面不显示；当单击“注册”超链接时，其代码会将 on 属性设置为 false，这时登录页面的 v-if 判断为 false，而注册页面的 v-else 判断为 true。因此注册页面显示而登录页面不显示。综上所述，两个标签的切换是利用 v-if 和 v-else 来实现的。

使用 is 属性实现登录标签和注册标签的切换，示例如下。

```
<div id="div1">
    <a href="#" v-on:click.prevent="compoName='login'">登录</a>
    <a href="#" v-on:click.prevent="compoName='register'">注册</a>
    <component v-bind:is="compoName"></component>
</div>
<script>
    Vue.component('login',{
        template:'<div>登录页面</div>'
    }),
    Vue.component('register',{
        template:'<div>注册页面</div>'
    })
    var vm=new Vue({
        el: '#div1',
        data:{
```

```
                compoName:''
            }
        })
</script>
```

示例代码使用 is 属性匹配标签名称，从而实现登录标签和注册标签的切换。

注意：

本示例与实现登录标签和注册标签示例的区别在于，当页面首次渲染时，由于此时数据 data 的 compoName 属性为空，因此登录页面或注册页面都不会显示。

任务 5-3 路由机制高级应用

任务背景

Vue.js 的路由允许使用不同的 URL 访问不同的内容。页面结构由标签构成，不同标签可以表示不同页面，很适合单页面应用开发。本书大多数示例都是单页面应用，因此使用的是 Vue 官方支持的 vue-router 库。

知识储备

首先从官网下载 vue-router.js 文件，将其复制并粘贴到项目根目录，然后在 HTML 文件中引入即可开始使用。

任务实施

1. 简单应用

实现单击首页链接显示首页页面标签示例如下。

```
<div id="div1">
    <router-link to="/index">首页</router-link>
    <router-view></router-view>
</div>
<script>
    var Index = { template:'<h1>首页页面标签</h1>'}
    var routerObj = new VueRouter({
```

```
        routes:[{path: '/index', component: Index}]
    })
    var vm = new Vue({
        el:'#div1',
        router:routerObj
    })
</script>
```

在示例的 HTML 代码中，<router-link>通过设置 to 属性来匹配目标地址/index，默认渲染成带有正确链接的<a>标签。而<router-view>则会将路由规则中匹配的标签展示在当前位置。在<script>中，调用路由构造函数 VueRouter 生成路由规则对象 routerObj。路由构造函数的输入参数 routes 是一个配置对象，其 path 属性与<router-link>的 to 属性匹配，表示监听哪个路由链接地址，component 属性则与需要展示的标签 Index 匹配。在生成 Vue 实例时，路由规则对象 routerObj 被注册到 router 属性，以后可在任何标签中通过 $route 属性访问当前路由，或者使用 $router 访问路由器对象。

注意：

① 在路由构造函数中，配置对象 routes 不可改名，这一点与 Vue 实例中的 router 属性一样。

② 路由对象的 component 的属性值必须是模板对象，不能是标签的引用名称。

③ 路由对象表示当前激活的路由的状态信息，每次成功导航后都会产生一个新的对象，默认使用哈希模式，该模式会将路径格式化为#开头。

④ 路由对象 $route 的常用属性包括 path、query、params、hash、fullPath、name、matched 和 redirectedForm，在后面用到时再详细介绍其用法。

2. 动态路由

在实际开发中，上述的严格定义匹配的路由存在明显不足。vue-router 可以使用动态路径参数 dynamic segment 来实现路由中动态部分的匹配。

（1） params 方式传参

vue-router 可以通过 params 方式传递参数，即传递的参数值存放在 params 对象中，通常会搭配路由的 history 模式，将参数放在路径中或隐藏。

实现不同用户单击链接后导航至同一页面标签，示例如下。

```
<div id="div1">
    <router-link to="/index/10/Liuli" >登录</router-link>
    <router-view></router-view>
</div>
<script>
    var Index = { template: '<h1>亲爱的{{ $route. params. name}}用户您好,您的 ID 是:{{ $route.
params. id}}!</h1>'}
```

```
    var routerObj = new VueRouter({
        routes:[{path: '/index/:id/:name', component: Index}]
    })
    var vm = new Vue({
        el:'#div1',
        router:routerObj
    })
</script>
```

示例代码在配置路由时使用：id 和：name 传入路径参数，当匹配到一个路由时，参数值会被保存到 $route. params 中被标签调用。

（2） query 方式传参

vue-router 可以通过 query 方式传递参数，即传递的参数值存放在 query 对象中。但是使用 path 属性设置对应的跳转路径时，可以在页面跳转时在地址栏看到请求的参数（类似于 GET）。

实现不同用户单击链接后导航至同一页面标签示例如下。

```
<div id="div1">
    <router-link to="/user? id=10&name=admin" >登录</router-link>
    <router-view></router-view>
</div>
<script>
    var User = {
        template: '<h3>您的 ID 是:{{this. $route. query. id}} 您的姓名是: '+ '{{ $route. query. name}}</h3>',
        created(){
            console. log(this. $route);
        }
    }
    var routerObj = new VueRouter({
        routes:[{, component: User}]
    })
    var vm = new Vue({
        el:'#div1', path: '/user'
        router:routerObj
    })
</script>
```

示例代码执行后，当单击登录超链接后，可以在浏览器开发人员工具中得到如图 5-7 所示结果。

从结果可以发现 URL 路径后的参数被存放在 query 对象中，代码在模板中使用插值表达式 {{this. $route. query. id}} 输出其中 id 的值。

注意：

在使用查询字符串的形式传递参数时，路由规则对象的 path 属性与 params 方式传参不同，仍然是 path：'/user'，不需要做任何修改。

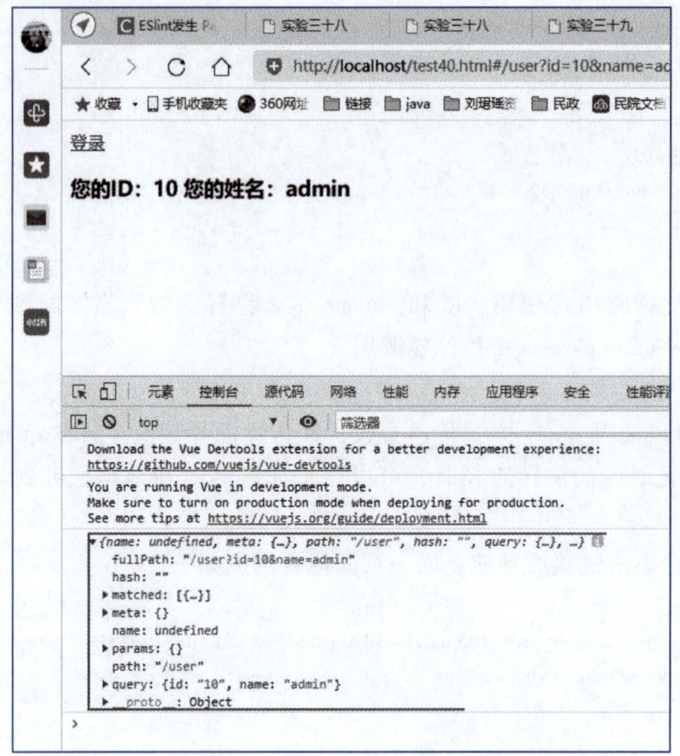

图 5-7 query 方式传参结果

项目小结

本项目首先介绍了 Vue. js 的安装方法和目录结构，为后续任务配置开发环境，然后重点介绍了 Vue. js 的语法基础以及高级应用，并将在后续综合项目中得到更多应用。通过本项目的实操和学习，应对 Vue 开发单页面应用有整体认识。

课后练习

一、选择题

1. 下列关于 Vue. js 的说法中错误的是（　　）。

A. Vue. js 在进行实例化之前，必须引入 Vue. js 文件

B. Vue. js 的优势主要包括轻量级、双向数据绑定

C. Vue. js 与 React 语法完全相同

D. Vue. js 与 Angular 都可以用来创建复杂的前端项目

2. 下列命令中可以正确安装 Vue. js 的是（　　）。

A. npm install node. js　　B. node. js install vue

C. npm install vue　　D. npm vue install

3. Vue. js 中实现页面单击事件绑定的代码是（　　）。

A. v-on：enter　　B. v-on：mousemove

C. v-on：click　　D. v-on：doubleclick

4. 下列在表单控件元素上创建双向数据的指令是（　　）。

A. v-if　　B. v-show　　C. v-on　　D. v-model

5. 下列关于 query 方式传参的说法中正确的是（　　）。

A. 在页面跳转时，地址栏看不到请求参数

B. 可以在地址栏看到 query 方式的传递参数

C. 在目标页面中可以使用"this. route. query. 参数名"来获取参数

D. 在目标页面中可以使用"this. $route. query. 参数名"来获取参数

二、填空题

1. 创建 Vue 实例对象的代码可简单表示为________________________。

2. Vue 实例对象中的 el 参数的意义是____________________________。

3. 在 HTML 页面中实现简单插值的指令是______________。

4. Vue 实现单向数据绑定的指令是______________________。

5. Vue 实现双向数据绑定的指令是______________________。

6. Vue 实现监听的指令是____________________。

7. Vue 实例的钩了函数中与页面扗载相关的是________和________。

三、判断题

1. 只有在项目中引入了 Vue. js 文件，才能创建 Vue 实例。（　　）

2. Vue. js 中使用 props 传值能实现子标签向父标签传递数据。（　　）

3. Vue. js 开发的标签都是孤立的单元。（　　）

4. params 方式传参类似于 GET 请求。（　　）

5. 单页面应用可利用 is 属性实现不同页面之间的切换。（　　）

6. Vue. component( ) 方法可用于局部注册标签。（　　）

四、简答题

1. 请简述 Vue. js 的优点。

2. 请简述什么是钩子函数。

3. 请简单介绍 Vue. js 样式绑定的方式及其简单实现代码。

五、编程题

1. 请使用 $emit 和 props 实现父子标签之间的数据传递。

2. 请使用 Vue 的 component 元素和 is 属性实现不同标签间的动态转换。

3. 请实现一个网页计算器完成加、减、乘、除功能。

4. 请使用 Vue 路由相关知识实现 Tab 栏切换案例，要求创建 3 个子路由，分别是“待付款”“待发货”“待收货”页面，页面效果如图 5-8 所示。

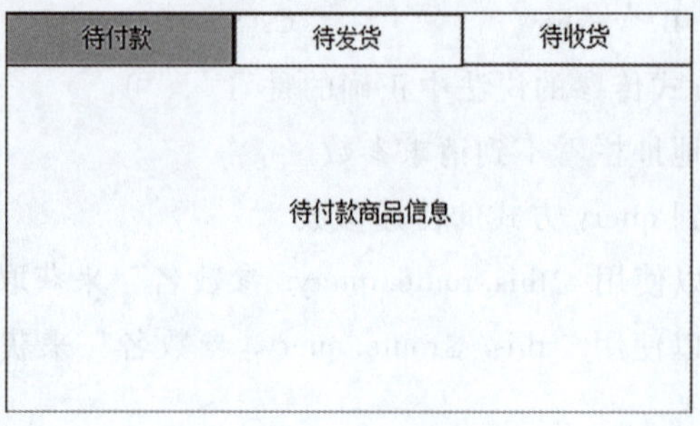

图 5-8 Tab 栏切换案例

项目6　响应式布局

学习目标

知识目标

1. 了解响应式 Web 设计。
2. 了解媒体查询。
3. 了解栅格系统。
4. 了解弹性盒响应式布局。
5. 了解 Bootstrap 布局容器。
6. 了解 Bootstrap 栅格系统。
7. 了解 Bootstrap 轮播图。
8. 了解 Bootstrap 标签页。
9. 了解 Touch 事件。

技能目标

1. 掌握 HTML5 多媒体技术在移动端页面上的应用。
2. 掌握响应式布局开发与 Flex 布局，掌握 CSS 响应式方案。
3. 通过网页布局、样式和业务逻辑处理，实现不同终端的页面适配。
4. 掌握媒体查询中的媒体类型以及媒体特性的概念与用法，能使用媒体查询实现响应式布局效果。
5. 熟悉主流前端框架中响应式设计及其原理，并能根据业务需求实现相关功能。

素养目标

1. 良好的编码能力。

2. 自觉的规范意识。
3. 良好的团队精神。
4. 有效的沟通和表达能力。
5. 文档编写能力。

任务 6-1 什么是响应式布局

任务背景

深入学习响应式布局，熟练掌握 Bootstrap 中各种功能的使用，通过“手机商城网站”项目首页的响应式页面制作，对 Bootstrap 中常用的样式、标签和插件等内容进行综合练习，重点运用栅格系统、媒体对象、轮播图、导航栏和布局容器等技术。

知识储备

1. 设计理念

响应式 Web 设计是一种基于不同类型设备屏幕大小对网页内容进行完美布局的显示方式，与原始设计方式相比，主要有以下两点不同。

① 设计一个页面，多种设备可用。

② 随着移动产品的逐渐普及，移动设备屏幕尺寸日益丰富，针对每种屏幕尺寸的设备都独立开发一个网站，显然会增加开发成本。响应式设计则可以平衡成本、设计、功能 3 点，做到一套设计适配多种设备。

2. 移动优先

随着移动互联网行业的发展，使用移动端上网的用户数量已经超越 PC 端，网站的开发必须考虑屏幕小、计算资源低的移动端，以设计功能更加核心、界面简洁、性能更高的程序。

3. 用户体验

用户体验是网站运营首要考虑的因素。通常网站在移动端可以进行缩放，但是由于屏幕尺寸的限制，过多的内容会使页面看起来杂乱，用户很难快捷地找到自己关注的内容。而响应式 Web 设计是经过精心筛选的、有选择性地显示页面，可以有效解决页面杂乱的问题，提升用户体验感。

4. 技术层面

响应式 Web 设计是和 HTML5、CSS3 相互配合、支持的。实现响应式设计包括以下技术点。

- HTML5 中的 viewport：提供可以配置视口的属性。
- CSS3 媒体查询：识别媒体类型、特征。
- 流式布局：根据浏览器的宽度和屏幕的大小自动调整效果。
- 响应式栅格系统：依赖于媒体查询，根据不同的屏幕大小调整布局。
- 流式图片：随流式布局进行缩放。

任务 6-2 响应式布局常用方案

任务背景

利用响应式布局方式设计制作网页。常用响应式布局方法有：① 媒体查询；② 栅格系统；③ Flex 弹性布局。

知识储备

1. 媒体查询

CSS 的 Media Query 媒体查询（也称为媒介查询）用来根据窗口宽度、屏幕比例和设备方向等差异来改变页面的显示方式。使用媒体查询能够在不改变页面内容的情况下，为特定的输出设备制定显示效果，从而达到自适应的效果。

媒体查询由媒体类型和条件表达式组成，示例代码如下所示。

```
@ media screen and (max-width:960px){
//样式设置
}
```

其中，@ media screen 表示媒体类型为 screen；max-width：960px 表示屏幕宽度小于或者等于 960px 时的样式。实际开发中，可以将媒体类型省略，直接写为如下形式。

```
@ media (max-width:960px){
//样式设置
}
```

常用的媒体查询属性如下。

- 设备宽高：device-width、device-height。
- 渲染窗口的宽和高：width、height。
- 设备的手持方向：orientation。
- 设备的分辨率：resolution。

2. 栅格系统

在网页制作中，栅格系统（又称网格系统）就是用固定的格子进行网页布局，是一种清晰、工整的设计风格。栅格系统最早被应用于印刷媒体上，后来被应用于网页布局中，而随着响应式设计的流行，栅格系统被赋予了新的意义，成为一种响应式设计的实现方式。

使用响应式栅格系统进行页面布局时，可以让一个网页在不同大小的屏幕上呈现出不同的结构。例如在小屏幕设备上，某些模块将按照不同的方式排列或者被隐藏。

3. Flex 弹性布局

CSS3 中的弹性盒子布局（Flexible Box）是一种十分方便，只需要依赖于 CSS 样式的响应式布局的方式，也是使用最多的一种实现响应式的方法。它可以轻松地创建响应式网页布局，为盒子（块）模型增加灵活性。弹性盒子改进了盒子模型，既不使用浮动，又不会在弹性盒子容器与其内容之间合并外边距，是一种非常灵活的布局方法，如图 6-1 所示。

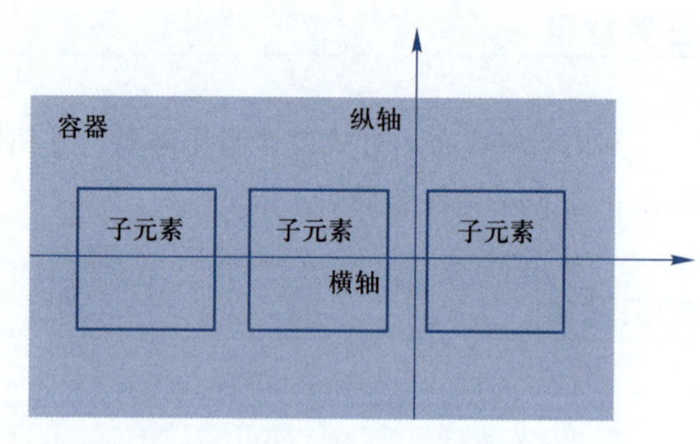

图 6-1 弹性盒子布局

从图 6-1 可以看出，弹性盒子由容器、子元素和轴构成。默认情况下，子元素的排布方向与横轴的方向是一致的。弹性盒子模型可以用简单的方式满足很多常见复杂的布局需求。它的优势在于开发人员只是声明布局应该具有的行为，而不需要给出具体的实现方式，由浏览器负责完成实际的布局。

任务实施

1. 媒体查询用法演示

下面通过案例演示媒体查询的具体用法，示例如下。

demo6-1. html 代码示例。

```
<!DOCTYPE html>
<html lang="en">
```

```
<head>
    <meta charset="UTF-8">
    <meta name="viewport" content="user-scalable=no, width=device-width,initial-scale=1.0,
maximum-scale=1.0">
    <title>媒体查询</title>
    <style type="text/css">
        body {
            background-color: #f00;
            }
        @media (min-width: 320px){
            body {
                    background-color: #00f;
                }
        }
        @media (min-width: 440px){
            body {
                    background-color:#ff0;
                    }
        }
        @media (min-width: 768px){
            body {
                    background-color: #ccc;
                    }
        }
        @media (min-width: 960px){
            body {
                    background-color:#0ff;
                    }
        }
    </style>
</head>
<body>
</body>
</html>
```

上述代码中，当屏幕大于或者等于 320px 时，页面的背景色为蓝色；当屏幕大于或等于 440px 时，页面的背景色为黄色；当屏幕大于或等于 768px 时，页面的背景色为灰色；当屏幕大于或等于 960px 时，页面的背景色为亮蓝色。需要注意的是，由于 CSS 代码是从上到下依次执行的，所以当使用 min-width 来区分屏幕时，按从小屏幕到大屏幕的顺序；当使用 max-width 来区分屏幕时，按照从大屏幕到小屏幕的顺序。

2. 栅格系统在响应式 Web 设计中的应用

下面通过案例 demo6-2.html 来演示栅格系统在响应式 Web 设计中的应用。

demo6-2.html 代码示例。

```
<!DOCTYPE html>
<html lang="en">
<head>
    <meta charset="UTF-8">
    <meta name="viewport" content="user-scalable=no, width=device-width,initial-scale=1.0,maximum-scale=1.0">
    <title>栅格系统布局</title>
</head>
<style type="text/css">
    .row{
        width: 100%;
    }
    /* 伪元素:after 的一个很重要的用法是清除浮动 */
    .row :after{
        clear: left;/* 清除左浮动 */
        content: '';
        display: table;/* 该元素会作为块级表格来显示(类似 <table>) */
    }
    /* CSS3 新增[attribute^=value] 选择器,用于匹配属性值以指定值开头的每个元素 */
    [class^="col"]{
        float: left;
        background-color: #e0e0e0;
    }
    .col1{
        width: 25%;
    }
    .col2{
        width: 50%;
    }
    @media (max-width: 768px) {
        .row{
            width: 100%;
        }
        [class^="col"]{
            float: none;
            width:100%;
        }
    }
</style>
<body>
<div class="row">
    <header>页头</header>
</div>
<div class="row">
    <nav class="col1">导航</nav>
```

```
        <div class="col2">主要内容</div>
        <aside class="col1">侧边栏</aside>
    </div>
    <div class="row">
        <footer>页尾</footer>
    </div>
    </body>
    </html>
```

在上述代码中，分别定义了页头、导航、主要内容、侧边栏和页尾，其中页头和页尾在所有设备的浏览器中都要分别显示在网页的最上方和最下方，而重点的导航、主要内容和侧边栏要根据浏览器窗口的大小进行排列，浏览器窗口大于 768px 时，3 个模块横向排列；小于或者等于 768px 时，呈纵向排列。图 6-2 和图 6-3 分别是在浏览器中打开和模拟 iPad 打开的页面效果。

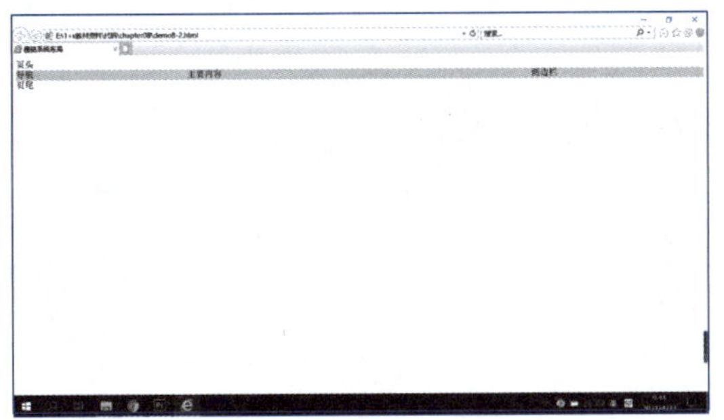

图 6-2 PC 端打开效果图

图 6-3 模拟 iPad 打开效果图

3. 弹性盒子布局属性的应用

下面来学习弹性盒子布局的各属性的应用。

demo6-3.html 代码示例。

```
<!DOCTYPE html>
<html lang="en">
<head>
    <meta charset="UTF-8">
    <title>弹性盒子属性</title>
</head>
<style type="text/css">
    .box {
        min-height: 160px;
        display: flex;/* 指定弹性盒子的容器 */
        /*
        flex-direction: row|row-reverse|column|column-reverse;
        flex-wrap: nowrap|wrap|wrap-reverse;
```

```
                */
            flex-flow:row;/*弹性盒子元素按横轴方向顺序排列*/
            justify-content: center; /*设置弹性盒子元素向行中间位置对齐*/
            align-items: center;/*弹性盒子元素向垂直于轴的方向上的中间位置对齐*/
            background-color: gray;
        }
        .X,.Y,.Z {
            background-color: white;
            border:1px solid gray;
        }
        .box div.X {
            order: 1;/*order 设置该子元素出现的顺序*/
            flex-grow: 0;/*扩展比率*/
            flex-shrink: 1;/*收缩比率*/
            flex-basis: auto;/*宽度,像素值*/
        }
        .box div.Y {
            order: 2;
            flex: 0 1 auto;/*扩展比率 0、收缩比率 1 和宽度居中的缩写形式*/
        }
        .box div.Z {
            order: 3;
            flex: 0 1 auto;
        }
</style>
<body>
<div class="box">
    <div class="X">X</div>
    <div class="Y">Y</div>
    <div class="Z">Z</div>
</div>
</body>
</html>
```

运行结果如图 6-4 所示。

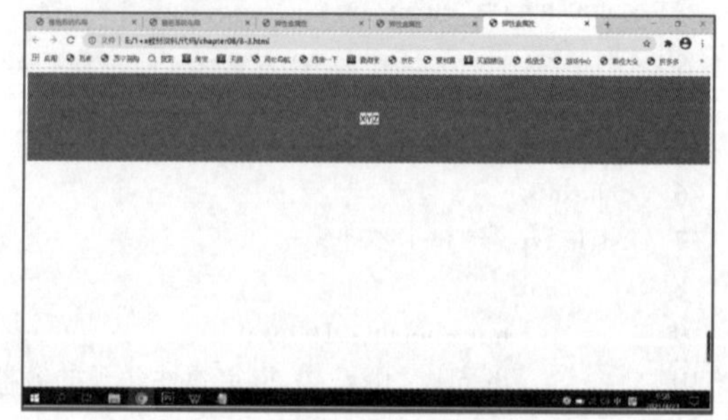

图 6-4　弹性盒子布局各属性的应用

从上述案例可以看出，弹性盒子提供了很多属性来设置子元素显示的方向、顺序等，主要可以概括为以下几个方面。

- display 用于指定弹性盒的容器，其值可以为 flex；如果为行内元素，值为 inline-flex。
- flex-flow 是属性 flex-direction 和 flex-wrap 的简写，用于排列弹性子元素。两属性的取值见表 6-1 和表 6-2。

表 6-1　flex-direction 取值

取　　值	描　　述
row	弹性盒子元素按轴方向顺序排列，默认值
row-reverse	弹性盒子元素按轴方向逆序排列
column	弹性盒子元素按纵轴方向顺序排列
column-reverse	弹性盒子元素按纵轴方向逆序排列

表 6-2　flex-wrap 取值

取　　值	描　　述
nowrap	flex 容器为单行，该情况下 flex 子项可能会溢出容器
wrap	flex 容器为多行，flex 子项溢出的部分会被放置到新行
wrap-reverse	反转 wrap 排列

将 demo6-3. html 中的 flex-flow 的值改为 column-reverse 之后的效果如图 6-5 所示。

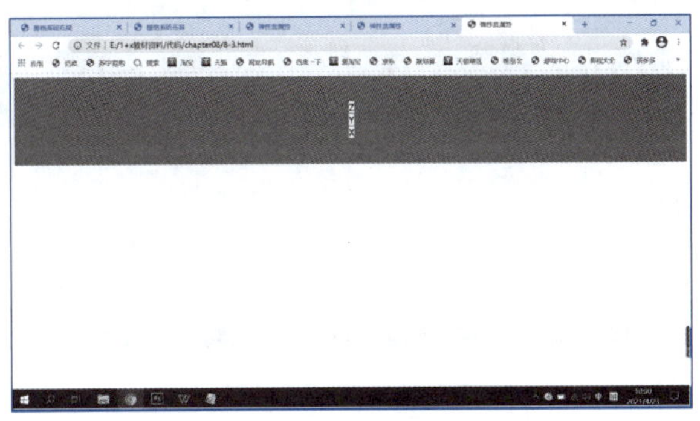

图 6-5　flex-flow 的值改为 column-reverse 之后的效果图

- justify-content 属性能够设置子元素在当前轴方向的排列方式，其取值见表 6-3。
- align-items

align-items 属性用于设置子元素在垂直于轴的方向上的排列方式，其取值见表 6-4。

表 6-3　justify-content 属性

取　　值	描　　述
flex-start	弹性盒子元素将按行起始位置对齐
flex-end	弹性盒子元素将按行结束位置对齐
center	弹性盒子元素将居中对齐
space-between	弹性盒子元素会平均分布在行里，第 1 个元素的边界与行的起始位置边界对齐，最后一个元素的边界与行结束位置的边界对齐
space-around	弹性盒子元素会平均分布在行里，两端保留子元素间距大小的一半

表 6-4　align-items 属性

取　　值	描　　述
flex-start	弹性盒子元素与垂直于轴的方向上的起始位置对齐
flex-end	弹性盒子元素与垂直于轴的方向上的结束位置对齐

续表

取 值	描 述
center	弹性盒子元素与垂直于轴的方向上的中间位置对齐
baseline	如果弹性盒子元素的行内轴与侧轴为同一条，则该值与 flex-start 效果等同。其他情况下，该值将参与基线对齐
stretch	如果指定侧轴大小的属性值为 auto，其值会使项目的边距盒的尺寸尽可能接近所在行的尺寸，但同时会按照“min/max-width/height”属性的限制

- order 属性用于设置子元素出现的顺序。例如将 X、Y、Z 的 order 值分别改为 2、3、1，效果如图 6-6 所示。
- flex 属性是 flex-grow（扩展比率）、flex-shrink（收缩比率）和 flex-basis（宽度，像素值）的缩写，能够设置子元素的伸缩性。例如，将 X 的 flex-grow 改为 2，如图 6-7 所示。

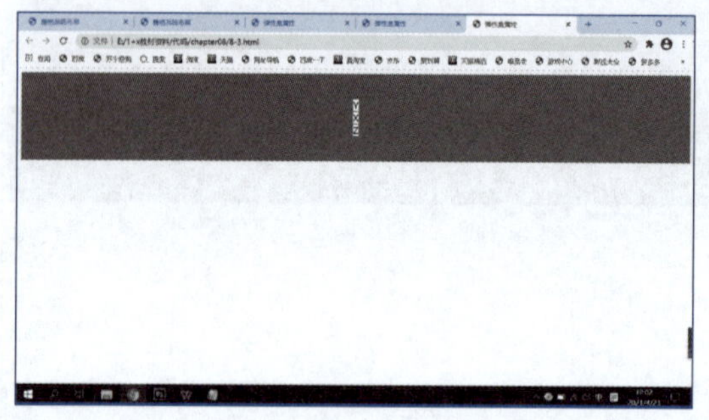

图 6-6 将 X、Y、Z 的 order 值分别改为 2、1、3 效果图

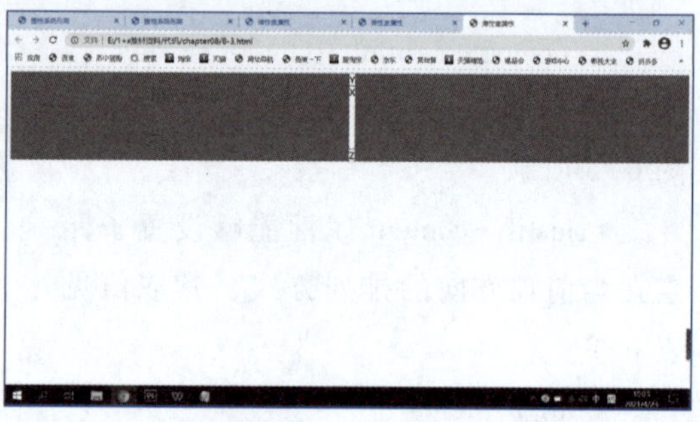

图 6-7 将 X 的 flex-grow 改为 2 的效果图

- align-self 属性能够覆盖容器中的 align-items 属性，用于设置单独的子元素沿着纵轴排列的方式。其取值为 auto、flex - start、flex - end、center、baseline、stretch，每个值的意义与 align-items 属性的取值类似。例如，将 X 和 Z 的 align-self 设置为 center，Y 的 align-self 设置为 stretch，效果如图 6-8 所示。

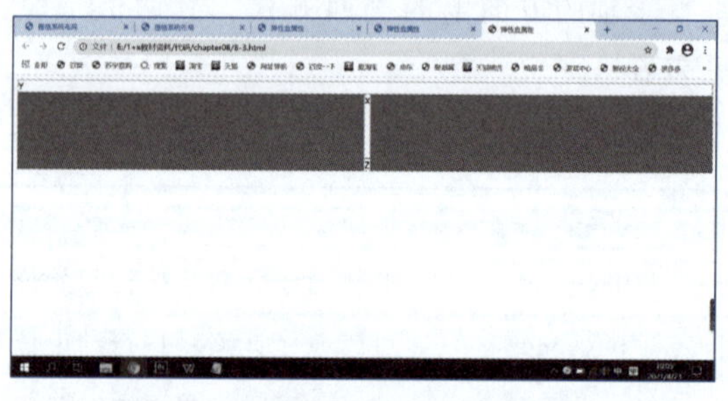

图 6-8 align-self 属性演示效果图

注意：

在使用弹性盒布局时，以下属性不起作用。

- 弹性容器的每一个子元素变为一个弹性子元素，弹性容器直接包含的文本变为匿名的弹性子元素。
- 多列布局中的 column-* 属性对弹性子元素无效。
- float 和 clear 对弹性子元素无效。使用 float 会导致 display 属性计算为 block。
- vertical-align 属性对弹性子元素的对齐无效。

4. 响应式布局示例

学习了弹性盒子各属性的用法后，接下来通过案例演示如何使用弹性盒子做一个常见且实用的响应式布局。

demo6-4. html 代码示例。

```
<!DOCTYPE html>
<html lang="en">
<head>
    <meta charset="UTF-8">
    <meta name="viewport" content="user-scalable=no, width=device-width, initial-scale=1.0, maximum-scale=1.0">
    <title>弹性盒布局</title>
    <style>
        body {
            font: 24px Helvetica;
            background: #fff;
        }
        .main {
            min-height: 500px;
            margin: 0px;
            padding: 0px;
            display: flex;/* 设置该 div 为一个弹性盒容器 */
            flex-flow: row;/* 子元素按横轴方向顺序排列 */
        }
        .main > article {
            margin: 4px;
            padding: 5px;
            border-radius: 7pt;/* pt 也是文字大小的一种单位,1pt=px*3/4 */
            background: #719DCA;
            flex: 3 ;/* 用数字也可以达到分配宽度的效果,将容器分为 5 份,占 3 份 */
            order: 2;/* 排序为第 2 个子元素 */
        }
        .main > nav {
            margin: 4px;
            padding: 5px;
            border-radius: 7pt;
            background: #FFBA41;
            flex: 1 ;/* 将容器分为 5 份,占 1 份 */
            order: 1;/* 排序为第 1 个子元素 */
        }
        .main > aside {
            margin: 4px;
            padding: 5px;
            border-radius: 7pt;
            background: #FFBA41;
            flex: 1 ;/* 将容器分为 5 份,占 1 份 */
```

```
                order: 3;/ * 排序为第 3 个子元素 * /
            }
            header, footer {
                display: block;
                margin: 4px;
                padding: 5px;
                min-height: 100px;
                border: 2px solid #FFBA41;
                border-radius: 7pt;
                background: #FFF;
            }
            @ media all and (max-width: 640px) {/ * 当屏幕宽度小于 640px 时 * /
                . main {
                    flex-flow: column; / * 弹性盒中的子元素按纵轴方向排列 * /
                }
                . main > article, . main > nav, . main > aside {
                    order: 0; / * 将子元素都设置成同一个值,指按自然顺序排列 * /
                }
                . main > nav, . main > aside, header, footer {
                    min-height: 50px;
                    max-height: 50px;
                }
            }
    </style>
    </head>
    <body>
        <header>header</header>
        <div class="main">
            <article>article</article>
            <nav>nav</nav>
            <aside>aside</aside>
        </div>
        <footer>footer</footer>
    </body>
    </html>
```

页面效果如图 6-9 和图 6-10 所示。

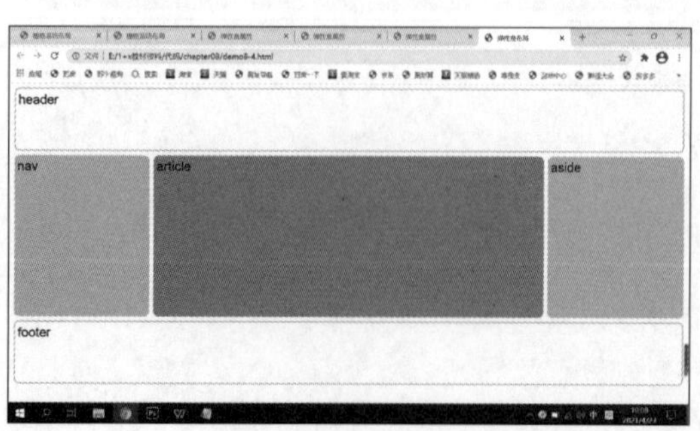

图 6-9 弹性盒布局在 PC 端页面效果

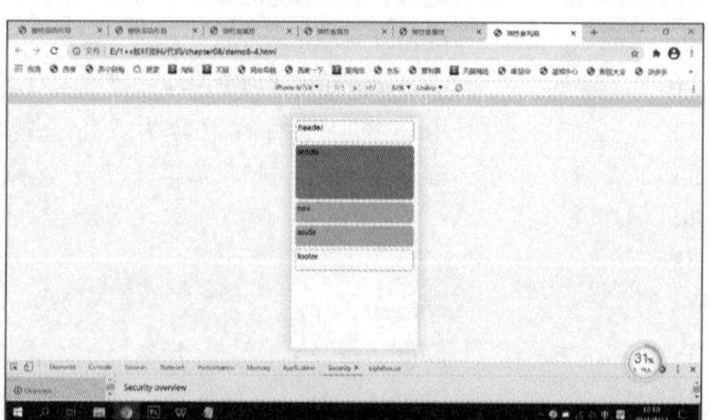

图 6-10 移动设备页面效果

从图 6-10 可以看出，当页面的高度超过设备屏幕的高度时，页面的下半部分不会完全展示在移动设备上，这时，可以通过滑动屏幕的方式查看页面的下半部分的内容。

任务 6-3　Bootstrap 基础

任务背景

Bootstrap 是基于 HTML、CSS、JavaScript 等前端技术实现的，一经推出很受欢迎。Bootstrap 之所以受到广大前端开发人员的欢迎，是因为使用 Bootstrap 可以构建出非常优雅的前端界面，而且占用资源非常小。

Bootstrap 具有以下几个优势。

① 移动设备优先：自 Bootstrap 3 起，移动设备优先的模式贯穿整个库。

② 浏览器支持：主流浏览器基本上都支持 Bootstrap，如 360 浏览器、QQ 浏览器、IE、Firefox 等。

③ 容易上手：学习 Bootstrap，只需要开发者具备 HTML 和 CSS 的基础知识。

④ 响应式设计：Bootstrap 的响应式 CSS 能够自适应于 PC（台式机）、平板电脑和手机的屏幕大小。

⑤ 良好的代码规范：Bootstrap 为开发人员创建接口提供了一个简洁统一的解决方案，减少了测试的工作量，使开发人员不用重复开发底层模块。

⑥ 标签化：Bootstrap 包含了功能强大的内置标签。

⑦ 定制化：Bootstrap 提供了基于 Web 的定制化开发接口。

下面介绍 Bootstrap 包含的内容。

Bootstrap 包中提供的内容包括基本结构、CSS、布局标签、JavaScript 插件等，具体如下。

① 基本结构：Bootstrap 提供了一个带有网格系统、链接样式、背景的基本结构。

② CSS：Bootstrap 自带全局的 CSS 设置、定义基本的 HTML 元素样式、可扩展的 class，以及一个先进的栅格系统。

③ 布局标签：Bootstrap 包含了十几个可复用的标签，用于创建图像、下拉菜单、导航、警告框、弹出框等。

④ JavaScript 插件：Bootstrap 包含了十几个自定义的 jQuery 插件，可以直接包含所有的插件，也可以逐个包含这些插件。

⑤ 定制：开发人员可以定制 Bootstrap 的标签、LESS 变量和 jQuery 插件来配置一套自定义的版本。

由此可以看出，Bootstrap 中预定义了一套 CSS 样式和一套对应的 jQuery 代码，应用时只需要提供固定的 HTML 结构。添加 Bootstrap 中提供的 class 名称，就可以完成指定效果的实现。

知识储备

1. Bootstrap 基本模板

使用 Bootstrap 的基本 HTML 模板如下。

```
<!DOCTYPE html>
<html>
<head>
<title>Bootatrap 模板</title>
    <meta charset="UTF-8">
    <!--此属性为文档兼容(compatible)模式声明,表示使用 IE 浏览器的最新渲染模式-->
    <meta http-equiv="x-ua-compatible" content="IE=edge">
    <!--根据设置确定视口宽度,device-width 表示采用设备宽度,初始缩放 1.0,
    使用 user-scalable-no 可以禁用其缩放(zooming)功能-->
    <meta name="viewport" content="width=device-width, initial-scale=1.0">
    <!--上述三个 meta 标签必须放在最前面,其他内容必须跟随其后-->
    <!--引入 Bootstrap -->
    <link href=" 1ib/bootstrap/css/bootstrap.min.css" rel="stylesheet">
    <!-- HIML5 Shiv 和 Respond.js 用于让低于 IE9 版本的浏览器支持 HTML5 元素和媒体查询
    注意:如果通过 file://引入 Reapond.js 文件,则该文件无法起效果-->
    <!--[if 1t IE 9]>
    <script src="1ib/html5shiv/html5shiv.min. js"></script>
    <script src="1ib/respond/respond.min.js">
    </script>
    <![endif]-->
</head>
<body>
    <!-- jQuery (Bootstrap 的 JavaScript 插件需要引入 jQuery) -->
    <script src="1ib/jquery/jquery-1.11.0.min.js"></script>
    <!--包括所有已编译的插件-->
    <script src="1ib/bootstrap/ja/bootstrap.min.js">
    </script>
</body>
</html>
```

上述代码中，如果想在一个 HTML 文件中使用 Bootstrap，该文件必须引入 jquery.js、bootstrap.min.js 和 bootstrap.min.css 文件，3 个<meta>标签分别用于设置字符集、文档兼容模式和视口。html5shiv.min.js 用于使 IE9 支持 HTML5 元素，Response.js 用于使 IE8 支持媒体查询。

2. Bootstrap 下载

开始学习 Bootstrap 之前，先要进行下载安装。首先打开浏览器，访问 Bootstrap 官方网站地址下载 Bootstrap 的最新版本。

单击 Download Bootstrap 按钮，如图 6-11 所示，跳转至下载页面。将页面下拉会看到 3 个按钮。

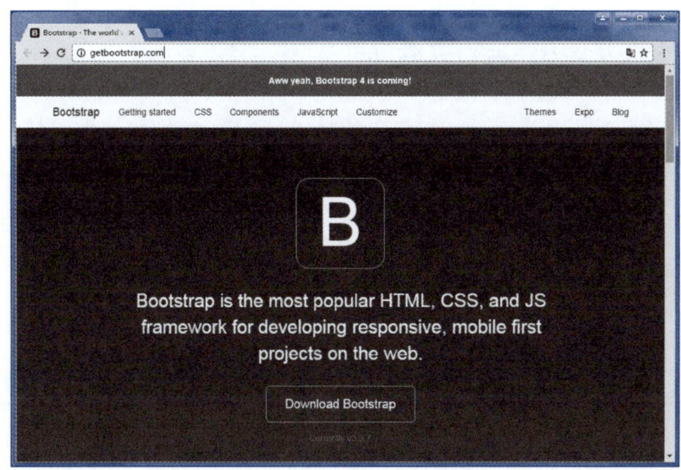

图 6-11 Bootstrap 官网首页

其中，Download Bootstrap 按钮用于下载 Bootstrap。单击该按钮，可以下载 Bootstrap CSS、JavaScript 和字体的预编译的压缩版本，不包含文档和最初的源代码文件。下载成功后，解压 zip 文件，将看到下面的文件和目录结构，如图 6-12 所示。

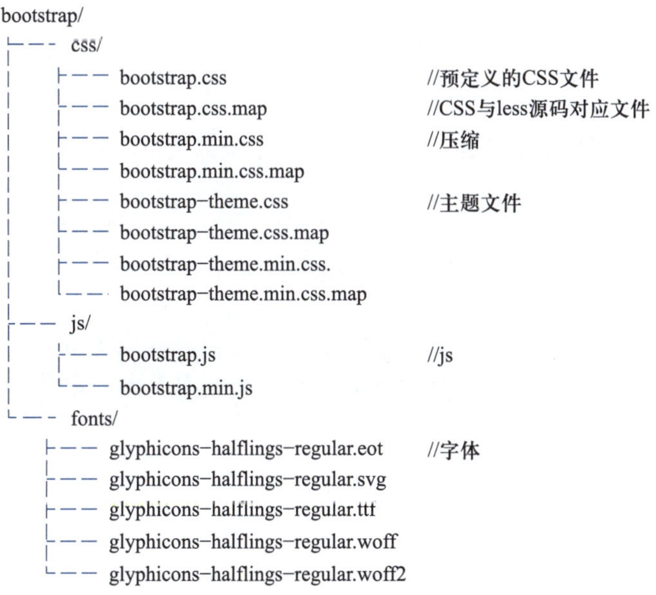

图 6-12 Bootstrap 目录结构

在图6-12中可以看出bootstrap目录的基本结构，包括预编译的bootstrap.＊文件、预编译的压缩版bootstrap.＊文件，以及CSS源码映射表bootstrap.＊map。这些文件可以直接应用到Web项目中。其中，map文件只有在自定义的高级开发时才会用到，在实际开发中通常进行整体复制，所以该部分作为了解即可。同时，Bootstrap包中还包含Glyphicons的字体文件，在附带的Bootstrap主题中使用了这些图标。

任务6-4 Bootstrap常用布局

任务背景

本任务旨在学习掌握Bootstrap常用布局的方法。

知识储备

1. 布局容器

使用Bootstrap时需要为页面内容包裹一个.container容器。Bootstrap包中提供了两个容器类：.container类和.container-fluid类。

①.container类用于固定宽度并支持响应式布局的容器，示例代码如下。

```
<div class="container">
    ...
</div>
```

②.container-fluid类用于设置100%宽度，占据全部视口的容器，示例代码如下。

```
<div class="container-fluid">
...
</div>
```

注意：

由于padding等属性的原因，这两种容器类不能相互嵌套。两种容器在页面中使用的对比效果如demo6-5所示。

2. 栅格系统

Bootstrap提供了一套响应式、移动设备优先的流式栅格系统，随着屏幕或视口尺寸的增加，系统会自动将页面划分为1~12列。

栅格系统用于通过一系列的行（row）与列（column）的组合来创建页面布局，开发者可以将内容放入这些创建好的布局中。

Bootstrap 栅格系统的工作原理如下。

- 行必须包含在布局容器 .container 类或 .container-fluid 类中，以便为其赋予合适的排列（aligment）和内补（padding）。
- 通过行（row）在水平方向创建一组列（column），并且，只有列（column）可以作为行（row）的直接子元素。
- 行使用样式 .row，列使用样式 col-＊-＊，内容应当放置于列（column）内，每行的列数大于 12 时，将另起一行排列。

Bootstrap 栅格系统为不同屏幕宽度定义了不同的类。

Bootstrap3 使用了 4 种栅格选项来形成栅格系统，这 4 种栅格选项的区别在于适合不同尺寸的屏幕设备，具体介绍如图 6-13 所示。

	超小屏幕 手机 (<768px)	小屏幕 平板 (≥768px)	中等屏幕 桌面显示器 (≥992px)	大屏幕 大桌面显示器 (≥1200px)
栅格系统行为	总是水平排列	开始是堆叠在一起的，当大于这些阈值时将变为水平排列C		
.container 最大宽度	None（自动）	750px	970px	1170px
类前缀	.col-xs-	.col-sm-	.col-md-	.col-lg-
列（column）数	12			
最大列（column）宽	自动	~62px	~81px	~97px
槽（gutter）宽	30px（每列左右均有 15px）			
可嵌套	是			
偏移（Offsets）	是			
列排序	是			

图 6-13　官方栅格参数

在图 6-13 中类前缀这一项的取值分别是 col-xs、col-sm、col-md、col-lg，其中，lg 是 large（大）的缩写，md 是 mid（中等）的缩写，sm 是 small（小）的缩写，xs 是 extrasmall（超小）的缩写。这样命名就体现了这几种 class 适应不同屏幕宽度，例如，.col-xs 适用于屏幕分辨率小于 768px 的设备。

3. 响应式工具

为了更快地实现对移动设备的开发，Bootstrap 提供了一套辅助工具类，使用这些工具类可以通过媒体结合大型、小型和中型设备，实现内容在设备上的显示和隐藏。

目前可供使用的类见表 6-5。

表 6-5 中的响应式工具目前只适用于块级元素和表格的切换，具体使用如 demo6-7.html 所示。

表 6-5 Bootstrap 响应式工具类

	超小屏幕，如手机（<768px）	小屏幕，如平板（≥768px）	中等屏幕，如桌面设备（≥992px）	大屏幕，如桌面设备（≥1200px）
.visible-xs-*	可见	隐藏	隐藏	隐藏
.visible-sm-*	隐藏	可见	隐藏	隐藏
.visible-md-*	隐藏	隐藏	可见	隐藏
.visible-lg-*	隐藏	隐藏	隐藏	可见
.hidden-xs	隐藏	可见	可见	可见
.hidden-sm	可见	隐藏	可见	可见
.hidden-md	可见	可见	隐藏	可见
.hidden-lg	可见	可见	可见	隐藏

任务实施

1. container 类和 .container-fluid 类

使用 container 类和 .container-fluid 类的 demo6-5.html 代码示例如下。

```
<!DOCTYPE html>
<html>
<head>
    <title>布局容器</title>
    <meta charset="UTF-8">
    <meta http-equiv="x-ua-compatible" content="IE=edge">
    <meta name="viewport" content="width=device-width, initial-scale=1.0">
    <link href="lib/bootstrap/css/bootstrap.min.css" rel="stylesheet">
</head>
<body>
    <br>
    <!--居中显示,两边有留白-->
    <div class="container" style="border:1px solid #000000;
height:100px;">.container</div>
    <!--整个宽度-->
    <div class="container-fluid" style="border:1px solid #000000;
height:100px;">.container-fluid</div>
<script src="lib/jquery/jquery-1.11.0.min.js"></script>
<script src="lib/bootstrap/js/bootstrap.min.js"></script>
</body>
</html>
```

用浏览器打开 demo6-5. html，页面效果如图 6-14 所示。

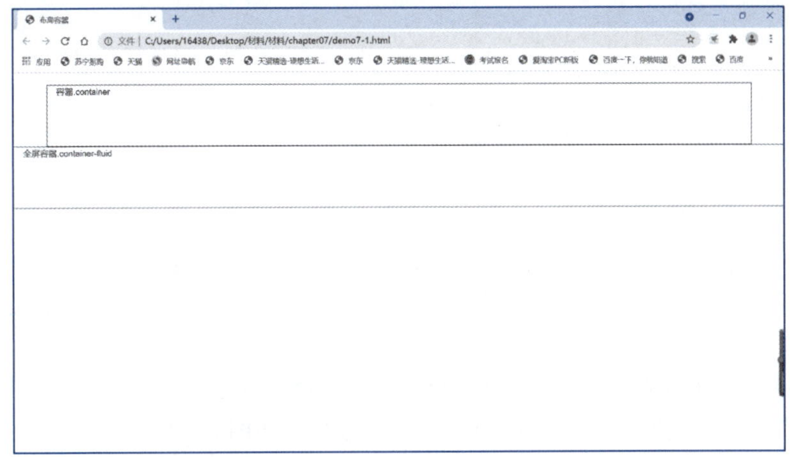

图 6-14 demo6-5. html 页面效果

从图 6-14 所示的页面效果可以看出，使用 . container 容器布局时页面两边有留白，而使用 . container-fluid 容器布局时会占用页面的整个宽度。

2. 栅格系统示例

栅格系统可以让用户在不同尺寸的设备上看见不同的布局效果，具体应用如 demo6-6 所示。

demo6-6. html 代码示例。

```
<!DOCTYPE html>
<html>
<head>
    <title>栅格系统</title>
    <meta charset="UTF-8">
    <meta http-equiv="x-ua-compatible" content="IE=edge">
    <meta name="viewport" content="width=device-width, initial-scale=1.0">
    <link href="lib/bootstrap/css/bootstrap.min.css" rel="stylesheet">
</head>
<style>
    div{
        border: 1.5px solid #000000;
    }
</style>
<body>
<br>
<div class="container">
    <div class="row">
        <div class="col-md-3 col-xs-6">a</div>
        <div class="col-md-3 col-xs-6">b</div>
        <div class="col-md-3 col-xs-6">c</div>
        <div class="col-md-3 col-xs-6">d</div>
```

```
    </div>
    <div class="row">
        <div class="col-md-3 col-xs-6">e</div>
        <div class="col-md-3 col-xs-6">f</div>
        <div class="col-md-3 col-xs-6">g</div>
        <div class="col-md-3 col-xs-6">h</div>
    </div>
</div>
<script src="lib/jquery/jquery-1.11.0.min.js"></script>
<script src="lib/bootstrap/js/bootstrap.min.js"></script>
</body>
</html>
```

用浏览器打开 demo6-6.html，页面效果如图 6-15 所示。

缩小浏览器窗口至小屏幕，页面网格会变成两列，如图 6-16 所示。

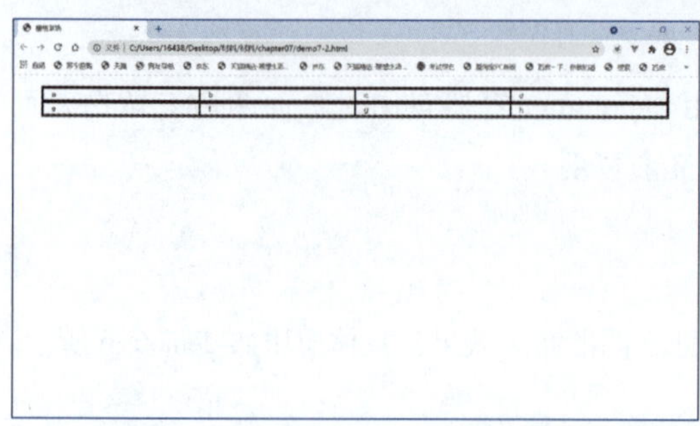

图 6-15　demo6-6 页面效果

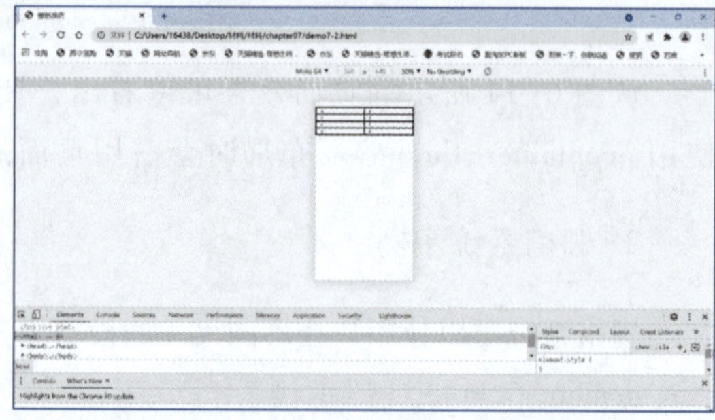

图 6-16　缩小浏览器窗口的效果

图 6-16 所示的效果是由于浏览器窗口缩小至小于 768px，会被识别为手机设备大小，这时 .col-xs-6 设置生效。这里所指的列是栅格系统的列数，不是网页上的 div 的列数。每个 div 的列数为 6，那么两个 div 的列数就是 12。当一行的列数大于 12 时，后面的 div 会另起一行排列，所以每行显示两个 div，共 4 行。

3. 响应式工具

使用响应式工具的 demo6-7.html 代码示例如下。

```
<!DOCTYPE html>
<html>
<head>
    <title>响应式工具</title>
    <meta charset="UTF-8">
    <meta http-equiv="x-ua-compatible" content="IE=edge">
    <meta name="viewport" content="width=device-width, initial-scale=1.0">
    <link href="lib/bootstrap/css/bootstrap.min.css" rel="stylesheet">
    <style>
        div{
            border: 1px solid black;
```

```
            }
        </style>
</head>
<body>
<br>
<div class="container" style="padding: 40px;">
        <div class="row visible-on">
            <div class="col-xs-6 col-sm-3" >
                <span class="hidden-xs">特别小型设备隐藏</span>
                <span class="visible-xs">✔在特别小型设备上可见</span>
            </div>
            <div class="col-xs-6 col-sm-3" >
                <span class="hidden-sm">小型设备隐藏</span>
                <span class="visible-sm">✔在小型设备上可见</span>
            </div>
            <div class="clearfix visible-xs"></div>
            <div class="col-xs-6 col-sm-3" >
                <span class="hidden-md">中型设备隐藏</span>
                <span class="visible-md">✔在中型设备上可见</span>
            </div>
            <div class="col-xs-6 col-sm-3" >
                <span class="hidden-lg">大型设备隐藏</span>
                <span class="visible-lg">✔在大型设备上可见</span>
            </div>
        </div>
</div>
</body>
</html>
```

用浏览器打开 demo6-7. html，页面效果如图 6-17 所示。

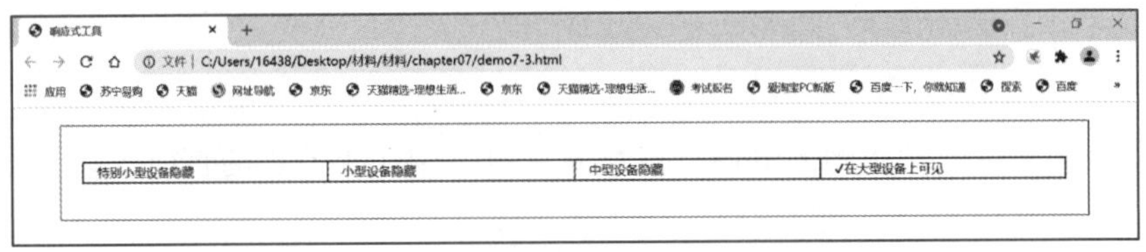

图 6-17 demo6-7 页面效果

浏览器窗口缩小至中型屏幕时，页面效果如图 6-18 所示。

图 6-18 中型屏幕页面效果

浏览器窗口缩小至小型屏幕时，页面效果如图 6-19 所示。

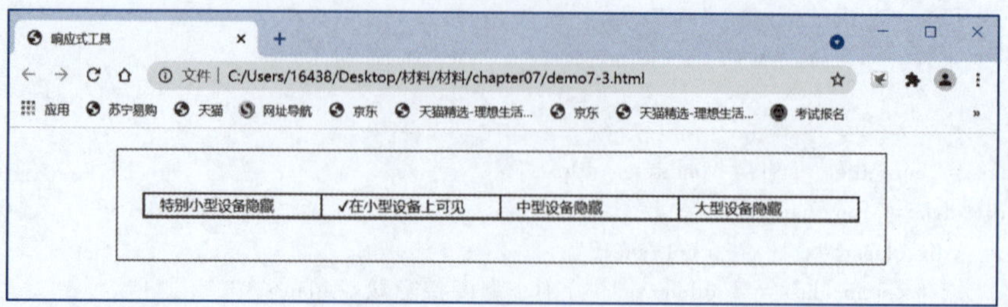

图 6-19　小型屏幕页面效果

浏览器窗口缩小至超小型屏幕时，页面效果如图 6-20 所示。

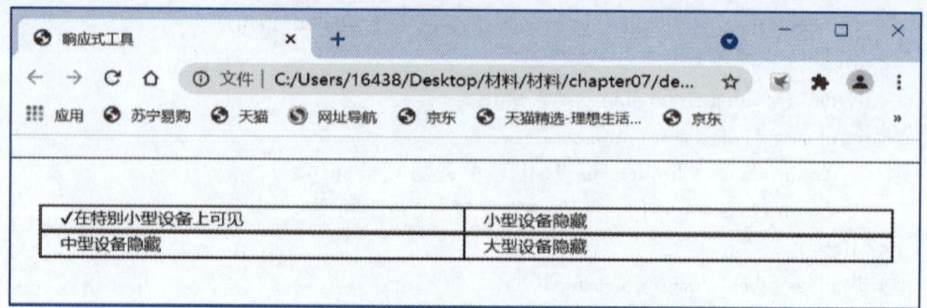

图 6-20　超小型屏幕页面效果

任务 6-5　Bootstrap 常用样式

任务背景

掌握网页制作中经常用到的 Bootstrap 样式，可以制作出精美的页面效果。

知识储备

1. 导航栏

Bootstrap 导航栏是在应用或网站中作为导航页体验的响应式基础标签。Bootstrap 中为用户提供了默认样式的导航栏，它在移动设备上可以折叠（并且可开可关），且可以在视口宽度增加时逐渐变为水平展开模式，如图 6-21 所示。

缩小浏览器窗口后，菜单均被隐藏，代替导航栏出现的是一个按钮，如图 6-22 所示。

图 6-21　Bootstrap 提供的默认导航栏

图 6-22　≡按钮

单击图 6-22 所示的≡按钮，显示被隐藏菜单的下拉列表，如图 6-23 所示。

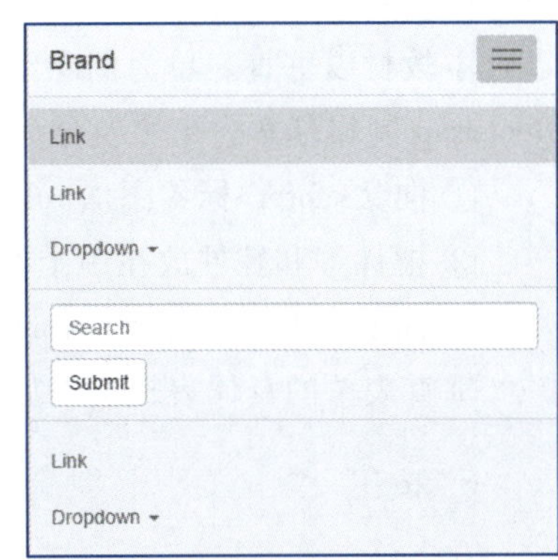

图 6-23　被隐藏的菜单列表

由于 Bootstrap 导航栏在实际应用中比较复杂，这里主要介绍如何使用 Bootstrap 制作一个基础导航栏，以及如何修改默认导航栏的样式。

（1）基础导航栏

使用 Bootstrap 制作基础导航栏主要分为以下几步。

① 添加一个容器<nav>或<div>标签，使用 . navbar 类和 . navbar-default 类，并且添加 role = " navigation"，增加可访问性。

② 向<div>标签添加一个标题使用 . navbar-header 类，内部包含带有 . navbar-brand 类的<a>标签，用于定义品牌图标，如果是文字视觉上会稍大些。

③ 为了向导航栏添加链接，只需要简单地添加带有 . nav 类、. navbar-nav 类的无序列表即可。

（2）响应式导航栏

基础导航栏只能适应大屏幕的浏览器，当浏览器窗口缩小到一定程度时，菜单将被折叠，如图 6-24 所示。

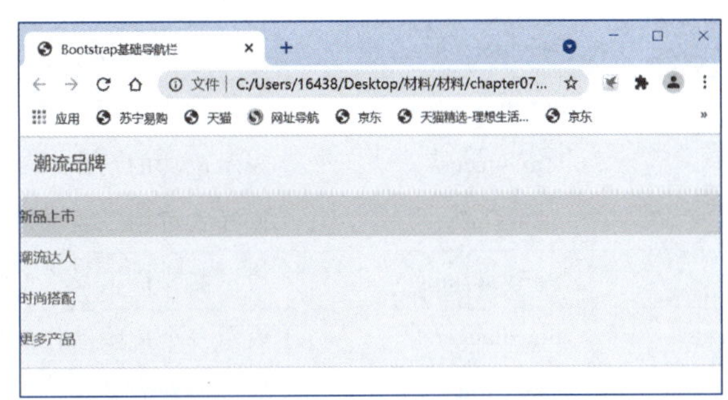

图 6-24　demo6-8 菜单折叠效果

想要实现菜单折叠的效果，需要进行以下操作。

① 实现菜单的折叠和隐藏，把小屏幕时需要折叠的内容包裹在一个<div>标签内，并且为这个<div>标签使用 . collapse、. navbar-collapse 两个类，最后为这个 div 添加一个 id。

② 添加在小屏幕时，要显示的≡的固定写法，具体如下。

```
<button class = " navbar-toggle"  type = " button"  data-toggle = " collapse" >
    <span class = " sr-only" >Toggle Navigation</span>
    <span class = " icon-bar" ></span>
    <span class = " icon-bar" ></span>
    <span class = " icon-bar" ></span>
</button>
```

完整的响应式基础导航栏实现代码如 demo6-9. html 所示。

2. 表单

几乎所有的网站中都涉及表单的应用，下面将介绍如何使用 Bootstrap 创建表单。Bootstrap 通过一些简单的 HTML 标签和扩展的类即可创建出不同样式的表单。

本教材以垂直表单为例介绍表单的基本使用方法。垂直表单也称为基本表单，使用 Bootstrap 制作基本表单主要分为以下步骤。

① 向父<form>标签添加 role="form"。

② 把标签和控件放在一个类名为 form-group 的<div>中，获取最佳间距。

③ 向所有的文本标签<input><textarea>和<select>添加 .form-control 类。

垂直表单的具体表现实现如 demo6-10.html 所示。

3. 按钮

使用 Bootstrap 定义按钮十分简单，可以为任何元素添加类 .btn，按钮的默认外观为圆角灰色。

Bootstrap 提供了一些类来定义按钮的样式，支持<a><button>和<input>标签，具体见表 6-6。

表 6-6 Bootstrap 按钮选项

类	描述
.btn	为按钮添加基本样式
.btn-default	默认/标准按钮
.btn-primary	原始按钮样式（未被操作）
.btn-success	表示成功的动作
.btn-info	该样式可用于要弹出信息的按钮
.btn-warning	表示需要谨慎操作的按钮
.btn-danger	表示一个危险动作的按钮操作
.btn-link	使按钮看起来像个链接（仍然保留按钮行为）
.active	按钮被单击
.disabled	禁用按钮

4. 标签页

Bootstrap 提供了几种标签页，在这里讲解一下应用比较广泛的胶囊标签页。Bootstrap 制作胶囊标签主要分为以下步骤。

① 一个完整的标签页分为页头选项卡和内容两部分。

② 页头使用<ul>标签，在<ul>中添加 .nav 和 .nav-tabs 类，会应用 Bootstrap 标签页样式；添加 .nav 和 .nav-pills 类会应用胶囊标签样式。需要几个标签项就添加几个<li>标签。

③ 在<li>标签中添加<a>标签，<a>标签的 href 值直接跟标签页下面的内容<div>的 id 关联，十分重要。

④ 在<a>标签中添加 data-toggle="tab" 或 data-toggle="pill"。页头部分示例代码如下。

```
<ul class="nav nav-tabs">
    <li><a href="#identifier" data-toggle="tab">Home</a></li>
...
</ul>
```

⑤ 内容部分最外层使用<div>标签添加类 .tab-content，然后添加每个标签项对应的<div>标签，这些标签添加类 .tab-pane 和对应标签项的 id 值。示例代码如下。

```
<div class="tab-content">
<div class="tab-pane active" id="home">...</div>
<div class="tab-pane " id="profile">...</div>
<div class="tab-pane " id="messages">...</div>
</div>
```

在上述代码中，.active 类用来定义当前选中的项，具体案例演示代码如 demo6-16.html 所示。

5. 轮播插件

Bootstrap 轮播插件（Carousel）是一种灵活、响应式的向站点添加滑块的方式。轮播的内容可以是图像、内嵌框架、视频或者其他想要放置的任何类型的内容，使用该插件时必须引入 bootstrap.js 或压缩版的 bootstrap.min.js。

下面以轮播图片为例讲解 Bootstrap 轮播插件的使用，轮播图的实现主要由 3 部分构成：轮播的图片、轮播图片的计数器、轮播图片的控制器。

（1）设计轮播容器

使用 .carousel 类设计轮播图片的容器，并为该容器添加 id，方便后面的使用，示例代码如下。

```
<div id="slidershow" class="carousel">
……
</div>
```

（2）设计轮播计数器

在轮播容器 div.carousel 的内部添加轮播计算器 .carousel-indicators 类，其主要功能是显示当前图片的播放顺序（有几张图片就放置几个 li）。一般采用有序列表来制作，该内容放在轮播容器内，示例代码如下。

```
<!--设置图片轮播的顺序-->
    <ol class="carousel- indicators">
        <li class="active">1</li>
        <li>2</li>
        <li>3</li>
    <li>4</li>
```

```
        <li>5</li>
</ol>
```

（3）设计轮播图片控制器

很多时候轮播图片还具有一个向前播放和向后播放的控制器，在 Carousel 中通过 . carousel- -control 类配合 left 和 right 实现。其中，left 表示向前播放，right 表示向后播放。该内容同样放在 carouse！轮播容器内，示例代码如下。

```
<!--设置轮播图片控制器-- >
<a class=" left   carousel-control"   href="" >
     <span class=" glyphicon   glyphicon-chevron-left" ></span>
</a>
<a    class=" right   carousel-control"   href="" >
     <span class=" glyphicon   glyphicon-chevron-right" ></span>
</a>
```

（4）添加图片描述

Bootstrap 中可以使用<div>标签添加 . carousel- -caption 类为图片添加描述信息，这部分内容只需要在 div. item 中图片底部添加对应的代码，示例代码如下。

```
<!--图片对应标题和描述内容-- >
<div class=" carousel-caption" >
     <h3>图片标题</h3>
     <p>描述内容...</p>
</div>
```

（5）声明式触发轮播

声明式方法是通过定义 data 属性来实现的，dna 属性可以很容易地控制轮播的位置，主要包括以下几种。

① data-ride 属性：取 carousel 值，并且将其定义在 carousel 上。

② data-target 属性：取 carousel 定义的 ID 名或者其他样式识别符。

③ data- -slide 属性：取值有两个，prev 表示向后滚动；next 表示向前滚动。该属性值同样定义在轮播图控制器的 a 链接上，同时设置控制器 href 值为容器 carousel 的 id 名或其他样式识别符。

④ data- -slide- to 属性：用来传递某个帧的下标，例如 data- slide- to="2"，可以直接跳转到这个指定的帧（下标从 0 开始计），同样定义在轮播图计数器的每个<li>标签上。

完整的图片轮播代码如 demo6-17. html 所示。

任务实施

1. 基础导航栏示例

基础导航栏的具体实现代码如 demo6-8. html 所示。

demo6-8. html 代码示例。

```
<!DOCTYPE html>
<html>
<head>
    <title>Bootstrap 基础导航栏</title>
    <meta charset="UTF-8">
    <meta http-equiv="x-ua-compatible" content="IE=edge">
    <meta name="viewport" content="width=device-width, initial-scale=1.0">
    <link href="lib/bootstrap/css/bootstrap.min.css" rel="stylesheet">
</head>
<body>
<nav class="navbar navbar-default" role="navigation">
    <!--这里可以定义品牌图标-->
    <div class="navbar-header">
        <a class="navbar-brand " id="nav-brand-itheima" href="#" >
            潮流品牌
        </a>
    </div>
    <ul class="nav navbar-nav">
        <li class="active"><a href="##">新品上市</a></li>
        <li><a href="##">潮流达人</a></li>
        <li><a href="##">时尚搭配</a></li>
        <li><a href="##">更多产品</a></li>
    </ul>
</nav>
<script src="lib/jquery/jquery-1.11.0.min.js"></script>
<script src="lib/bootstrap/js/bootstrap.min.js"></script>
</body>
</html>
```

用浏览器打开 demo6-8. html，页面效果如图 6-25 所示。

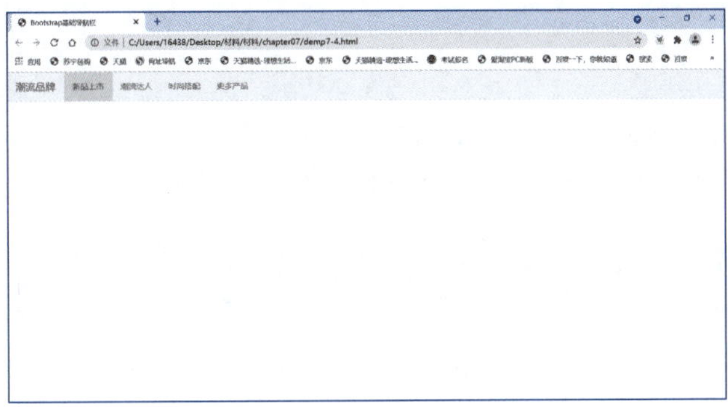

图 6-25 demo6-8. html 页面效果

2. 响应式导航栏示例

demo6-9. html 代码示例。

```
<!DOCTYPE html>
<html>
<head>
    <title>Bootstrap 响应式导航栏</title>
    <meta charset="UTF-8">
    <meta http-equiv="x-ua-compatible" content="IE=edge">
    <meta name="viewport" content="width=device-width, initial-scale=1.0">
    <link href="lib/bootstrap/css/bootstrap.min.css" rel="stylesheet">
</head>
<body>
<nav class="navbar navbar-default" role="navigation">
    <button type="button" class="navbar-toggle collapsed"
            data-toggle="collapse" data-target="#navbar-collapse"
            aria-expanded="false">
        <span class="sr-only">汉堡按钮</span>
        <span class="icon-bar"></span>
        <span class="icon-bar"></span>
        <span class="icon-bar"></span>
    </button>
    <!--这里可以定义品牌图标-->
    <div class="navbar-header">
        <a class="navbar-brand " id="nav-brand-itheima" href="#">
            潮流品牌
        </a>
    </div>
    <div class="collapse navbar-collapse" id="navbar-collapse">
        <ul class="nav navbar-nav">
            <li class="active"><a href="##">新品上市</a></li>
            <li><a href="##">潮流达人</a></li>
            <li><a href="##">时尚搭配</a></li>
            <li><a href="##">更多产品</a></li>
        </ul>
    </div>
</nav>
<script src="lib/jquery/jquery-1.11.0.min.js"></script>
<script src="lib/bootstrap/js/bootstrap.min.js"></script>
</body>
</html>
```

用浏览器打开 demo6-9.html，浏览器窗口缩小的效果如图 6-26 所示。

在 demo6-9.html 中，为折叠菜单添加的 id 值为 navbar-collapse。在<button>标签添加 data-target='#navbar-collapse'，代表这个按钮控制的是 id 值为 navbar-collapse 的容器。单击≡按钮，即可显示下拉菜单，如图 6-27 所示。

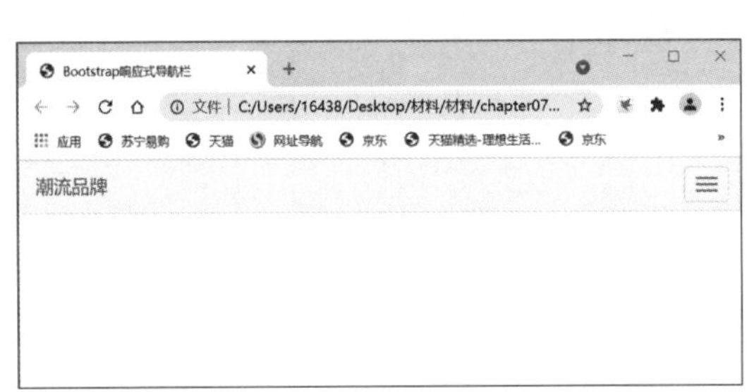

图 6-26 demo6-9 小屏幕页面效果

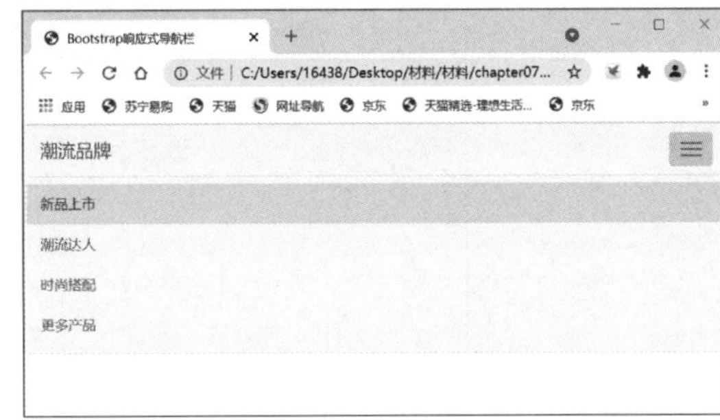

图 6-27 显示下拉菜单

3. 表单示例

demo6-10. html 代码示例。

```
<!DOCTYPE html>
<html>
<head>
    <title>Bootstrap 基本表单</title>
    <meta charset="UTF-8">
    <meta http-equiv="x-ua-compatible" content="IE=edge">
    <meta name="viewport" content="width=device-width, initial-scale=1.0">
    <link href="lib/bootstrap/css/bootstrap.min.css" rel="stylesheet">
</head>
<body>
<form role="form">
    <div class="form-group">
        <label for="name">名称</label>
        <input type="text" class="form-control" id="name"
                placeholder="请输入名称">
    </div>
    <div class="form-group">
        <label for="inputfile">文件输入</label>
        <input type="file" id="inputfile">
        <p class="help-block">这里是块级帮助文本的实例。</p>
    </div>
    <div class="checkbox">
        <label>
            <input type="checkbox">记住我
        </label>
    </div>
    <button type="submit" class="btn btn-default">提交</button>
</form>
</body>
</html>
```

用浏览器打开 demo6-10. html，页面效果如图 6-28 所示。

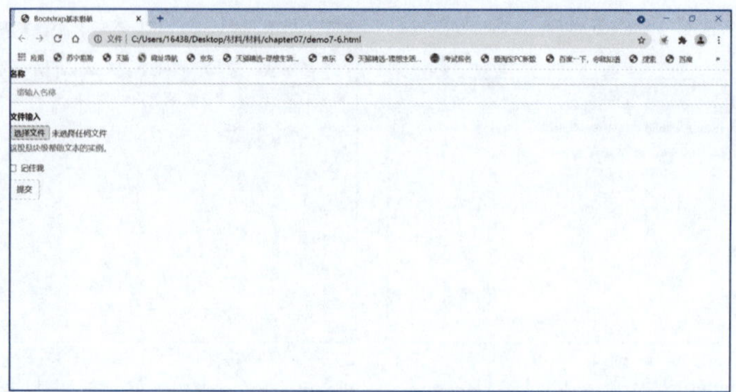

图 6-28 demo6-10. html 页面效果

4. 内联表单示例

Bootstrap 创建内联表单，只需要在垂直表单的基础上，为<form>标签添加类 .form-inline，具体代码如 demo6-11 所示。

demo6-11. html 代码示例。

```
<!DOCTYPE html>
<html>
<head>
    <title>Bootstrap 内联表单</title>
    <meta charset="UTF-8">
    <meta http-equiv="x-ua-compatible" content="IE=edge">
    <meta name="viewport" content="width=device-width, initial-scale=1.0">
    <link href="lib/bootstrap/css/bootstrap.min.css" rel="stylesheet">
</head>
<body>
<form role="form" class="form-inline">
    <div class="form-group">
        <label for="name">名称</label>
        <input type="text" class="form-control" id="name"
               placeholder="请输入名称" width="50px">
    </div>
    <div class="form-group">
        <label for="inputfile">文件输入</label>
        <input type="file" id="inputfile">
        <p class="help-block">这里是块级帮助文本的实例。</p>
    </div>
    <div class="checkbox">
        <label>
            <input type="checkbox" class="sr-only">记住我
        </label>
    </div>
    <button type="submit" class="btn btn-default">提交</button>
```

```
</form>
</body>
</html>
```

用浏览器打开 demo6-11. html，页面效果如图 6-29 所示。

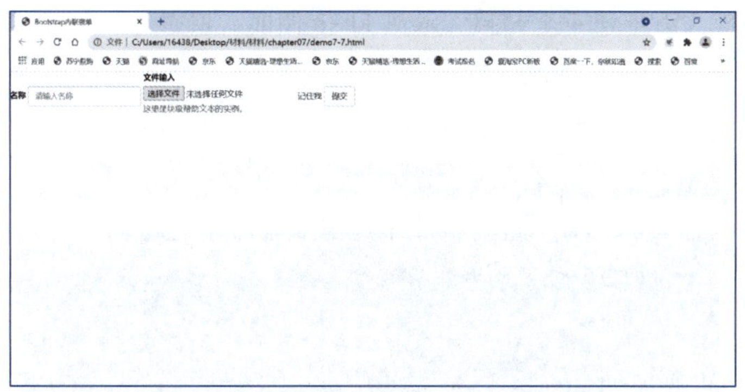

图 6-29 demo6-11. html 页面效果

从图 6-29 可以看出，内联表单的所有元素是内联的，并向左对齐，标签是并排的。默认情况下，Bootstrap 中的<input><select>和<textarea>标签有 100% 宽度。在使用内联表单时，需要自己在表单控件上设置一个宽度，可以使用类 . sr-only 隐藏内联表单的某个标签。

5. 水平标签示例

水平表单与其他表单不仅标记的数量不同，而且表单的呈现形式也不同。

创建水平布局的表单的步骤如下所示。

① 向父<form>标签添加类 . form-horizontal，改变 . form-group 的行为，并使用 Bootstrap 预置的栅格 class 将 label 和控件组水平并排布局。

② 把标签和控件放在一个带有 . form-group 类的<div>中。

③ 向标签添加 . control-label 类。

实现水平表单具体代码如 demo6-12. html 所示。

demo6-12. html 代码示例。

```
<!DOCTYPE html>
<html>
<head>
    <title>Bootstrap 水平表单</title>
    <meta charset="UTF-8">
    <meta http-equiv="x-ua-compatible" content="IE=edge">
    <meta name="viewport" content="width=device width, initial-scale=1.0">
    <link href="lib/bootstrap/css/bootstrap.min.css" rel="stylesheet">
</head>
<body>
```

```
<form class="form-horizontal" role="form">
    <div class="form-group">
        <label for="name" class="col-sm-2 control-label">用户名</label>
        <div class="col-sm-10">
            <input type="text" class="form-control" id="name"
                   placeholder="请输入用户名">
        </div>
    </div>
    <div class="form-group">
        <label for="password" class="col-sm-2 control-label">密码</label>
        <div class="col-sm-10">
            <input type="password" class="form-control" id="password"
                   placeholder="请输入密码">
        </div>
    </div>
    <div class="form-group">
        <div class="col-sm-offset-2 col-sm-10">
            <div class="checkbox">
                <label>
                    <input type="checkbox"> 请记住我
                </label>
            </div>
        </div>
    </div>
    <div class="form-group">
        <div class="col-sm-offset-2 col-sm-10">
            <button type="submit" class="btn btn-default">登录</button>
        </div>
    </div>
</form>
</body>
</html>
```

用浏览器打开 demo6-12. html，页面效果如图 6-30 所示。

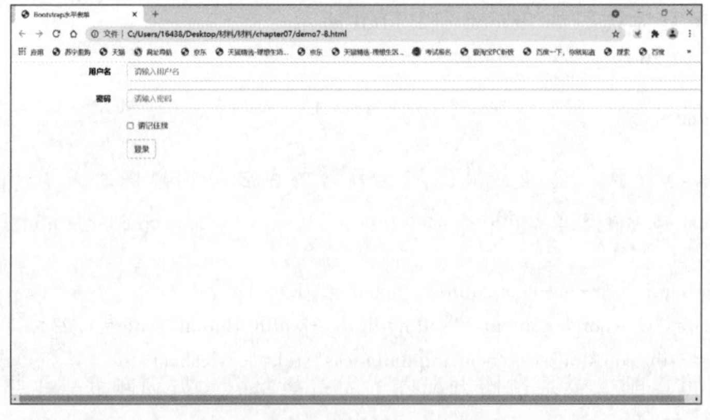

图 6-30　demo6-12. html 页面效果

6. 改变表单控件的样式

在实际开发中有时需要改变表单的默认尺寸和样式，可以通过如下方式来改变表单控件的尺寸和样式。

① 使用 . input-lg 和 . input-sm 为控件设置高度。

② 通过 . col-lg-* 为控件设置宽度。

③ 通过覆盖 . form-control 的样式来改变控件的样式。

改变表单控件样式的具体代码如 demo6-13. html 所示。

demo6-13. html 代码示例。

```
<!DOCTYPE html>
<html>
<head>
    <title>Bootstrap 改变表单控件的样式</title>
    <meta charset="UTF-8">
    <meta http-equiv="x-ua-compatible" content="IE=edge">
    <meta name="viewport" content="width=device-width, initial-scale=1.0">
    <link href="lib/bootstrap/css/bootstrap.min.css" rel="stylesheet">
</head>
<style>
    .form-control{
        background: pink;
    }
</style>
<body>
<form class="form-horizontal" role="form">
    <input class="form-control
input-lg" type="text" placeholder="设置 input 的高度值为.input-lg">
    <input class="form-control" type="text" placeholder="input 的默认宽、高值">
    <div class="col-lg-3">
        <input class="form-control input-lg" type="text"
                placeholder="高度.input-lg 宽度.col-lg-3"></p>
    </div>
    <input class="form-control input-sm" type="text"
            placeholder="设置 input 的高度值为.input-sm"></p>
</form>
</body>
</html>
```

用浏览器打开 demo6-13. html，页面效果如图 6-31 所示。

在 demo6-13. html 中，分别演示了使用不同类样式的<input>效果，并且覆盖 . form-control，修改了背景色样式。

> **注意：**
> 类 . col-lg-* 需要在<div>标签上使用才能生效。

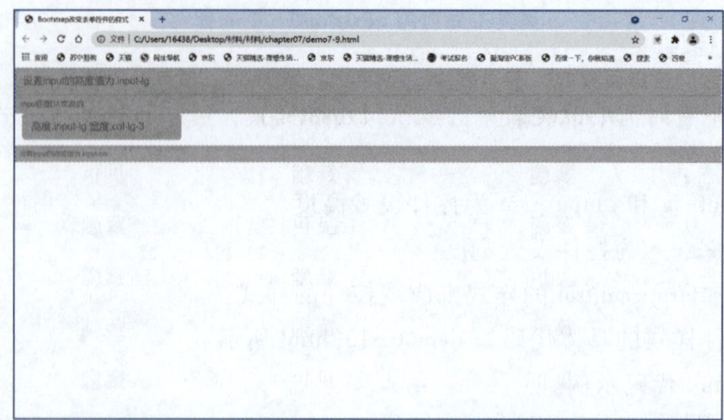

图 6-31 demo6-13. html 页面效果

7. 按钮样式示例

表 6-6 中的不同样式按钮的具体应用如 demo6-14. html 所示。

demo6-14. html 代码示例。

```
<!DOCTYPE html>
<html>
<head>
    <title>Bootstrap 按钮</title>
    <meta charset="UTF-8">
    <meta http-equiv="x-ua-compatible" content="IE=edge">
    <meta name="viewport" content="width=device-width, initial-scale=1.0">
    <link href="lib/bootstrap/css/bootstrap.min.css" rel="stylesheet">
</head>
<body>
<!-- 标准的按钮 -->
<button type="button" class="btn btn-default">默认按钮</button>

<!-- 提供额外的视觉效果,标识一组按钮中的原始动作 -->
<button type="button" class="btn btn-primary">原始按钮</button>

<!-- 表示一个成功的或积极的动作 -->
<button type="button" class="btn btn-success">成功按钮</button>

<!-- 信息警告消息的上下文按钮 -->
<button type="button" class="btn btn-info">信息按钮</button>

<!-- 表示应谨慎采取的动作 -->
<button type="button" class="btn btn-warning">警告按钮</button>

<!-- 表示一个危险的或潜在的负面动作 -->
<button type="button" class="btn btn-danger">危险按钮</button>
```

```

<!-- 并不强调是一个按钮,看起来像一个链接,但同时保持按钮的行为 -->
<button type="button" class="btn btn-link">链接按钮</button>
</body>
</html>
</body>
</html>
```

用浏览器打开 demo6-14. html，页面效果如图 6-32 所示。

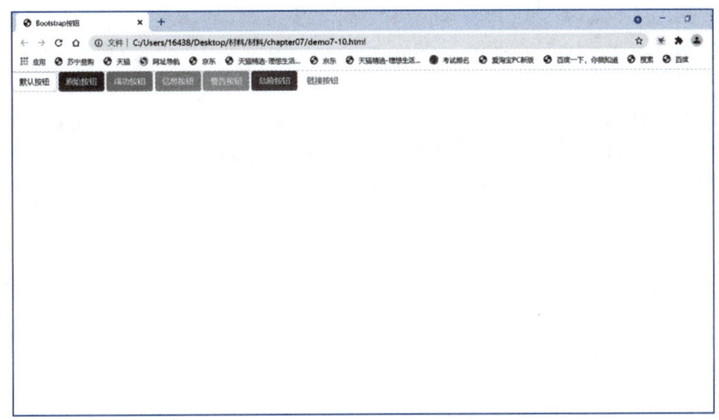

图 6-32　demo6-14. html 页面效果

Bootstrap 中提供了一些类用于控制按钮的大小，见表 6-7。

表 6-7　Bootstrap 按钮大小

类	描　　述
. btn-lg	大按钮
. btn-sm	小按钮
. btn-xs	超小按钮
. btn-block	创建块级的按钮，会横跨父元素的全部宽度

表 6-7 中类的具体使用如 demo6-15. html 所示。

demo6-15. html 代码示例。

```
<!DOCTYPE html>
<html>
<head>
    <title>Bootstrap 按钮大小</title>
    <meta charset="UTF-8">
    <meta http-equiv="x-ua-compatible" content="IE=edge">
    <meta name="viewport" content="width=device-width, initial-scale=1.0">
    <link href="lib/bootstrap/css/bootstrap.min.css" rel="stylesheet">
</head>
<body style="padding: 20px;width:500px;">
```

```
<!-- 标准的按钮 -->
<button type="button" class="btn btn-default">默认按钮</button>
<button type="button" class="btn btn-lg btn-default">大的默认按钮</button>
<br/><br/>
<!-- 提供额外的视觉效果,标识一组按钮中的原始动作 -->
<button type="button" class="btn btn-primary">原始按钮</button>
<button type="button" class="btn btn-sm btn-primary">小的原始按钮</button>
<br/><br/>
<!-- 表示一个成功的或积极的动作 -->
<button type="button" class="btn btn-success">成功按钮</button>
<button type="button" class="btn btn-xs btn-success">特别小的成功按钮</button>
<br/><br/>
<!-- 用于要弹出信息的按钮 -->
<button type="button" class="btn btn-info">信息按钮</button><br/><br/>
<button type="button" class="btn btn-block btn-info">块级信息按钮</button>
</body>
</html>
```

用浏览器打开 demo6-15. html，页面效果如图 6-33 所示。

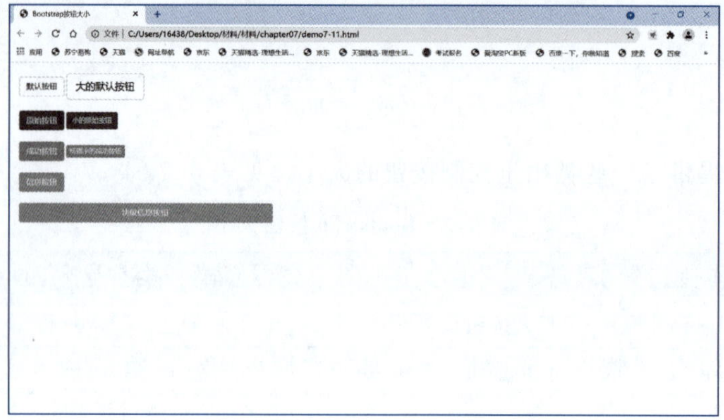

图 6-33　demo6-15. html 页面效果

8. 胶囊标签页示例

demo6-16. html 代码示例。

```
<!DOCTYPE html>
<html>
<head>
    <title>胶囊标签页</title>
    <meta charset="UTF-8">
    <meta http-equiv="x-ua-compatible" content="IE=edge">
    <meta name="viewport" content="width=device-width, initial-scale=1.0">
    <link href="lib/bootstrap/css/bootstrap.min.css" rel="stylesheet">
</head>
```

```
<br>
<ul class="nav nav-pills">
    <li role="presentation" class="active"><a href="#home"
                                    role="tab" data-toggle="pill">第 1 页</a></li>
    <li role="presentation"><a href="#profile" role="tab"
                         data-toggle="pill">第 2 页</a></li>
    <li role="presentation"><a href="#messages" role="tab"
                         data-toggle="pill">第 3 页</a></li>
</ul>
<div class="tab-content">
    <div class="tab-pane active" id="home">我是第 1 页</div>
    <div class="tab-pane " id="profile">我是第 2 页</div>
    <div class="tab-pane " id="messages">我是第 3 页</div>
</div>
<script src="lib/jquery/jquery-1.11.0.min.js"></script>
<script src="lib/bootstrap/js/bootstrap.min.js"></script>
</body>
</html>
```

用浏览器打开 demo6-16.html，页面效果如图 6-33 所示。单击“第 3 页”按钮，会切换到第 3 页，如图 6-34 和图 6-35 所示。

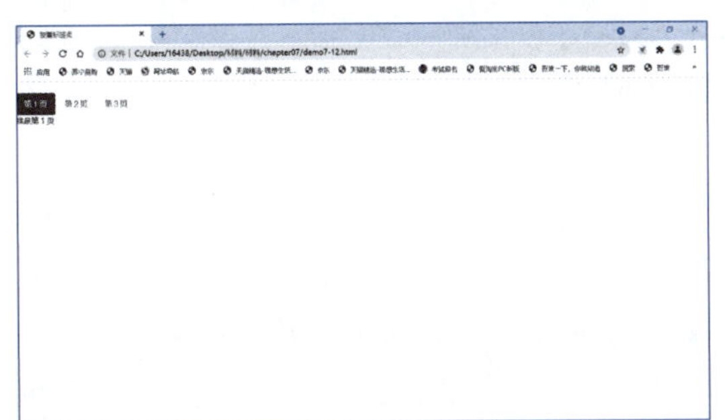

图 6-34 demo6-16.html 页面效果

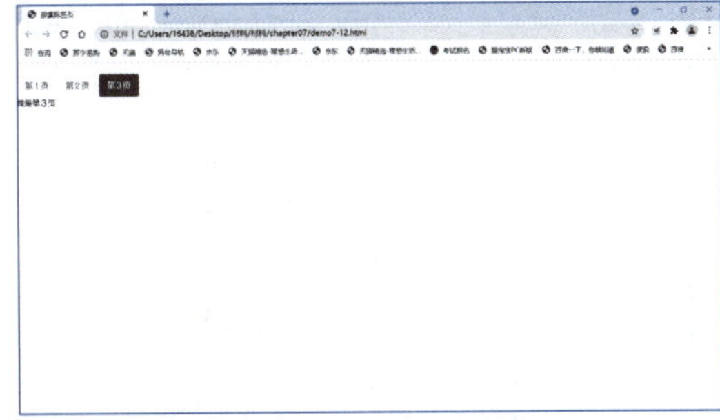

图 6-35 demo6-16.html 选项切换效果

9. Bootstrap 轮播插件示例

demo6-17.html 代码示例。

```
<!DOCTYPE html>
<html>
<head>
    <title>Bootstrap 轮播插件</title>
    <meta charset="UTF-8">
    <meta http-equiv="x-ua-compatible" content="IE=edge">
    <meta name="viewport" content="width=device-width, initial-scale=1.0">
    <link href="lib/bootstrap/css/bootstrap.min.css" rel="stylesheet">
</head>
```

```
<body>
<div id="slidershow" class="carousel slide" data-ride="carousel">
    <!-- 设置图片轮播计数器 -->
    <ol class="carousel-indicators">
        <li class="active" data-target="#slidershow" data-slide-to="0"></li>
        <li data-target="#slidershow" data-slide-to="1"></li>
        <li data-target="#slidershow" data-slide-to="2"></li>
    </ol>
    <!-- 设置轮播图片 -->
    <div class="carousel-inner">
        <div class="item active">
            <a href="#">
                <img src="images/carousel1.jpg"
                    style=" height:400px;margin:0 auto;">
            </a>
            <div class="carousel-caption">
                <h3>图片标题 1</h3>
                <p>描述内容 1...</p>
            </div>
        </div>
        <div class="item">
            <a href="#">
                <img src="images/carousel2.jpg"
                    style="height:400px;margin:0 auto;">
            </a>
            <div class="carousel-caption">
                <h3>图片标题 2</h3>
                <p>描述内容 2...</p>
            </div>
        </div>
        <div class="item">
            <a href="#">
                <img src="images/carousel3.jpg" style="
height:400px;margin:0 auto;">
            </a>
            <div class="carousel-caption">
                <h3>图片标题 3</h3>
                <p>描述内容 3...</p>
            </div>
        </div>
    </div>
    <!-- 设置轮播图片控制器 -->
    <a class="left carousel-control" href="#slidershow" role="button"
        data-slide="prev">
            <span class="glyphicon glyphicon-chevron-left"></span>
    </a>
    <a class="right carousel-control" href="#slidershow" role="button"
```

```
            data-slide="next">
                <span class="glyphicon glyphicon-chevron-right"></span>
        </a>
</div>
<script src="lib/jquery/jquery-1.11.0.min.js"></script>
<script src="lib/bootstrap/js/bootstrap.min.js"></script>
</body>
</html>
```

用浏览器打开 demo6-17. html，页面效果如图所示 6-36 所示。

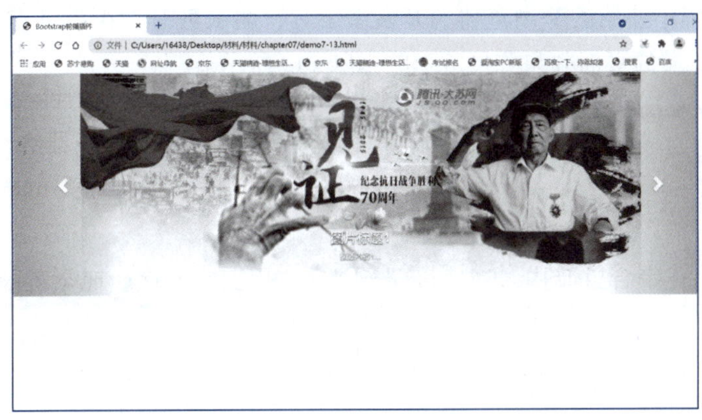

图 6-36　demo6-17. html 页面效果

图 6-36 所示的轮播图会在默认的时间自动轮播，也可以单击左右轮播导航按钮或者描述内容下方的圆点导航进行图片切换，如图 6-37 所示。

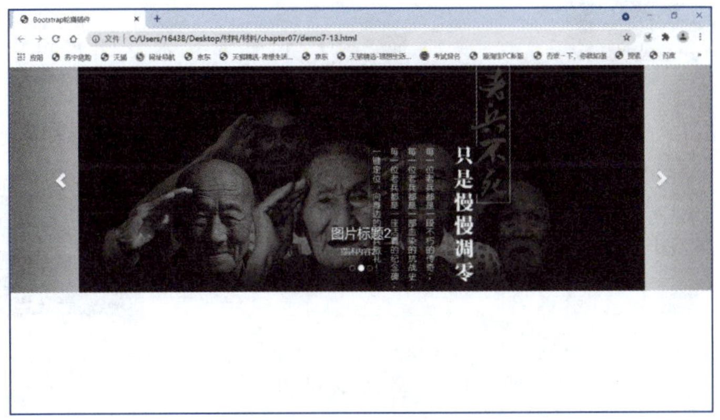

图 6-37　轮播图切换页面效果

注意：

这里使用了自定义样式设置了图片的高度和位置，第 2 张图片和第 1 张宽度不同是因为应用了图片本身宽度，在实际开发中轮播内容的样式可以根据需求进行自定义。

任务 6-6 响应式商城首页设计

任务背景

本任务支持 PC 端和移动端屏幕的自适应，可以选择任意一款移动端设备来测试页面效果。在开发过程中使用的是浏览器的开发者工具，测试页面是在手机模拟环境下的页面效果。首页在 PC 端的页面效果如图 6-38～图 6-40 所示。

图 6-38 首页上部分在 PC 端的效果

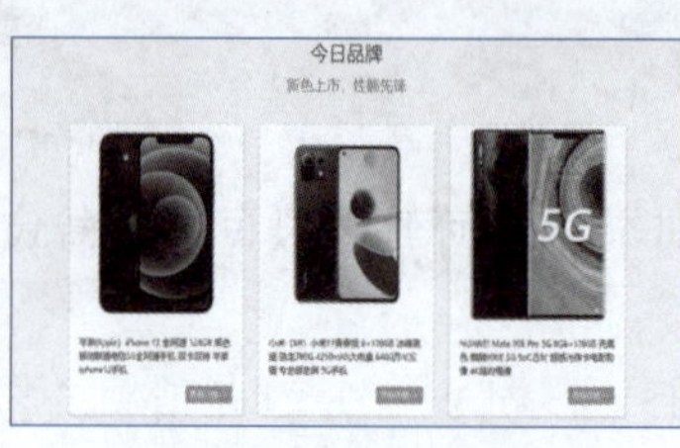

图 6-39 首页中间部分 PC 端的效果

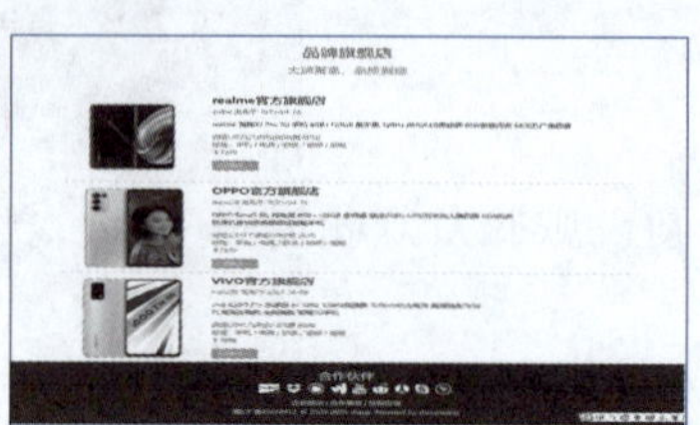

图 6-40 首页下部分 PC 端的效果

打开浏览器的开发者工具，测试页面在移动设备模拟环境下的页面效果如图 6-41～图 6-43 所示。

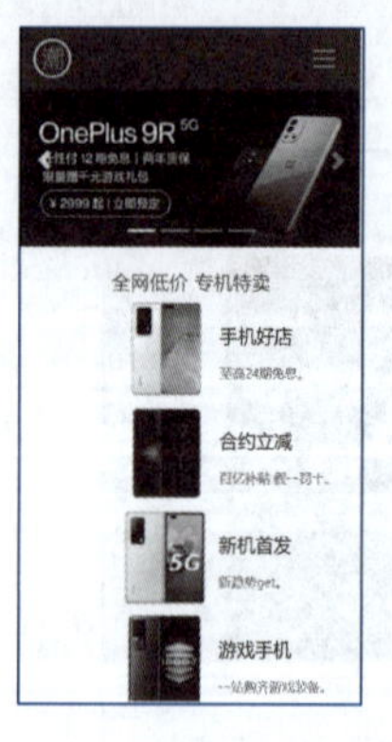

图 6-41 首页上部移动端显示效果

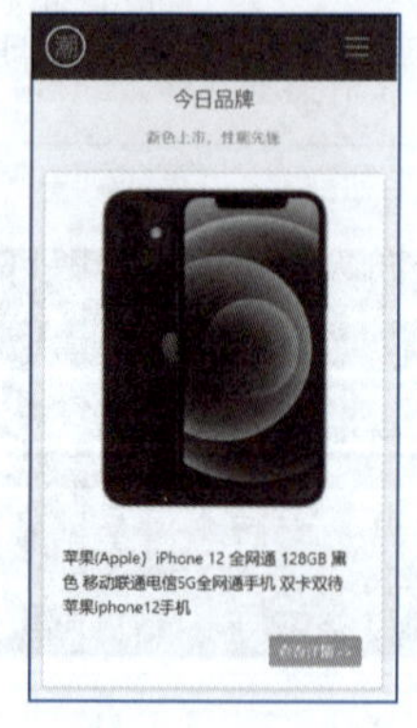

图 6-42 首页中间部分移动端显示效果

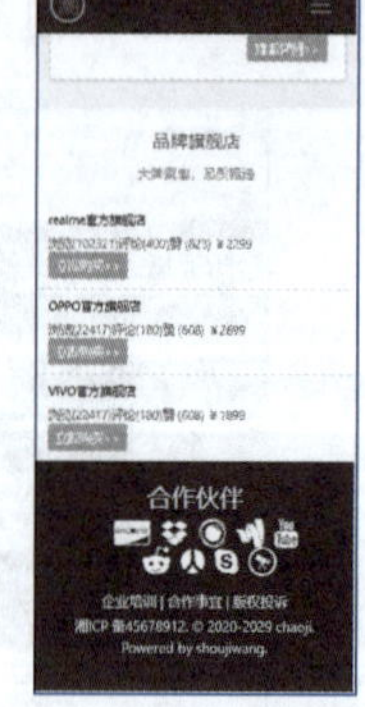

图 6-43 首页下部移动端显示效果

知识储备

1. 创建项目目录结构

为了方便读者进行项目的搭建，可在 C:\Bootstrap\chapter08 目录创建项目，项目名称为 project，项目目录结构如图 6-44 所示。

下面对目录结构中的各目录及文件进行说明。

① project 为项目名称，里边包含 bootstrap、css、images 文件目录，以及 index. html 项目入口文件。

② bootstrap 文件目录里存放从 Bootstrap 官网下载到本地的预编译的 Bootstrap 相关文件，如 bootstrap. min. css 和 bootstrap. min. js 文件等。

③ css 文件目录里存放 style. css，用于设置自定义样式。

④ images 文件目录里存放项目中用到的图片。

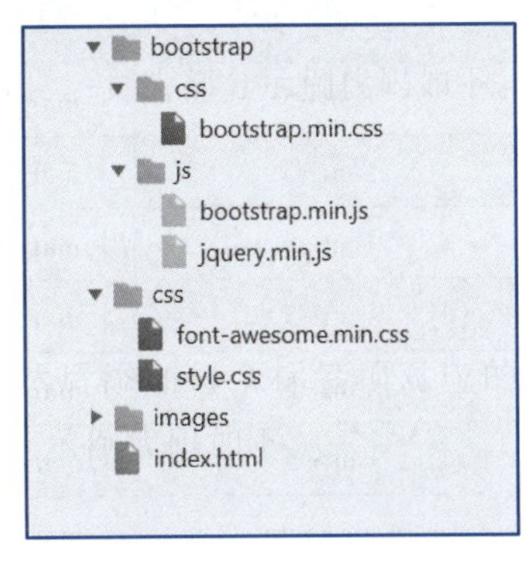

图 6-44 项目目录结构

2. 前期准备

1）设置元素间距

在制作网页时，可以通过元素样式中的 margin 或 padding 属性设置元素间距。

- margin 用于设置元素的外边距，它影响元素与其相邻外部元素之间的距离。
- padding 用于设置元素的内边距，它影响元素与其内部子元素之间的距离。

Bootstrap 4 中也提供了一组简写的 class 名，用来设置间距大小和某侧的边距值。

（1）设置内外边距值

Bootstrap 4 中使用 margin 的简写 . m-＊来设置外边距，使用 padding 的简写 . p-＊来设置内边距。＊允许的值见表 6-8。

表 6-8 设置内外边距值

类　名	描　述
. m-0（或 . p-0）	设置边距为 0
. m-1（或 . p-1）	设置 margin 或 padding 为 0. 25rem
. m-2（或 . p-2）	设置 margin 或 padding 为 0. 5rem
. m-3（或 . p-3）	设置 margin 或 padding 为 1rem
. m-4（或 . p-4）	设置 margin 或 padding 为 1. 5rem
. m-5（或 . p-5）	设置 margin 或 padding 为 3rem
. m-auto（或 . p-auto）	设置 margin 或 padding 为 auto

（2）设置某侧的边距值

Bootstrap 4 中提供了 t、b、l、r、x、y 来设置元素某一侧的间距，这些缩写分别代表上边距、下边距、左边距、右边距、x 轴的间距（左边距和右边距）、y 轴的间距（上边距和下边距），间距取值可以取 0～5 或 auto。

接下来以 margin 为例，使用其中的一个值，来对某一侧的外边距进行说明，具体见表 6-9。

表 6-9 设置某侧外边距值

类 名	描 述
. mt-5	{ margin-top: 3rem !important; }
. mt-5	{ margin-bottom: 3rem !important; }
. mt-5	{ margin-left: 3rem !important; }
. mt-5	{ margin-right: 3rem !important; }
. mt-5	{ margin-left: 3rem !important; margin-right: 3rem !important; }
. mt-5	{ margin-top: 3rem !important; margin-bottom: 3rem !important; }
. mr-auto	{ margin-right: auto !important; }

2）设置字体图标

Bootstrap 4 不提供默认的图标，而是把图标库独立出来。在这里选择使用第三方开源图标和字体库 Font Awesome，该图标和字体库提供了可缩放矢量图标，并且可以通过 CSS 代码来设置字体的大小、颜色、阴影等，具有良好的兼容性。

首先进入 Font Awesome 官网，单击图 6-45 中的“下载旧版 v4.7”按钮进行下载。

下载完成后，把 zip 文件解压至本地，解压之后的文件目录如图 6-46 所示。

图 6-45 下载页面

从图 6-46 文件目录中可以看出，该文件夹包含 css、fonts、less、scss 4 个文件目录，找到 css 文件目录下的 font-awesome. min. css，把该文件复制并粘贴到项目中的 css 文件目录下，同时需要把 fonts 文件目录复制并粘贴到项目根目录中，与 css 文件目录同级。

更新之后的项目文件目录如图 6-47 所示。

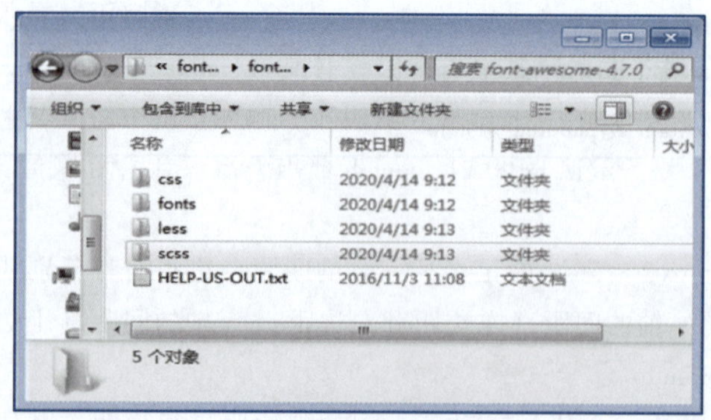

图 6-46 文件目录

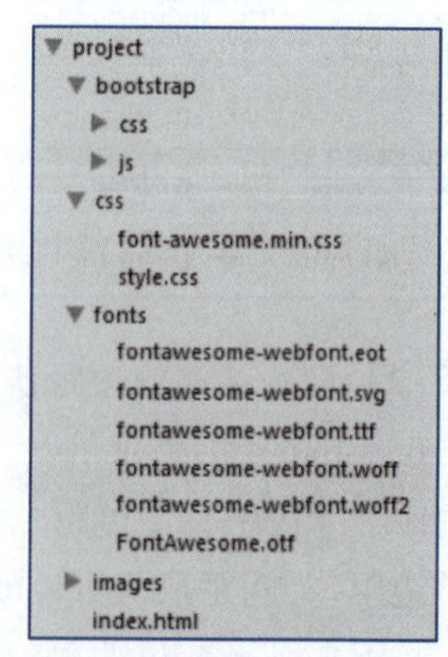

图 6-47 更新后的文件目录

3）页面初始化

进入 Bootstrap 官网，从文档页中提取出页面的初始模板，编写 index. html 初始化代码，示例代码如下。

```
<!DOCTYPE html>
<html>
<head>
    <meta charset="UTF-8">
    <meta name="viewport" content="width=device-width, initial-scale=1.0">
    <meta http-equiv="X-UA-Compatible" content="ie=edge">
    <!--[if lt IE 9]>
        <script src="https://oss.maxcdn.com/html5shiv/3.7.2/html5shiv.min.js"></script>
        <script src="https://oss.maxcdn.com/respond/1.4.2/respond.min.js"></script>
    <![endif]-->
    <!-- 引入 Bootstrap 样式文件 -->
    <link rel="stylesheet" href="bootstrap/css/bootstrap.min.css">
    <!-- 引入字体图标样式 -->
    <link rel="stylesheet" href="css/font-awesome.min.css">
    <!-- 引入首页样式文件 -->
    <link rel="stylesheet" href="css/style.css">
    <script src="bootstrap/js/jquery.min.js"></script>
    <script src="bootstrap/js/bootstrap.min.js"></script>
    <title>Document</title>
</head>
<body></body>
</html>
```

上述代码中，引入了项目所需要的 CSS、JavaScript 和字体图标文件，项目模板已经创建好，页面初始化工作已经完成。

4）页面结构

首页的结构由导航栏、轮播图、潮流穿搭技巧模块、穿搭风格展示模块、潮流穿搭新闻模块、合作伙伴和著作权声明模块组成，整体结构如图 6-48 所示。

图 6-48 中，分别展示了每个模块最外层容器的盒子，如 div. trend-skill 中的 div 表示<div>标签，trend-skill 表示<div>标签的 class 值，完整的写法是“<div class="trend-skill"></div>”。这是一种让代码结构更加简洁的表达方式。

图 6-48　首页模块结构

了解了首页的结构后，下面开始编写 index. html 页面关键代码。

创建并打开 C:\Bootstraps\chaptcr08\projcct\indcx. html 文件，为页面中的所有模块分别定义了对应的元素，以便于在后面的模块代码实现步骤中添加对应的代码。

在<body>中编写页面结构代码，示例代码如下。

```
<body>
<!-- 导航栏 -->
<nav class="navbar navbar-expand-md navbar-dark bg-dark fixed-top"></nav>
<!-- 轮播图 -->
<div id="carousel"  class="carousel slide carousel-fade w-100"  data-ride="carousel"></div>
<!-- 全网低价 专机特卖模块 -->
<div class="trend-skill  mb-4"></div>
<!-- 今日品牌模块 -->
<div class="trend-style bg-light"></div>
<!-- 品牌旗舰店模块 -->
<article></article>
<!-- 合作伙伴和著作权声明模块 -->
<footer class="bg-dark p-4 text-light text-center"></footer>
</body>
```

任务实施

1. 导航栏模板

(1) 效果展示

首页顶部导航栏使用<nav>标签来实现，导航栏模块在 PC 端的页面效果如图 6-49 所示。

图 6-49 导航栏 PC 端效果

在移动设备上会折叠导航栏，同时出现一个 按钮，页面效果如图 6-50 所示。单击图 6-50 中的 按钮，折叠菜单会展开，页面效果如图 6-51 所示。

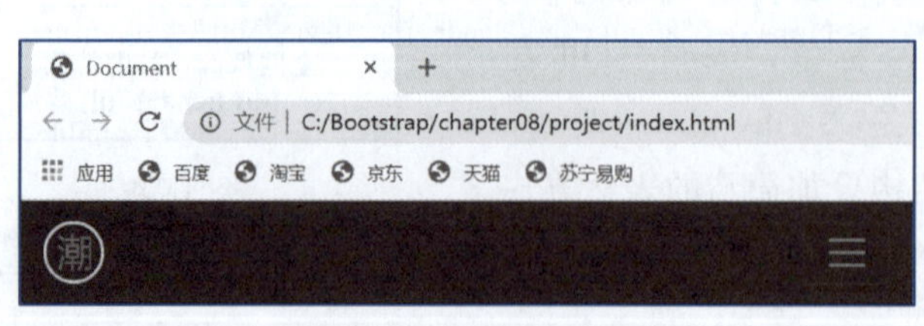

图 6-50 折叠导航菜单

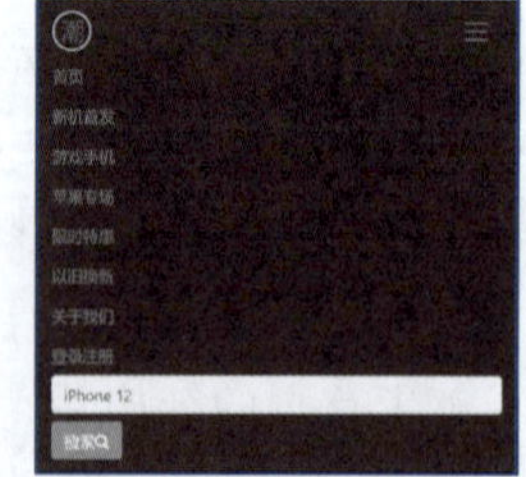

图 6-51 折叠菜单展开效果

(2) 结构分析

整个导航栏模块可以分为 3 部分，包括 Logo 区域、折叠按钮区域、导航列表和表单区域，该模块结构设计图如图 6-52 所示。

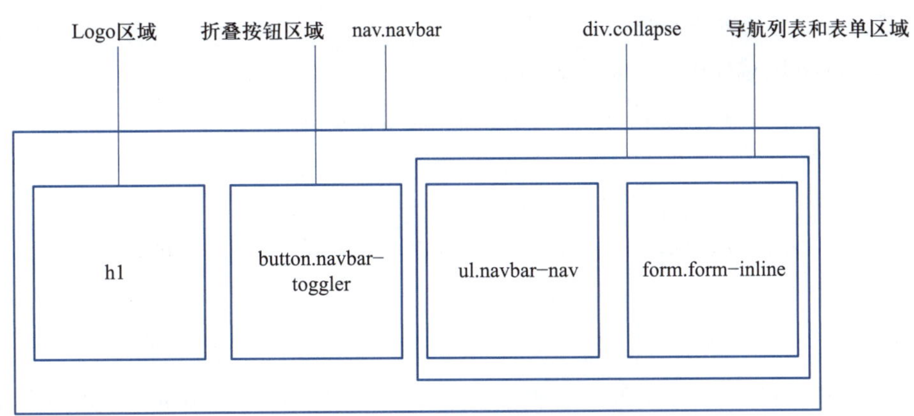

图 6-52　导航栏模块结构设计图

图 6-51 中的导航栏使用 Bootstrap 提供的<nav>响应式标签来实现，整个导航栏实现细节说明如下。

① Logo 区域：使用 h1 标签来包裹 a. navbar-brand 链接，链接里边包含 Logo 图标，作用是增强 Logo 的权重。

② 折叠按钮区域：使用 button. navbar-toggler 来包含 span. navbar-toggler-icon，实现效果。

③ 导航列表和表单区域：该区域包含 ul. navbar-nav 和 form. form-inline 内容。其中，ul. navbar-nav 用来实现菜单列表；form. form-inline 用来实现搜索输入框和搜索按钮效果。

（3）代码实现

了解了导航栏的页面结构之后，下面编写代码实现该部分效果。

在 C:\Bootstraps\chapter08\project\index. html 文件中，编写如下导航栏结构代码。

```
1  <nav class="navbar navbar-expand-md bg-dark navbar-dark fixed-top">
2      <!-- Logo 区域 -->
3      <h1></h1>
4      <!-- 折叠按钮区域 -->
5      <button><button>
6      <div class="collapse navbar-collapse" id="navbar">
7          <!-- 导航列表 -->
8          <ul></ul>
9          <!-- 搜索输入框和搜索按钮区域 -->
10         <form></form>
11     </div>
12 </nav>
```

上述代码中，第 1 行代码使用<nav>标签来实现响应式导航栏的布局。其中，. navbar 为导航栏的基础类名，并通过 . navbar-expand-md 实现导航栏在中等屏幕断点处的折叠效果，. bg-dark 结合 . navbar-dark 设置导航栏实现黑底白字效果，. fixed-top 实现导航栏固定在顶部效果。第 3 行代码定义企业 Logo 图片区域。第 5 行代码定义折叠按钮区域。第

6~11 行代码定义导航列表和搜索框区域。

① 编写 Logo 区域代码，示例代码如下。

```
1 <nav class="navbar navbar-expand-md bg-dark navbar-dark fixed-top">
2     <!-- Logo 区域 -->
3     <h1 class="title">
4         <a class="navbar-brand" href="#">
5             <img src="images/logo.png" alt="logo" width="40" height="40">
6         </a>
7     </h1>
8 </nav>
```

上述代码中，第 3~7 行代码用于实现企业 Logo 图片，navbar-brand 样式用来设置图片自适应导航栏效果。

② 编写折叠按钮区域代码，示例代码如下。

```
1 <nav class="navbar navbar-expand-md bg-dark navbar-dark fixed-top">
2     <!-- 折叠按钮 -->
3         <button class="navbar-toggler" type="button" data-toggle="collapse" data-target="#navbar">
4             <span class="navbar-toggler-icon"></span>
5         </button>
6 </nav>
```

上述代码中，第 3~5 行代码用于实现折叠菜单区域折叠按钮效果。需要注意的是，data-target 属性的值，需要与④中的 div.collapse 的 id 值相对应。

③ 编写导航列表代码，示例代码如下。

```
1  <nav class="navbar navbar-expand-md bg-dark navbar-dark fixed-top">
2      <div class="collapse navbar-collapse" id="navbar">
3          <!-- 导航列表 -->
4          <ul class="navbar-nav mr-auto">
5              <li class="nav-item"><a class="nav-link active" href="#">首页</a></li>
6              <li class="nav-item"><a class="nav-link" href="#">新机首发</a></li>
7              <li class="nav-item"><a class="nav-link" href="#">游戏手机</a></li>
8              <li class="nav-item"><a class="nav-link" href="#">苹果专场</a></li>
9              <li class="nav-item"><a class="nav-link" href="#">限时特惠</a></li>
10             <li class="nav-item"><a class="nav-link" href="#">以旧换新</a></li>
11             <li class="nav-item"><a class="nav-link" href="#">关于我们</a></li>
12             <li class="nav-item"><a class="nav-link" href="#">登录注册</a></li>
13         </ul>
14     </div>
15 </nav>
```

上述代码中，第 2 行代码中 navbar-collapse 用于对导航栏内容进行分组和隐藏；第 4~13 行代码用于实现导航菜单列表。

④ 编写搜索输入框和搜索按钮区域代码，示例代码如下。

```
1 <nav class="navbar navbar-expand-md bg-dark navbar-dark fixed-top">
2     <div class="collapse navbar-collapse" id="navbar">
```

```
3            <!-- 搜索输入框和搜索按钮区域 -->
4            <form action="###" class="form-inline ml-auto">
5                <input type="text" class="form-control mr-sm-2" placeholder="Search">
6                <button class="btn btn-outline-secondary my-2 my-sm-0" type="submit">搜索<i class="fa
   fa-search" aria-hidden="true"></i><tton>
7        </form >
8        </div>
9    </nav>
```

上述代码中，第 4~7 行代码用于实现搜索输入框和搜索按钮区域，其中，第 4 行代码使用 form-inline 来创建内联表单，第 6 行代码使用 Font Awesome 字体图标来实现搜索按钮效果。

2. 专机特卖模板

(1) 效果展示

全网低价专机特卖模块在桌面端每行显示 2 块内容，页面效果如图 6-53 所示。

在移动设备上内容将会呈竖排显示，页面效果如图 6-54 所示。

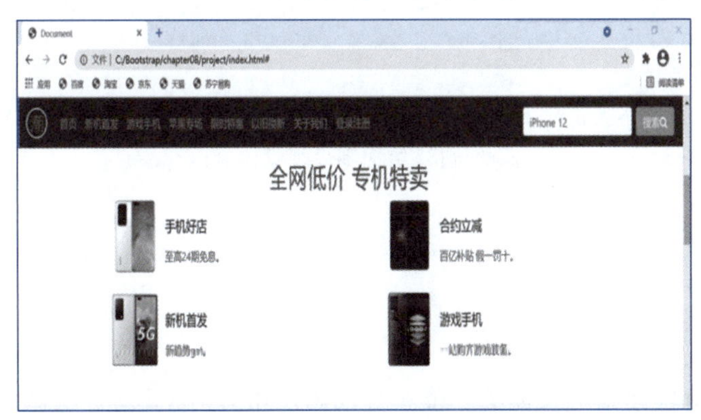

图 6-53　全网低价专机特卖桌面端效果

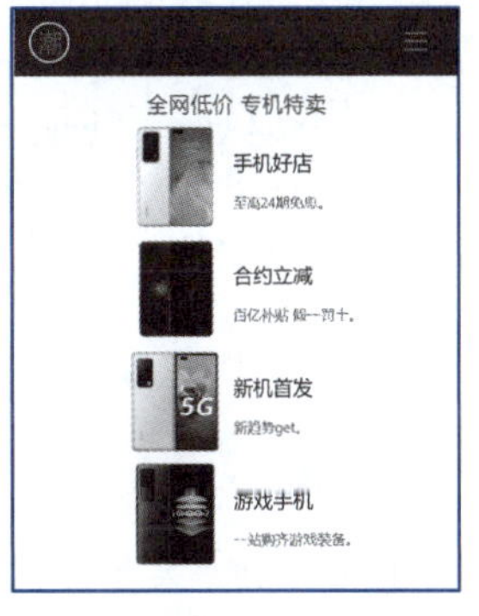

图 6-54　全网低价专机特卖移动设备显示效果

(2) 结构分析

整个全网低价专机特卖模块可以分为两部分，包括标题区域和信息区域，该模块结构设计图如图 6-55 所示。

图 6-55 中，全网低价专机特卖模块包含在 div. container 布局容器中，全网低价专机特卖模块实现细节如下。

标题区域：使用<h2>和<p>标签存放模块标题和说明文字。

信息区域：在布局容器中使用 div. row。通过栅格系统进行布局，将整个信息区域划分为两个部分，每个 div. col-lg-6 中存放 div. media 媒体对象容器，该容器包含 img 和 div. media-body。

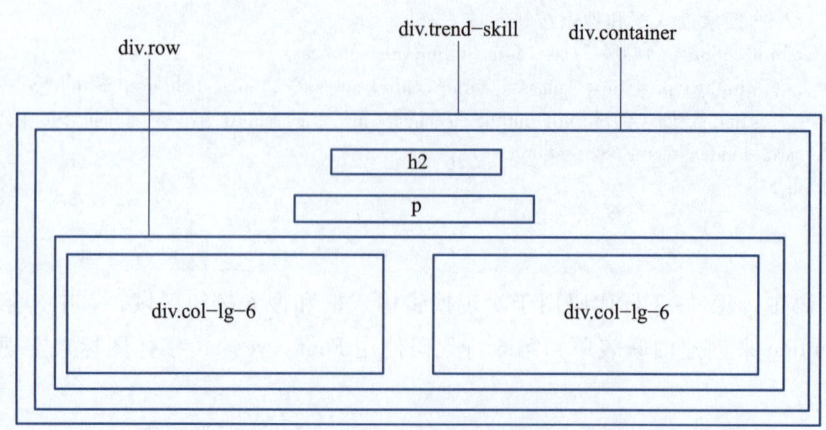

图 6-55 全网低价专机特卖模块结构设计图

（3）代码实现

设计全网低价专机特卖模板的页面结构后，可以编写代码实现该部分效果。在 index. html 文件中，编写全网低价专机特卖模块结构代码，示例如下。

```
1 <div class="trend-skill mb-4">
2     <div class="container">
3         <h2 class="index-h2">全网低价专机特卖</h2>
4         <p class="index-h2-p mb-5 mt-3">用最低的价格 给您零界视觉体验!</p>
5         <div class="row">
6             <!-- 信息区域 -->
7         </div>
8     </div>
9 </div>
```

上述代码中，第 3 行代码使<h2>标签定义标题。第 4 行代码使用<p>标签对标题做进一步的文字描述。第 5~7 行代码使用栅格布局来划分信息区域的内容。

编写信息区域代码，示例代码如下。

```
<div class="row" style="margin-left: 80px;">
    <div class="skill col-lg-6 col-md-6 mb-4">
        <div class="media" >
            <img src="images/tab-1. png" alt="tab-1" style="width: 100px;height: 100px;">
            <div class="media-body ml-2">
                <h5 class="mb-3 text-truncate">手机好店</h5>
                            <p class="text-muted mb-2 text-justify">
                              至高 24 期免息。</p>
            </div>
        </div>
    </div>
    <!-- ...此处省略多个 div. col-lg-6 -->
</div>
```

上述代码中，第 3~9 行代码使用 div. media 定义了一组媒体对象，该对象包含图片和主体内容。其中，使用<img>标签定义图片信息，使用 div. media-body 定义媒体对象中的主体内容。

3. 轮播图模板

（1）效果展示

轮播图使用 Bootstrap 提供的轮播插件来实现，轮播图模块在 PC 端的页面效果如图 6-56 所示。

在移动设备上，图片的缩放比例会改变，页面效果如图 6-57 所示。

图 6-56　轮播图 PC 端页面效果

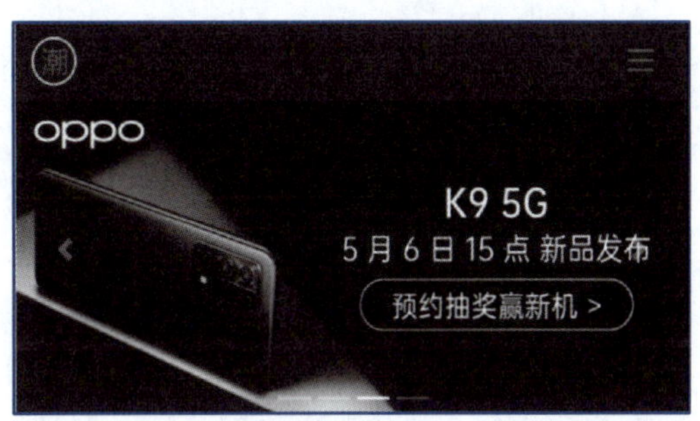

图 6-57　轮播图移动设备页面效果

（2）结构分析

整个轮播图模块可以分 3 部分，包括轮播图片展示区域、指示符区域和左右切换按钮区域，该模块结构设计图如图 6-58 所示。

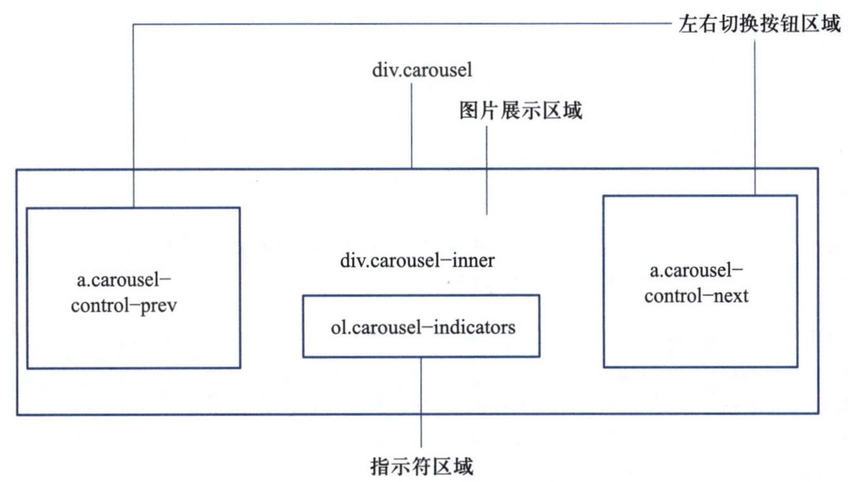

图 6-58　轮播图模块结构设计图

图 6-58 中，整个轮播图包含在 div. carousel 容器中，轮播图各模块实现说明如下。

图片展示区域：使用 div. carousel-inner 存放轮播图片。

指示符区域：使用 ol.carousel-indicators 存放轮播图计数器，用于控制轮播图播放序列。

左右切换按钮区域：使用 a.carousel-control-prev 和 a.carousel-control-next 来手动控制图片的左右切换。

（3）代码实现

了解了轮播图的页面结构之后，下面编写代码实现该部分效果。

① 在 C:\Bootstraps\chapter08\project\index.html 文件中，编写轮播图结构代码，示例代码如下。

```
1  <div id="carousel" class="carousel slide carousel-fade w-100 mt-5" data-ride="carousel">
2  <!-- 指示符 -->
3      <ol class="carousel-indicators"></ol>
4      <div class="carousel-inner">
5          <!-- 轮播图片 -->
6          <!-- 左右切换按钮 -->
7      </div>
8  </div>
```

上述代码中，第1行代码定义了轮播图标签的 id 值为 carousel。第3行代码定义指示器区域。第4~7行代码定义图片展示区域和左右切换按钮区域。

② 编写图片展示区域代码，示例代码如下。

```
1  <div class="carousel-inner pt-3">
2      <!-- 轮播图片 -->
3      <div class="carousel-item active">
4          <img src="images/1.jpg" class="mx-auto d-block w-100">
5      </div>
6      <div class="carousel-item">
7          <img src="images/2.jpg" class="w-100">
8      </div>
9      <!--  此处省略多个 div.carousel-item -->
10 </div>
```

上述代码中，第1行代码使用 div.carousel-inner 来存放轮播图内容。

③ 编写轮播图指示符代码，示例代码如下。

```
1  <!-- 指示符 -->
2  <ol class="carousel-indicators">
3      <li data-target="#carousel" data-slide-to="0" class="active"></li>
4      <li data-target="#carousel" data-slide-to="1"></li>
5      <li data-target="#carousel" data-slide-to="2"></li>
6      <li data-target="#carousel" data-slide-to="3"></li>
7  </ol>
```

上述代码中，第3~6行代码使用 data-target 的值必须与轮播图的 id 值对应，即 carousel。

④ 编写左右切换按钮代码，示例代码如下。

```
1 <div class="carousel-inner">
2     <!-- 左右切换按钮 -->
3     <a class="carousel-control-prev" href="#carousel" data-slide="prev">
4         <span class="carousel-control-prev-icon"></span>
5     </a>
6     <a class="carousel-control-next" href="#carousel" data-slide="next">
7         <span class="carousel-control-next-icon"></span>
8     </a>
9 </div>
```

上述代码中，第 3 行和第 6 行代码中<a>标签的 href 属性值必须与轮播图的 id 值对应。

4. 今日品牌模板

(1) 效果展示

今日品牌模块在 PC 端每行显示 3 块内容，页面效果如图 6-59 所示。

在移动设备上内容将会呈竖排显示，页面效果如图 6-60 所示。

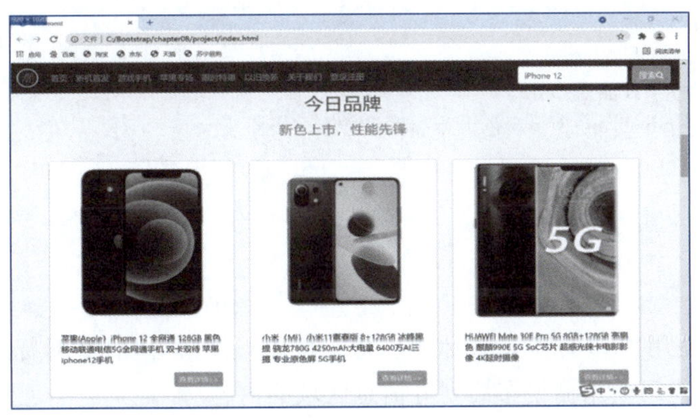

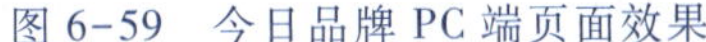

图 6-59 今日品牌 PC 端页面效果

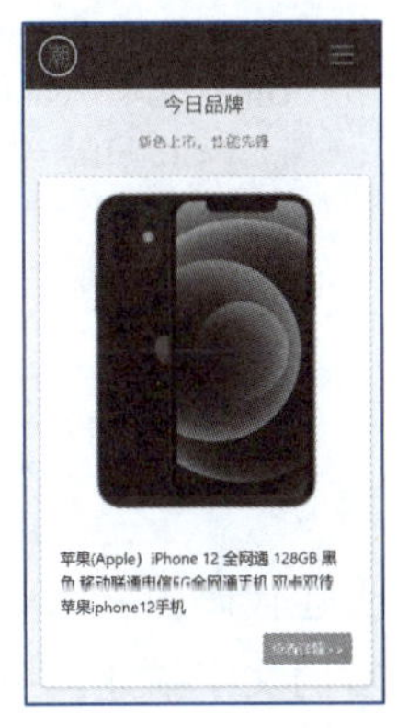

图 6-60 今日品牌移动设备显示效果

(2) 结构分析

整个今日品牌模块可以分为两部分，包括标题区域和信息区域，该模块结构设计如图 6-61 所示。

图 6-61 中，整个今日品牌模块包含在 div.container 布局容器中。潮流穿搭风格模块实现说明如下。

标题区域：使用<h2>和<p>标签存放模块标题和说明文字。

信息区域：在布局容器中，使用 div.row 通过栅格系统进行布局，将整个信息区域划分为 3 个部分，分别在每个 div.col-md-4 中存放 div.card 卡片标签，该标签包含<img>图片内容和 div.card-body 内容。

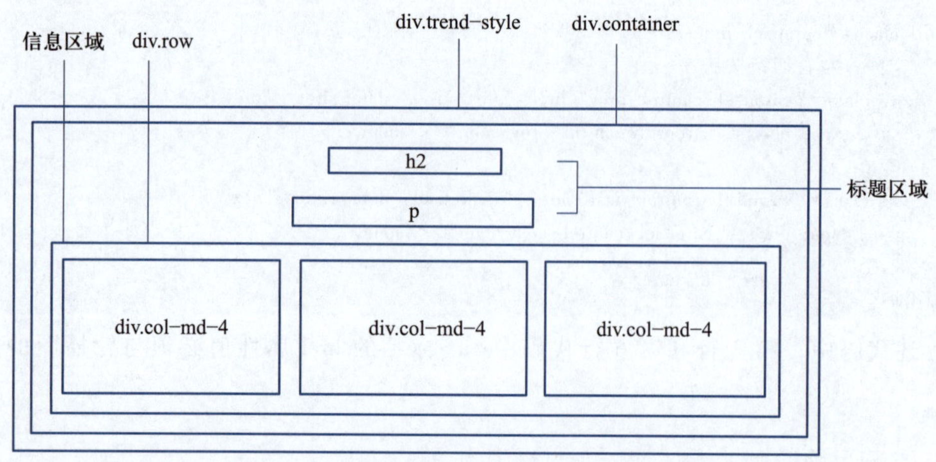

图 6-61 品牌旗舰店模块结构设计图

（3）代码实现

了解了今日品牌模板的页面结构之后，下面编写代码实现该部分效果。

在 index. html 文件中，编写今日品牌模块结构代码，示例代码如下。

```
1  <div class="trend-style bg-light">
2      <div class="container py-2">
3          <h2 class="index-h2">今日品牌</h2>
4          <p class="index-h2-p mb-5 mt-3">新色上市,性能先锋</p>
5          <div class="row">
6              <!-- 信息区域 -->
7          </div>
8      </div>
9  </div>
```

上述代码中，第 3 行代码使用<h2>标签定义标题。第 4 行代码使用<p>标签对标题做进一步的文字描述。第 5~7 行代码使用栅格布局划分信息区域的内容。

编写信息区域代码，示例代码如下。

```
<div class="row">
    <div class="col-md-4">
        <div class="card mb-4 shadow-sm">
            <img src="images/chao-1. png" alt="" class="w-100">
            <div class="card-body">苹果(Apple)iPhone 12 全网通 128GB 黑色 移动联通电信 5G 全网通手机 双卡双待 苹果 iPhone 12 手机</div>
            <div class="d-flex justify-content-end">
                <button type="button" class="btn btn-sm btn-outline-secondary">查看详情>><button>
                </div>
            </div>
        </div>
    </div>
    <!-- …此处省略多个 div. col-md-4 -->
</div>
```

上述代码中，第 3~10 行代码使用 div. card 定义了一组卡片内容，该内容包含图片和主体内容。其中，代码使用<img>标签定义图片信息，使用 div. card-body 定义卡片中的主体内容。

5. 品牌旗舰店模板

（1）效果展示

品牌旗舰店模块在 PC 端每行显示一块内容，页面效果如图 6-62 所示。

在移动设备上将会隐藏一部分内容，页面效果如图 6-63 所示。

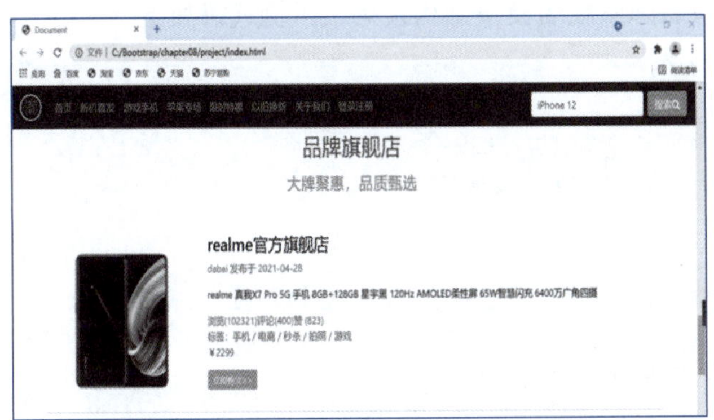

图 6-62　品牌旗舰店 PC 端页面效果

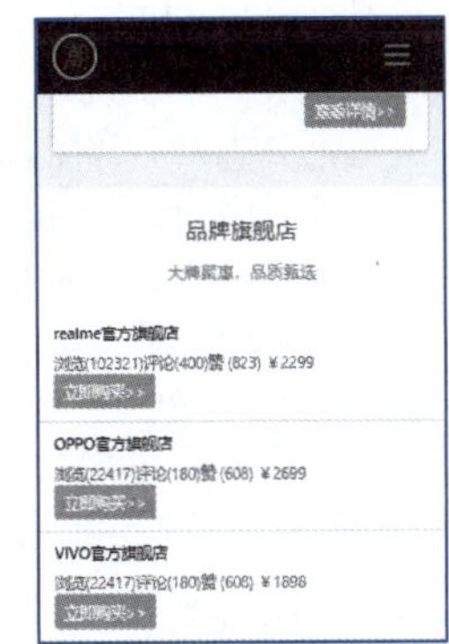

图 6-63　品牌旗舰店移动设备显示效果

（2）结构分析

品牌旗舰店模块可以分为两部分，包括标题区域和新闻内容展示区域，该模块结构设计如图 6-64 所示。

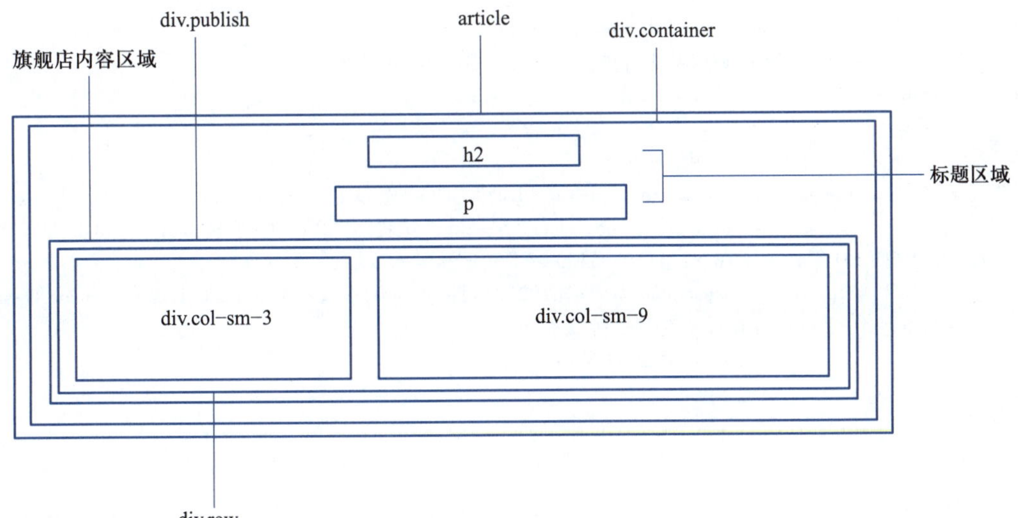

图 6-64　品牌旗舰店模块结构设计图

图 6-64 中整个品牌旗舰店模块包含在 div. container 布局容器中。品牌旗舰店模块实现说明如下。

标题区域：使用<h2>和<p>标签存放模块标题和说明文字。

旗舰店内容展示区域：使用 div. publish 包裹整个内容区域。在 div. publish 容器中使用 div. row，通过栅格系统进行布局，将整个旗舰店内容展示区域划分为两个部分，在左侧 div. col-sm-3 中存放图片的信息，在右侧 div. col-sm-9 中存放旗舰店的内容。

（3）代码实现

了解了品牌旗舰店模板的页面结构之后，下面编写代码实现该部分效果。

① 在 index. html 文件中，编写品牌旗舰店模块结构代码，示例代码如下。

```
1  <article>
2      <div class="container">
3          <h2 class="index-h2 mt-4">品牌旗舰店</h2>
4          <p class="index-h2-p mb-5 mt-3">大牌聚惠,品质甄选</p>
5          <div class="publish">
6              <div class="row">
7                  <!----旗舰店内容展示区域----->
8              </div>
9              <!-- ...此处省略多个 div.row -->
10         </div>
11     </div>
12 </article>
```

上述代码中，第 3 行代码使<h2>标签定义标题。第 4 行代码使用<p>标签对标题做进一步的文字描述。第 6~8 行代码使用 div. row 栅格布局划分旗舰店内容展示区域。

② 编写旗舰店内容展示区域代码，示例代码如下。

```
1  <div class="row">
2      <div class="col-sm-3 mt-2 d-none d-sm-block">
3          <img src="images/new-1.jpg" alt="" class="w-100">
4      </div>
5      <div class="col-sm-9">
6          <h3>realme 官方旗舰店</h3>
7          <p class="text-muted d-none d-sm-block">dabai 发布于 2021-04-28</p>
8              <p class="d-none d-sm-block">realme 真我 X7 Pro 5G 手机 8GB+128GB 星宇黑 120Hz AMOLED 柔性屏 65W 智慧闪充 6400 万广角四摄  </p>
9              <p class="text-muted">浏览(102321)评论(400)赞 (823) <span class="d-none d-sm-block">标签:手机/电商/秒杀/拍照/游戏</span>
10                 <a href="#">¥2299</a>
11         </p>
12     </div>
13 </div>
```

上述代码中，第 2~4 行代码使用 div. col-sm-3 定义图片。第 5~12 行代码使用 div. col-sm-9 定义新闻的内容。可以使用 . d-none 结合 . d-sm-block 类来隐藏所有屏幕尺寸的元素，小型设备除外。

6. 合作伙伴和著作权声明模块

（1）效果展示

合作伙伴和著作权声明模块在 PC 端页面中的效果如图 6-65 所示。

打开浏览器的开发者工具，测试页面在移动设备模拟环境下的页面效果如图 6-66 所示。

图 6-65　合作伙伴和著作权声明 PC 端页面效果

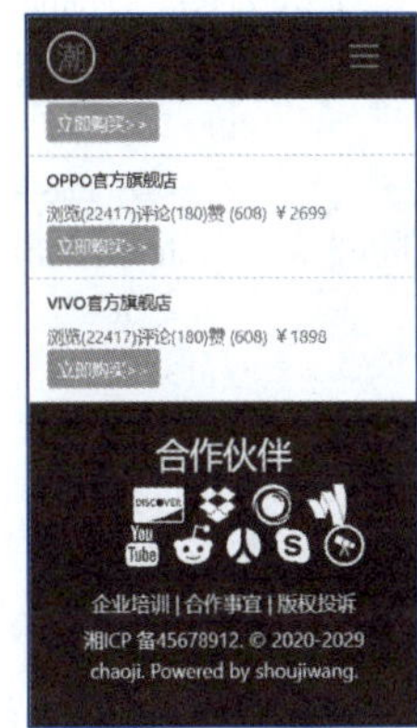

图 6-66　合作伙伴和著作权声明移动设备显示效果

（2）结构分析

整个合作伙伴和著作权声明模块可以分为两部分，合作伙伴图标展示的内容和著作权声明的内容。该模块设计图如图 6-67 所示。

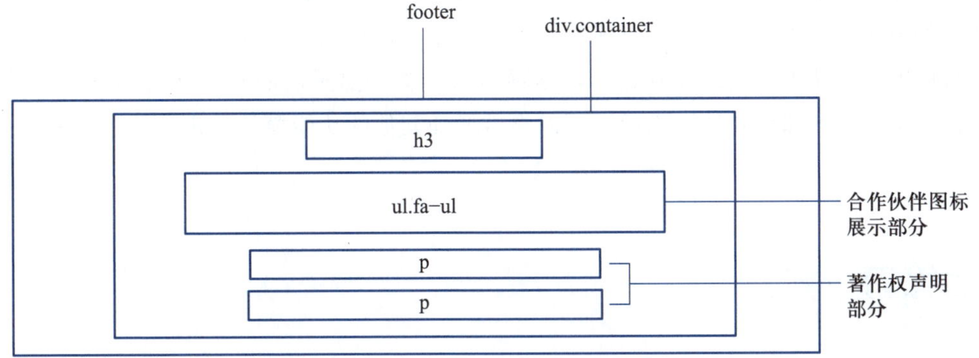

图 6-67　合作伙伴和著作权声明模块结构设计图

图 6-67 中，整个合作伙伴和著作权声明模块包含在 div. container 布局容器中。其中，合作伙伴部分包含<h3>标题和<ul. fa-ul>企业 Logo 内容；著作权声明部分包含<p>段落内容，具体实现说明如下。

合作伙伴图标展示部分：使用<h3>和<ul>标签分别存放模块标题和企业 Logo 图标。

著作权声明部分：使用<p>标签来声明版权所有权，包括版权、备案号等。

（3）代码实现

了解了合作伙伴和著作权声明模板的页面结构之后，下面编写代码实现该部分效果。

在 C:\Bootstraps\chapter08\project\index. html 文件中，编写合作伙伴和著作权声明模块代码，示例代码如下。

```
1  <footer class="bg-dark p-4 text-light text-center">
2      <div class="container">
3          <h3>合作伙伴</h3>
4          <ul class="fa-ul">
5              <li class="list-inline-item"><a href="#"><i class="fa fa-cc-discover fa-2x text-white" aria-hidden="true"></i></a></li>
6              <!-- ...此处省略多个 li -->
7          </ul>
8          <p class="m-1">企业培训 | 合作事宜 | 版权投诉</p>
9          <p>湘 ICP 备 45678912. © 2020-2029 chaoji. Powered by shoujiwang. </p>
10 </div>
11 </footer>
```

上述代码中，第 3 行代码定义合作伙伴标题。第 4~7 行代码使用<i>标签定义企业 Logo 字体图标，在这里使用的是 Front Awesome 图标。第 8~9 行代码定义著作权声明的内容。

项目小结

本项目中通过手机商城网站首页的响应式页面制作，对 Bootstrap 中常用的样式、标签和插件等内容进行了综合性实操与练习，重点运用了栅格系统、媒体对象、轮播图、导航栏和布局容器等技术。建议读者在学习本项目时，首先熟悉前面几个项目的知识和技能。在掌握了本项目的知识和技能之后，可以尝试增加其他的功能模块，进一步完善本项目的功能。

课后练习

一、选择题

1. 如何让轮播图在页面切换时有动画？（　　）

A. 添加 . in 类　　B. 添加 . fade 类

C. 添加 . active 类　　D. 添加 . slide 类

2. 下列选项中，Bootstrap 中的 . navbar 类用于制作 Bootstrap 的（　　）。

A. 列表　　B. 按钮组　　C. 导航栏　　D. 轮播图

3. 下列选项中，属于 Bootstrap 栅格系统的实现原理的是（　　）。

A. 自定义容器的大小，平均分为 12 份

B. 基于 JavaScript 开发的标签

C. 调整内外边距

D. 结合媒体查询

4. 下列选项中，属于辅助类的是（　　）。

A. . text-muted　　B. . text-primary　　C. . text-info　　D. . text-danger

二、编程题

编写代码实现完整的响应式基础导航栏，如图 6-68 所示。

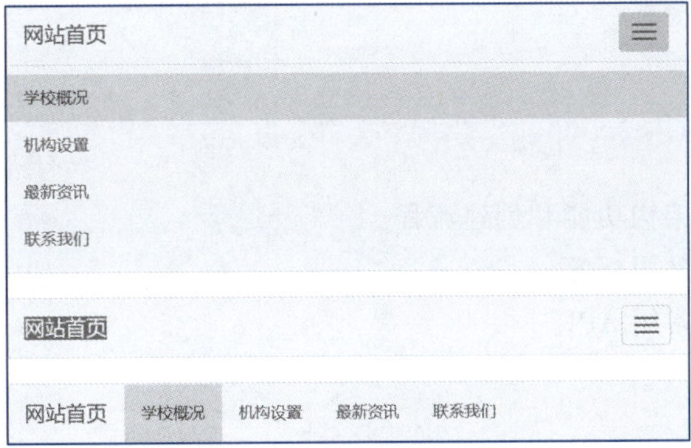

图 6-68　项目编程题效果

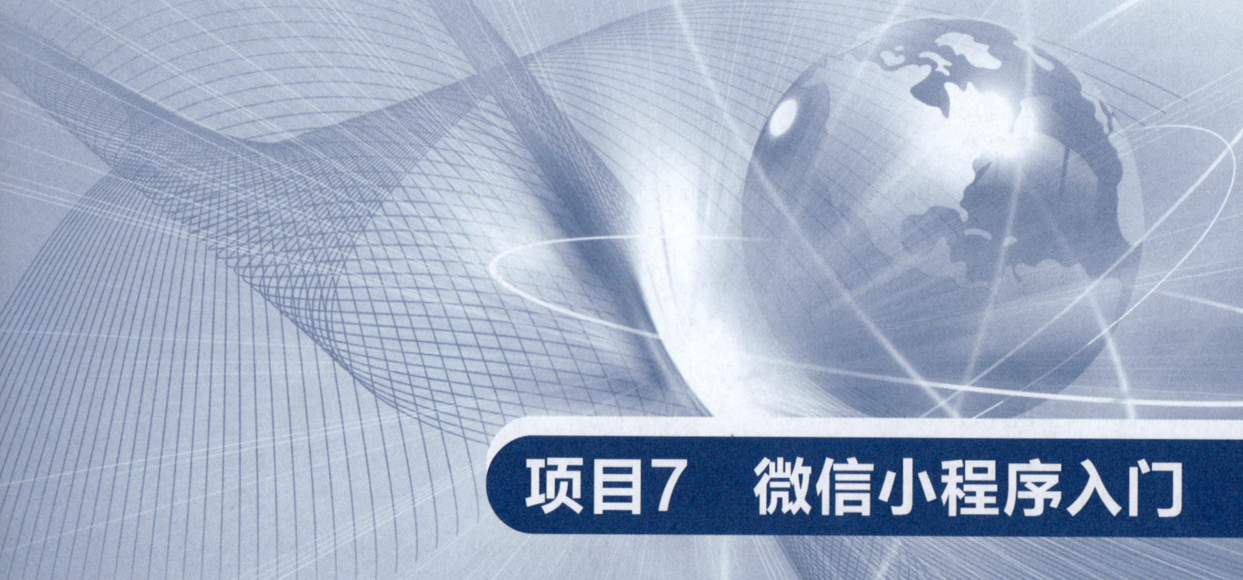

项目7　微信小程序入门

学习目标

知识目标

1. 掌握小程序的架构功能和创建流程。
2. 掌握小程序的常用标签。
3. 掌握小程序的常用 API。

技能目标

1. 了解小程序的概念，掌握开发工具的下载与安装方法。
2. 掌握小程序基础标签与操作。
3. 掌握小程序常用 API。

素养目标

1. 具有独立学习、获取新知识和新技能的技能。
2. 具有发现问题、分析问题和解决问题的能力。
3. 具有良好的动手能力以及实操能力。

任务 7-1　初识微信小程序

任务背景

随着移动互联网的快速发展，微信小程序作为一种新型的应用程序形态，正在改变着人们的生活方式。小程序无须下载安装，可以直接在微信中使用，具有方便快捷、即用即走的优点。为了更好地了解微信小程序的开发与设计，本任务旨在帮助读者初步认识微信小程序，了解其基本概念、开发流程和设计规范。通过完成本任务，将能够更好地应对微信小程序开发与设计工作。

知识储备

1. 什么是微信小程序

微信小程序，英文名 Wechat Mini Program，基于微信运行，类似于 App，不过无须下载安装，即用即走，不占后台内存。其使用也更接近原生 App，开发上要比 App 简单很多，且成本较低，例如美团、顺丰速运小程序，虽然没有安装 App，但通过微信依然可以正常使用骑车、寄送快递等服务。

小程序的用途很多，例如在微信小程序里会有一个“附近的小程序”功能，可以显示出用户周边 5km 的小程序。此外，小程序依托于微信这个大流量平台，可以说微信是当下移动互联网的流量聚集地，商家能通过微信社群、朋友圈、公众号等方式很方便地从微信中为自己的小程序引流。小程序还有丰富的营销功能，以电商版为例，常见的有拼团、优惠券、会员系统、分销系统等。商家可以推出各种各样的促销活动，从而吸引用户消费。

2. 目录结构

在小程序中默认创建的 Hello World 小程序的目录结构见表 7-1。

表 7-1 目录结构说明

路 径	必须	说 明
app. js	是	小程序的逻辑文件
app. json	是	小程序公共配置文件
app. wxss	否	小程序公共样式表
project. config. json	是	小程序工具配置文件
pages/	否	存放页面文件的目录
pages/index/	否	存放 index 页面的目录
pages/index/index. js	是	index 页面的逻辑文件
pages/index/index. json	否	index 页面的配置文件
pages/index/index. wxml	是	index 页面的结构文件
pages/index/index. wxss	否	index 页面的样式文件
pages/logs/	否	存放 logs 页面的目录
pages/ logs / logs. js	是	logs 页面的逻辑文件

续表

路径	必须	说明
pages/ logs / logs. json	否	logs 页面的配置文件
pages/ logs / logs. wxml	是	logs 页面的结构文件
pages/ logs / logs. wxss	否	logs 页面的样式文件
utils/	否	存放公共脚本文件的目录
utils/ utils. js	否	公共脚本文件

启动过程中页面之间的关系，如图 7-1 所示。

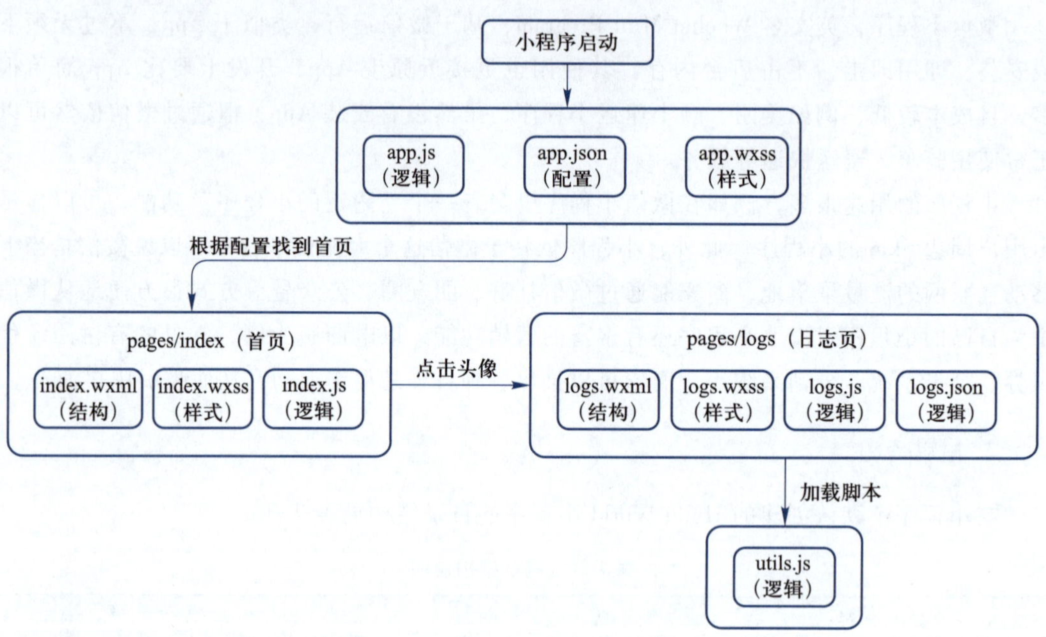

图 7-1 小程序启动过程中的页面关系

在图 7-1 中，可以看出生成的小程序一共有两个页面，分别是 pages/index 和 pages/logs。其中 pages/index 是首页，也就是模拟器中看到的页面，在该页面中单击登录用户的头像，即可进入登录日志页 pages/logs，查看用户登录的历史记录。在微信小程序中，每个页面由 4 个文件组成，即 JS、WXML、JSON 和 WXSS 格式的文件，其中 WXML 和 WXSS 类似于网页开发中 HTML 和 CSS 文件。

3. 项目配置文件

project. config. json 是每个小程序创建时会自动生成的一个项目配置文件，该文件直接位于项目的根目录下，其内部代码都是用于定义小程序工具所需要的一些信息，包括 AppID、项目名称等，如图 7-2 所示。

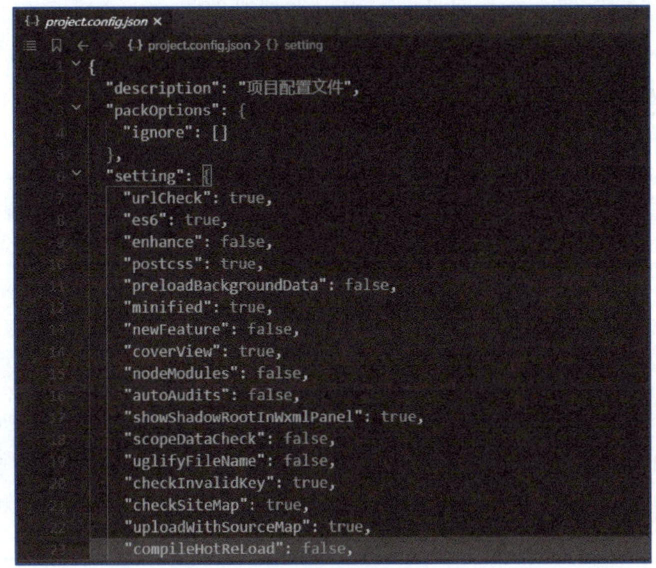

(a) 项目配置文件的位置　　(b) 文件中的代码

图 7-2　project. config. json 文件的位置及代码

4. 应用程序文件

应用程序文件同样位于项目根目录下，如图 7-3 所示。应用程序文件的名称都是 app，根据文件扩展名不同可分为以下 3 种类型。

- app. json：配置文件，用于做小程序的公共配置。
- app. js：逻辑文件，用于实现小程序的整体逻辑。
- app. wxss：样式文件，小程序的公共样式表。

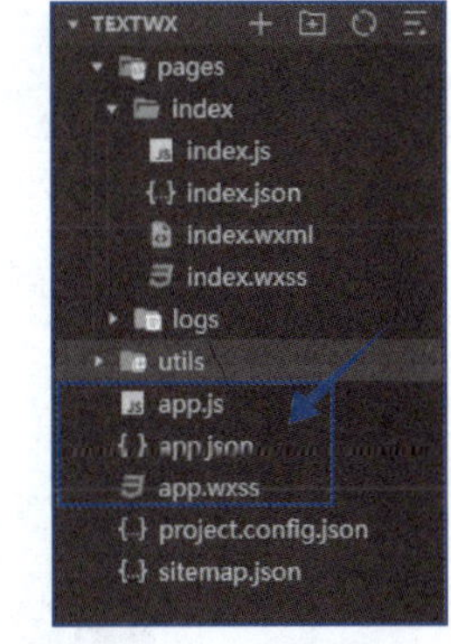

图 7-3　应用程序文件

（1） app. json

应用级配置文件的常用配置见表 7-2。

表 7-2　app. json 常用配置

属　性	说　明
pages	页面路径列表
window	全局的默认窗口表现
tabBar	底部 Tab 栏的表现
networkTimeout	网络超时时间
debug	是否开启 Debug 模式，默认关闭

pages 属性是一个数组形式，数组的每一项都是以字符型形式表示的页面路径地址。其中数组中的第 1 个元素是小程序的初始页面，开发者可以根据需求手动调整数组中元素

的顺序，以便查看不同页面的模拟器预览效果。

window 属性的值是一个对象，其包括了小程序页面顶端导航栏的背景颜色、标题文本内容及颜色等属性，具体可以包含的对象属性见表 7-3。

表 7-3 window 属性值

属 性	类型	默认值	说 明
navigationBarBackgroundColor	HexColor	#000000	导航栏背景颜色
navigationBarTextStyle	string	white	导航栏标题颜色，仅支持 black/white
navigationBarTitleText	string		导航栏标题文字内容
backgroundColor	HexColor	#ffffff	窗口的背景色
backgroundTextStyle	string	dark	下拉 loading 的样式，仅支持 dark/light
enablePullDownRefresh	boolean	false	是否开启全局的下拉刷新
onReachBottomDistance	number	50	页面上拉触底事件触发时距页面底部距离，单位为 px

（2） app. js

app. js 文件是小程序的全局逻辑文件，代码如图 7-4 所示。

```
// app.js
App({
  onLaunch() {
    // 展示本地存储能力
    const logs = wx.getStorageSync('logs') || []
    logs.unshift(Date.now())
    wx.setStorageSync('logs', logs)

    // 登录
    wx.login({
      success: res => {
        // 发送 res.code 到后台换取 openId, sessionKey, unionId
      }
    })
  },
  globalData: {
    userInfo: null
  }
})
```

(a) 默认app.js文件中的代码

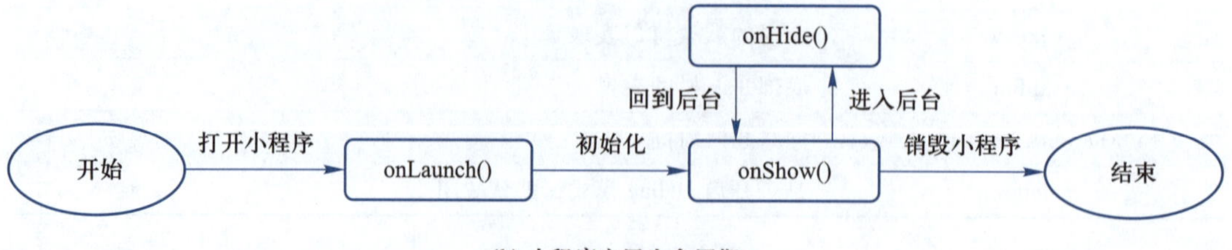

(b) 小程序应用生命周期

图 7-4 app. js 文件

观察图 7-4（a）中代码，可见所有代码都写在 App() 函数内部，彼此用逗号隔开。小程序的启动、显示、隐藏、分享时执行某些操作，都可以通过 App() 函数实现。

注意：
App()函数必须在 app.js 中调用，且只能调用一次。

App() 函数用于注册小程序，它接收一个对象参数，通过参数指定小程序的生命周期回调等。小程序的应用生命周期如图 7-4（b）所示。小程序在被打开时会首先触发 onLaunch() 进行程序启动，完成后调用 onShow() 准备展示页面。如果被切换到后台会调用 onHide()，直到下次程序在销毁前重新被唤起调用 onShow()。

（3）app.wxss

app.wxss 文件是小程序的全局样式文件。小程序可以编写多个页面，多个页面之间经常会有一些相同的样式，那么此时就可以将相同的样式写到全局样式文件中。当全局样式文件和页面样式文件发生样式冲突的时候，页面样式的优先级会更高，会覆盖全局样式。

5. 页面文件

小程序的根目录下有一个 pages 文件夹用于保存所有页面文件，每个页面都有二级目录，如图 7-5 所示。

由图 7-5 可见，每个页面都由 4 种文件构成，即 WXML、WXSS、JS 和 JSON，对每个文件的具体说明如下。

- WXML 文件：用于描述页面的结构，包括标签、事件等内容，也是用户最终看到的页面效果。
- WXSS 文件：用于描述页面的样式，在此文件内规定的样式会覆盖 app.wxss 全局样式表中有冲突的设置。
- JS 文件：用于设置页面的逻辑代码。
- JSON 文件：用于设置页面窗口样式，不会影响其他页面。JSON 文件中窗口样式设置与 app.json 文件的属性类似。

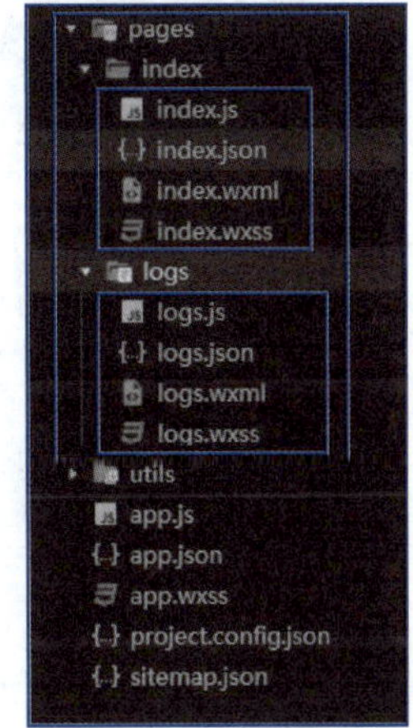

图 7-5 pages 文件夹

6. WXSS 语言

WXSS（WeiXin Style Sheets）是一套样式语言，用于描述 WXML 的标签样式。WXSS 用来决定 WXML 的标签显示的方式。为了适应前端开发者的开发习惯，WXSS 具有 CSS 大部分特性。官方文档中，WXSS 的选择器目前支持 .class、#id、element、::after、::before。

同时为了适合开发微信小程序，WXSS 对 CSS 进行了扩充以及修改。与 CSS 相比，WXSS 扩展的特性有尺寸单位和样式导入。

（1）尺寸单位

WXSS 新增了针对移动端屏幕的尺寸单位——rpx（responsive pixel）。其可以根据屏幕宽度进行自适应。规定屏幕宽为 750rpx，如在 iPhone 6 上，屏幕宽度为 375px，共有 750 个物理像素，则 750rpx = 375px = 750 物理像素，1rpx = 0. 5px = 1 物理像素。rpx 尺寸换算见表 7-4。

表 7-4 rpx 尺寸换算

设　　备	rpx 换算 px（屏幕宽度/750）	px 换算 rpx（750/屏幕宽度）
iPhone5	1rpx = 0. 42px	1px = 2. 34rpx
iPhone6	1rpx = 0. 5px	1px = 2rpx
iPhone6 Plus	1rpx = 0. 552px	1px = 1. 81rpx

（2）样式导入

可以使用@ import 语句来导入外联样式表。@ import 后面填写需要导入的外联样式表的相对路径，并用“;”结束语句。示例代码如下：

```
/* common. wxss */
. btn{letter-spacing: 10px;}
/* app. wxss */
@ import "common. wxss";
. btn{ word-spacing: 10px;}
```

7. JS 文件

JS 文件主要实现逻辑代码，可以做数据绑定、实现事件函数和生命周期函数。在小程序应用生命周期调用 onShow( ) 后，就开始触发小程序页面生命周期了。小程序的页面生命周期如图 7-6 所示。

图 7-6 页面生命周期

任务实施

1. 注册微信公众号

注册微信公众号的步骤如下。

① 使用浏览器打开微信公众平台网站，单击“立即注册”链接，如图 7-7 所示。

图 7-7　微信公众平台网站

② 根据页面中的提示，选择注册类型如图 7-8 所示。

在图 7-8 中单击“小程序”，就可以开始进行账号注册了。在填写注册邮箱的时候，填写未注册过公众平台、开放平台、企业号、未绑定个人号的邮箱。登录邮箱，查收激活邮件，单击激活链接。激活后，继续下一步的注册流程。选择“主体类型选择”，完善主体信息和管理员信息。在完成注册后，登录账号，会进入小程序管理后台，如图 7-9 所示。

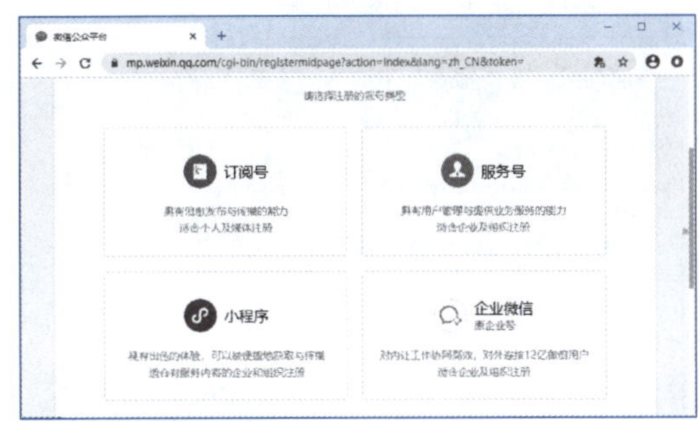

图 7-8　选择账号类型

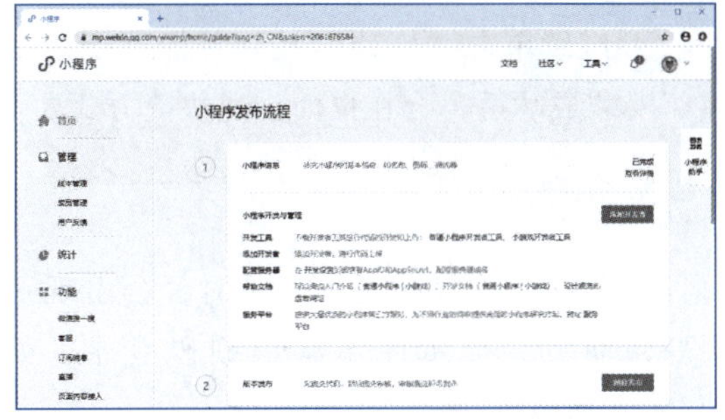

图 7-9　小程序发布流程页面

③ 小程序的发布流程共两个步骤。第 1 步需要完整填写小程序的基本信息，下载小程序工具，进行小程序的开发。在开发完成后，第 2 步提交代码，等待审核，通过后即可将小程序发布。

2. 安装微信开发者工具

在微信公众平台网站中找到微信开发者工具，根据操作系统环境选择合适的版本下载即可，如图 7-10 所示。

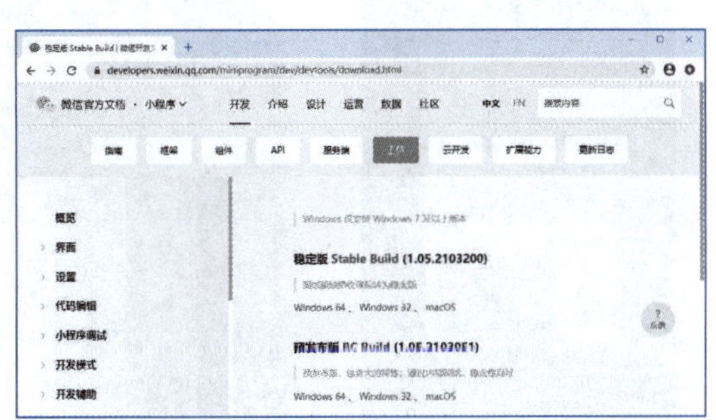

图 7-10　微信开发者工具下载页面

下面以 Window 操作系统为例，演示开发者工具的安装和使用，具体步骤如下。

① 双击下载后的安装包，安装程序打开后，会看到如图 7-11 所示的安装向导。

② 单击“下一步”按钮，阅读授权协议，如图 7-12 所示。

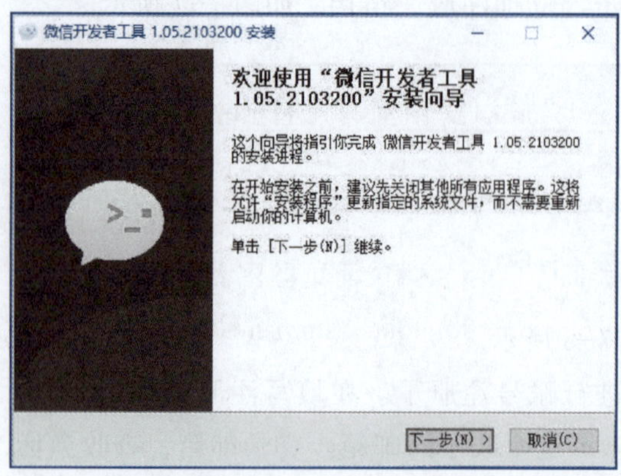

图 7-11 安装向导

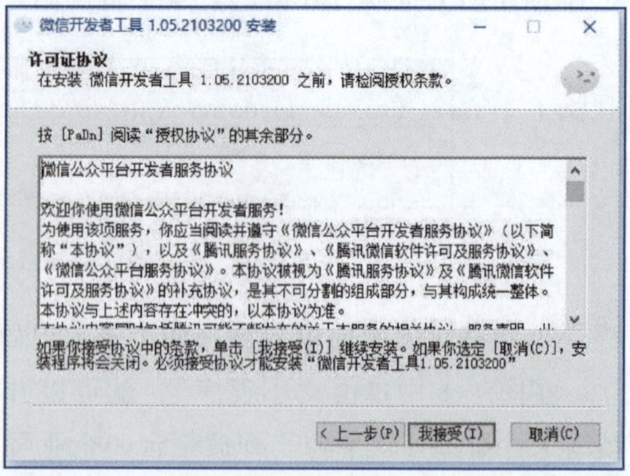

图 7-12 许可协议

③ 单击“我接收”按钮，然后选择安装路径，如图 7-13 所示。

④ 继续单击“安装”按钮，即可开始安装，安装成功后，会在桌面创建快捷方式。

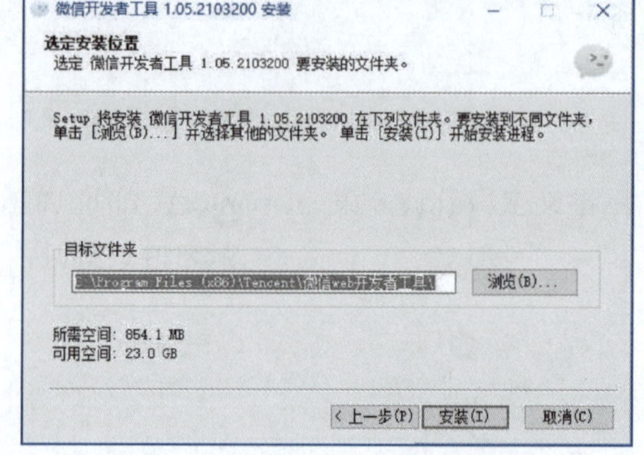

图 7-13 安装路径选择

3. 创建项目

首次打开微信开发者工具时，会出现一个登录页面，提示使用微信扫码登录，如图 7-14 所示。

登录成功后，就可看到图 7-15 所示的创建项目页，在该页面可以选择创建项目类型。单击“小程序”，点击“+”就可以创建一个新的小程序项目，如图 7-15 所示。

图 7-14 扫码登录页面

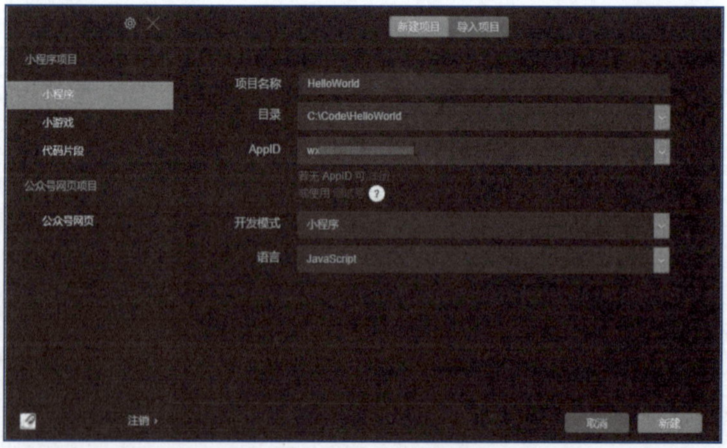

图 7-15 创建小程序项目

注意：

如在学习阶段，AppID 选项选用测试号即可。如需做正式的小程序开发，AppID 的值请填写微信小程序后台管理设置菜单下的 AppID 的值（AppID 又称小程序 ID，是每个小程序的唯一标识，每个小程序账号只有一个 AppID，因此每个账号只能发布一个小程序）。

在创建项目时，目录的选择一定要定位到文件夹，不要选择到一个文件，否则生成的项目是不完整的。

4. 应用级配置应用

接下来演示应用级配置的应用，修改 app. json 文件，具体代码如下。

```
1  {
2      "pages":[
3          "pages/index/index",
4          "pages/logs/logs"
5      ],
6      "window":{
7          "backgroundTextStyle":"light",
8          "navigationBarBackgroundColor": "#369",
9          "navigationBarTitleText": "测试",
10         "navigationBarTextStyle":"white"
11     },
12     "debug":true
13 }
```

在上述代码中，第 6~10 行配置了导航栏的标题和样式。第 12 行开启了调试，运行程序后，初始页面和在控制台输出调试信息如图 7-16 所示。

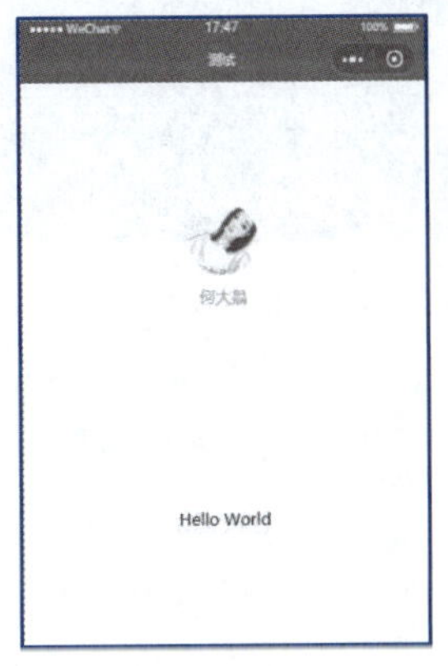

(a) 初始页面

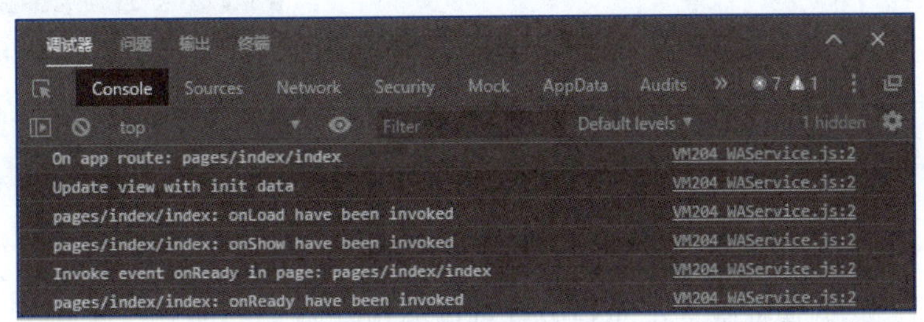

(b) 调试信息

图 7-16　app. json 的配置效果

5. WXML 语言

WXML 文件中使用的是微信标记语言（WXML）。该语言与 HTML 类似，也是一种使用<标签>和</标签>构建页面结构的语言。WXML 具有数据绑定、列表渲染、条件渲染、事件、引用和模板的功能。

1）数据绑定

WXML 中的动态数据均来自对应 Page 的 data。几种数据绑定如下。

（1）简单绑定

数据绑定在 WXML 页面中使用 {{变量}} 的形式将变量包起来，表示动态数据。测试代码如下。

```
<view>{{message}}</view>
```

此时，页面中不会显示 message 这个单词，而是会显示这个变量所对应的值。动态数据的值都来自 JS 文件的 data 属性中的同名变量，代码如下。效果如图 7-17 所示。

```
Page({
    data: {
        message:"hello world!!!"
    }
})
```

图 7-17 简单绑定效果图

（2）标签属性绑定

标签的属性也可以使用动态数据，例如标签的 name、id、value、class 等属性值。WXML 页面的相关代码如下。

```
<view id="item-{{id}}">测试</view>
```

JS 文件相关代码如下。

```
Page({
    data: {
        id:0
    }
})
```

页面结构如图 7-18 所示。

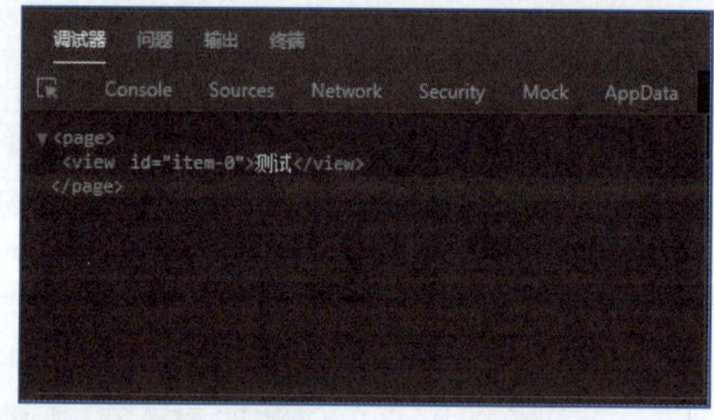

图 7-18 标签属性绑定页面结构

（3）控制属性绑定

> **注意：**
>
> 控制属性必须在双引号内。

控制属性绑定在 WXML 文件中的代码如下。

```
<view wx:if="{{condition}}">测试</view>
```

JS 文件相关代码如下。

```
Page({
    data: {
        condition:true
    }
})
```

2）列表绑定

小程序在标签上使用 wx:for 属性实现列表渲染，即同一个标签批量出现多次，内容可以不同。其原理是在标签上使用 wx:for 绑定一个数组，然后就可自动用数据中的每个元素依次渲染该标签。

WXML 文件中的代码如下。

```
<view wx:for='{{array}}'>学生{{index}}:{{item}}</view>
```

JS 文件相关代码如下。

```
Page({
    data: {
      array:['张三','李四','王五']
    }
})
```

运行结果，页面代码如下。

```
<view>学生 0:张三</view>
<view>学生 1:李四</view>
<view>学生 2:王五</view>
```

在上述代码中，index 是数组当前项的下标变量名，item 是数组当前项默认的变量名。

注意：

wx：for 引号中数组的两对大括号不可以没有，如果没有这两对大括号直接写变量名会被解析为字符的形式。

3）条件绑定

在小程序框架中使用 wx:if 可实现条件判断，WXML 文件中的代码如下。

```
<view wx:if="{{ x > 90 }}">A</view>
<view wx:elif="{{ x > 80 }}">B</view>
<view wx:else="{{ x < 80 }}">F</view>
```

JS 文件相关代码如下。

```
Page({
    data: {
        x:99
    }
})
```

4）事件

事件是视图层到逻辑层的通信方式，其特点如下。

- 事件可以将用户的行为反馈到逻辑层进行处理。
- 事件可以绑定在标签上，当达到触发事件，就会执行逻辑层中对应的事件处理函数。
- 事件对象可以携带额外信息，如 id、dataset、touches。

在标签中绑定一个事件处理函数，如 bindtap。当用户单击该标签的时候会在该页面对应的 Page 中找到相应的事件处理函数。接下来，通过代码演示。首先在 WXML 页面中为<button>标签绑定一个单击事件。

```
<button id="btn" bindtap="btTap">按钮标签</button>
```

然后在对应的 JS 文件中添加同名函数，若函数不存在，则在触发时会报错。

```
btTap:function(e){
    // 参数 e 为事件对象
    console.log(e)
}
```

运行代码，然后单击按钮，控制台输出内容如图 7-19 所示。

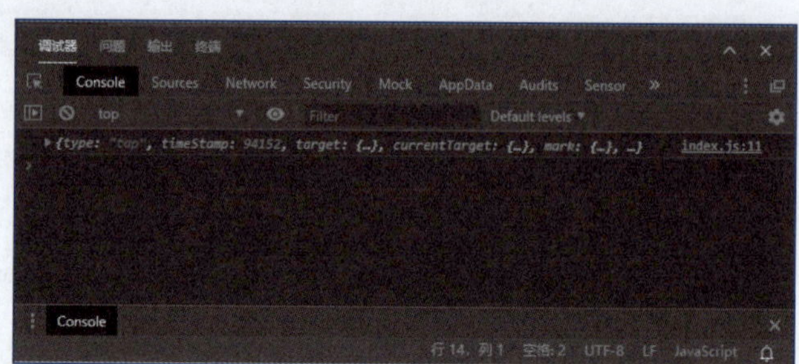

图 7-19 绑定事件效果图

任务 7-2 常用标签 

任务背景

微信小程序提供了一系列基础标签，开发者可以通过组合这些标签进行快速开发，创建出强大的微信小程序。标签是视图层的基本组成单元，也是构建页面结构的重要元素。

知识储备

1. 视图容器

视图容器标签包括 view、scroll-view、swiper、swiper-item 和 cover-view 等，主要用于控制视图样式与内容的展示。

（1）<view>标签

<view>标签与 HTML 中的<div>标签的作用类似。接下来简单演示<view>标签的使用，WXML 代码如下。

```
<view style="background:yellow;height:200px;">
    测试 view 标签
</view>
```

页面效果如图 7-20 所示。

图 7-20 <view>标签的使用

（2）<swiper>标签

<swiper>标签是滑块视图容器，主要用来做图片轮播。其中只能放置<swiper-item>标签。

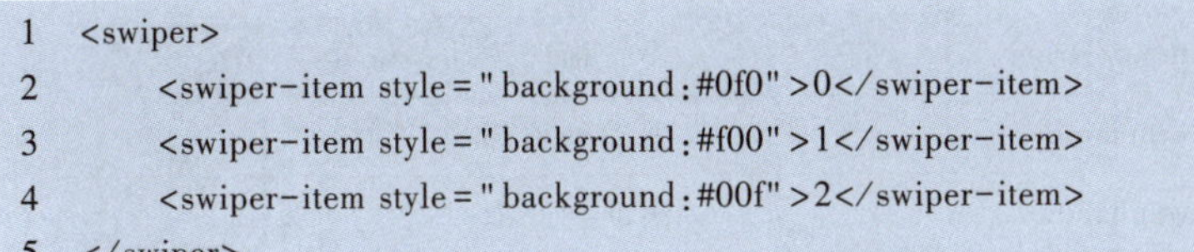

```
<swiper>
    <swiper-item style="background:#0f0">0</swiper-item>
    <swiper-item style="background:#f00">1</swiper-item>
    <swiper-item style="background:#00f">2</swiper-item>
</swiper>
```

在上述代码中，<swiper>标签是外层标签容器，里面有 3 个<swiper-item>标签，表示当前一共有 3 项，且初始状态下只显示第 1 项。在<swiper-item>标签内可以嵌套其他标签，如果放入的是<image>标签，就实现了轮播图的效果；而如果放入的是一个页面内容，就实现了标签页切换的效果。

下面列举<swiper>标签的一些常用的属性，见表 7-5。也可以通过查看微信小程序的开发文档，学习更多<swiper>标签、<swiper-item>标签的属性和使用说明。

表 7-5 <swiper>标签的常用属性

属　性	类　型	默认值	说　明
indicator-dots	boolean	false	是否显示面板指示点
indicator-color	color	rgba(0, 0, 0, .3)	指示点颜色
indicator-active-color	color	#000000	当前选中的指示点颜色
autoplay	boolean	false	是否自动切换
current	number	0	当前所在滑块的 index
interval	number	5000	自动切换时间间隔（ms）
duration	number	500	滑动动画时长
circular	boolean	false	是否采用衔接滑动
vertical	boolean	false	滑动方向是否为纵向
bindchange	eventhandle		current 改变时会触发 change 事件

（3）<scroll-view>标签

<scroll-view>标签用于实现可滚动视图区域。一些视图在手机指定的宽度和高度不够将页面完全显示，那么可以将代码放在<scroll-view>中，以滚动的形式显示被隐藏的内容。

该标签分为水平滚动和垂直滚动两种方式。

注意：

滚动视图垂直滚动时一定要设置高度，否则<scroll-view>不会生效。下面通过表 7-6 列举<scroll-view>标签的常用属性。

表 7-6 <scroll-view>标签的常用属性

属　　性	类　　型	默认值	说　　明
scroll-x	boolean	false	允许横向滚动
scroll-y	boolean	false	允许纵向滚动
scroll-top	number/string	#000000	设置竖向滚动条位置
scroll-left	number/string	false	设置横向滚动条位置
bindscrolltoupper	eventhandle		滚动到顶部/左边时触发
bindscrolltolower	eventhandle		滚动到底部/右边时触发
scroll-with-animation	boolean	false	在设置滚动条位置时使用动画过渡
scroll-into-view	string	false	值应为某子元素 id（id 不能以数字开头）。设置哪个方向可滚动，则在哪个方向滚动到该元素
bindscroll	eventhandle		滚动时触发

接下来演示<scroll-view>标签的使用，在 pages/index/index. wxml 页面中编写如下代码。

```
<scroll-view scroll-x scroll-y style="height:200px">
    <view style="width:150%;height:300px;background:#0f0"></view>
</scroll-view>
```

在本段代码中设置允许横向和纵向滚动，在<scroll-view>标签内有一个<view>标签，且<view>标签的宽度和高度都大于<scroll-view>标签，从而使得滚动条出现。

2. 基础容器

基础内容标签包括<icon><text><rich-text>和<progress>4 种，主要用于在视图界面中展示图标、文本内容及进度条等信息。

（1）<text>标签

<text>文本标签是小程序中最基础的标签之一，通过<text>标签可以在页面中展示文字。<view>和<text>的区别是，<view>相当于 HTML 中的<div>标签，是块元素，会换行，而且<view>是竖着排的。<text>相当于 HTML 中的<span>，会水平排列。<text>标签还有一个特点，即除了<text>以外的其他节点都无法长按选中。<text>标签的常用属性见表 7-7。

表 7-7 <text>标签的常用属性

属 性	类 型	默认值	说 明
user-select	boolean	false	文本是否可选，该属性会使文本节点显示为 inline-block
space	string	false	显示连续空格
decode	boolean	false	是否解码

(2) <icon>标签

<icon>标签是小程序提供的提示图标，有默认样式，也可以根据需求在默认样式基础之上去修改大小和颜色。<icon>标签的主要属性见表 7-8。

表 7-8 <icon>标签的主要属性

属 性	类 型	默认值	说 明
type	string		icon 的类型，有效值：success，success_no_circle，info，warn，waiting，cancel，download，search，clear
size	number/string	23	icon 的大小
color	string		icon 的颜色，同 css 的 color

不同 type 属性值对应的样式，见表 7-9。

表 7-9 <icon>标签 type 属性对应的样式

type 属性值	图标样式	说 明
success		成功图标，用于表示操作顺利完成
success_no_circle		多选控件图标已选择，用于多选控件中，表示已选择该项目
info		提示图标，用于表示信息提示；也常用于缺乏条件的操作拦截，提示用户所需信息
warn		警告图标，用于表示信息提示
waiting		等待图标，用于表示等待，告知用户结果需等待
cancel		取消图标，用于在表单中，表示关闭或停止
download		下载图标，用于表示可下载
search		搜索图标，用于搜索控件中，表示可搜索
clear		清空图标，用于表示清楚内容

(3) <progress>标签

<progress>进度条标签用于表示事情当前的进度。可以让用户从视觉上直观地感知事情的执行进度。

<progress>进度条是微信小程序的标签，和 HTML5 的进度条<progress>类似。其常用属性见表 7-10。

表 7-10 <progress>标签的主要属性

属　　性	类　　型	默认值	说　　明
percent	number		表示百分比，取值为 0~100
show-info	boolean	false	在进度条右侧显示百分比
stroke-width	number/string	6	进度条线的宽度
activeColor	string	#09BB07	已选择的进度条的颜色
backgroundColor	string	#EBEBEB	未选择的进度条的颜色
active-mode	string	backwards	backwards：动画从头播 forwards：动画从上次结束点接着播

3. 表单标签

表单标签主要包括<button><checkbox><checkbox-group><editor><form><input><lable><picker><picker-view><radio><radio-group><slide><switch><textarea>等 16 种，用于构建与用户交互的表单。

（1）<form>标签

<form>表单标签是将标签内的用户输入的<switch><input><checkbox><slider><radio><picker>对应值提交。单击<form>表单中 form-type 为 submit 的 button 标签时，表单标签中的 value 值会自动进行提交。

注意：

每个<form>表单内的标签都必须有 name 属性指定，否则无法提交。<form>标签主要属性见表 7-11。

表 7-11 <form>标签的主要属性

属　　性	类　　型	默认值	说　　明
report-submit	boolean	false	是否返回 formId 用于发送模板消息
bindsubmit	eventhandle	false	携带 form 中的数据触发 submit 事件，event.detail = {value : {'name': 'value'} , formId: ''}
bindreset	eventhandle	6	表单重置时会触发 reset 事件

（2）<input>标签

<input>输入框标签在程序中较为常见，在登录、注册、搜索等需要获取搜索框中的内容时广泛使用。同时，还需要设置不同样式的输入框。如果在同一个<form>表单中创建了多个<input>输入框，可以给每个输入框创建自己的 name 属性，以区分多个输入框，并通过添加属性 bindsubmit 提交和属性 bindreset 重置，实现清除输入框内容的功能。<input>标签的使用和 HMTL 中的<input>标签类似。

<input>标签的 type 属性表示输入的类型，如文本、数字、身份证号等，有很多可选值，见表 7-12。

表 7-12 type 属性的可选值

可选值	说明
text	默认值，文本输入键盘
number	数字输入键盘
idcard	身份证输入键盘
digit	带小数点的数字键盘

（3）<checkbox>标签和<radio>标签

<checkbox>标签是一个多选项目标签，往往需要与<checkbox-group>标签联合使用，并在<checkbox-group>中实现复选框监听事件。

<radio>标签是单选框标签，往往需要与<radio-group>标签配合使用。

（4）<slider>标签

<slider>标签是一个滑块选择器，用于选择滑动选择某一个值，表 7-13 列举了<slide>标签的常用属性。

表 7-13 <slider>标签的常用属性

属性	类型	默认值	说明
min	number	0	最小值
max	number	100	最大值
step	number	1	步长，取值必须大于 0，并且可被（max-min）整除
value	number	0	当前取值
backgroundColor	color	#e9e9e9	背景条的颜色
activeColor	color	#1aad19	已选择的颜色
block-size	number	28	滑块的大小，取值范围为 12~28
block-color	color	#ffffff	滑块的颜色
show-value	boolean	false	是否显示当前 value
bindchange	eventhandle		完成一次拖动后触发的事件，event. detail = {value}
bindchanging	eventhandle		拖动过程中触发的事件，event. detail = {value}

（5）<picker>标签

<picker>是从页面底部弹起的滚动选择器标签，目前根据其 mode 属性值的不同支持 5 种选择器，分别是普通选择器（selector）、多列选择器（multiSelector）、时间选择器（time）、日期选择器（date）、省区市选择器（region）。默认为普通选择器。接下来，演示一下省区市选择器的使用效果。其相关属性见表 7-14。

表 7-14 <picker mode="region">标签属性

属性	类型	默认值	说明
value	array	[ ]	表示选中的省区市，默认选中每一列的第一个值
custom-item	string		可为每一列的顶部添加一个自定义的项
bindchange	eventhandle		value 改变时触发 change 事件，event. detail = {value, code, postcode}，其中字段 code 是统计用区划代码，postcode 是邮政编码

4. <navigator>标签

<navigator>导航标签用于单击跳转页面链接，其主要属性见表 7-15。

表 7-15 <navigator>标签属性

属性	类型	默认值	说明
target	string	self	默认跳转目标为当前小程序
url	string		当前小程序内的跳转链接
open-type	string	navigate	跳转方式

其中 open-type 属性对应的 5 种取值如表 7-16 所示。

表 7-16 <open-type>属性值

属性	说明
navigate	默认值，表示跳转新页面打开新地址内容 （对应 wx. navigateTo 或 wx. navigateToMiniProgram 的功能）
redirect	重定向，表示在当前页面重新打开新地址内容 （对应 wx. redirectTo 的功能）
switchTab	切换 tab 面板，表示跳转指定 tab 页面重新打开新地址内容 （对应 wx. switchTab 的功能）
reLaunch	关闭所有页面，重新打开应用内的某个指定页面 （对应 wx. reLaunch 的功能）
navigateBack	返回上一页 （对应 wx. navigateBack 的功能）

5. 媒体标签

媒体标签包括<image>（图片）标签、<video>（视频）标签、<audio>（音频）标签。通过对标签的应用，可以控制图片、视频、音频内容在页面上的显示方式及加载播放的进程。在页面上合理使用这些标签可以更好地丰富小程序的界面内容。

（1） <image>标签

<image>是图片引用标签，与 HTML 中的<img>标签功能类似。<image>标签引用图片时，图片默认宽度为 300px，高度为 225px。<image>标签除了用来显示图片，还提供了 5 种缩放模式和 9 种剪裁模式。该标签对应的属性见表 7-17。

表 7-17 <image>标签属性

属　性	类　型	默认值	说　明
src	string		图片资源地址
mode	string	scaleToFill	图片裁剪、缩放的模式
lazy-load	boolean	false	图片懒加载，在即将进入一定范围（上下三屏）时才开始加载
binderror	eventhandle		当错误发生时触发 event. detail = {errMsg}
bindload	eventhandle		当图片载入完毕时触发 event. detail = {height, width}

<image>标签支持的 5 种缩放模式见表 7-18。

表 7-18 图片的缩放/裁剪模式

模　式	属性	说　明
缩放模式	scaleToFill	不保持纵横比缩放图片，使图片的宽高完全拉伸至填满<image>元素
	aspectFit	保持纵横比缩放图片，使图片的长边能完全显示。也就是说，可以完整地将图片显示出来
	aspectFill	保持纵横比缩放图片，只保证图片的短边能完全显示出来。也就是说，图片通常只在水平或垂直方向是完整的，另一个方向将会发生裁剪
	widthFix	宽度不变，高度自动变化，保持原图宽高比不变
	heightFix	高度不变，宽度自动变化，保持原图宽高比不变
裁剪模式	top	不缩放图片，只显示图片的顶部区域
	bottom	不缩放图片，只显示图片的底部区域
	center	不缩放图片，只显示图片的中间区域
	left	不缩放图片，只显示图片的左边区域
	right	不缩放图片，只显示图片的右边区域
	top left	不缩放图片，只显示图片的左上区域
	top right	不缩放图片，只显示图片的右上区域
	bottom left	不缩放图片，只显示图片的左下区域
	bottom right	不缩放图片，只显示图片的右下区域

（2） <video>标签

<video>是视频标签，可用于播放本地或者网络视频资源，其默认宽度为 300px、高度

为 225px。该标签的常用属性见表 7-19。

表 7-19 <video>标签属性

属　　性	类　　型	默认值	说　　明
src	string		播放视频的资源地址，支持网络路径、本地临时路径、云文件
duration	number		指定视频时长
controls	boolean	true	是否显示默认播放控件（播放/暂停按钮、播放进度、时间）
loop	boolean	false	是否循环播放
danmu-list	Array，<object>		弹幕列表
danmu-btn	boolean	false	是否显示弹幕按钮，只在初始化时有效，不能动态变更
enable-danmu	boolean	false	是否展示弹幕，只在初始化时有效，不能动态变更
autoplay	boolean	false	是否自动播放
poster	string		视频封面的图片网络资源地址或云文件
bindplay	eventhandle		当开始/继续播放时触发 play 事件
bindpause	eventhandle		当暂停播放时触发 pause 事件
initial-time	number	0	指定视频初始播放位置

（3）<audio>标签

<audio>是音频标签，可用于播放本地或者网络音频资源，该标签的常用属性见表 7-20。

表 7-20 <audio>标签属性

属　　性	类　　型	默认值	说　　明
id	string		audio 标签的唯一标识符
src	string		要播放音频的资源地址
controls	boolean	false	是否显示默认控件
loop	boolean	false	是否循环播放
controls	boolean	false	是否显示默认标签
poster	string		默认标签上的音频封面的图片资源地址，如果 controls 属性值为 false 则设置 poster 无效
name	string	未知音频	默认标签上的音频名字，如果 controls 属性值为 false 则设置 name 无效
author	string	未知作者	默认标签上的作者名字，如果 controls 属性值为 false 则设置 author 无效

续表

属　性	类　型	默认值	说　明
binderror	eventhandle		当发生错误时触发 error 事件，detail = {errMsg:MediaError. code}
bindplay	eventhandle		当开始/继续播放时触发 play 事件
bindpause	eventhandle		当暂停播放时触发 pause 事件

其中 binderror 属性触发后返回值 MediaError. code 有 4 种取值，说明见表 7-21。

表 7-21　<audio>标签属性

返回错误码	说　明
1	获取资源被用户禁止
2	网络错误
3	解码错误
4	不合适资源

6. <map>标签

<map>标签，用于在页面上显示地图。通过指定经纬度，即可显示该区域的地图，还可以添加标记点、路线、控件等。下面通过表 7-22 列举<map>标签常用的属性。

表 7-22　<map>标签属性

属　性	类　型	默认值	说　明
longitude	number		中心经度
latitude	number		中心纬度
scale	number	16	缩放级别，取值范围为 3~20
markers	Array. <marker>		标记点
polyline	Array. <polyline>		路线
circles	Array. <circle>		圆
show-location	boolean	false	显示带有方向的当前定位点
bindmarkertap	eventhandle		单击标记点时触发，e. detail = {markerId}
bindtap	eventhandle		单击地图时触发，2. 9. 0 起返回经纬度信息
bindregionchange	eventhandle		视野发生变化时触发
bindcontroltap	eventhandle		单击控件时触发，e. detail = {controlId}

7. <canvas>标签

<canvas>是画布标签，可用于实现页面动画，其默认尺寸宽度为 300px，高度为

225px。该标签对应的常用属性见表 7-23。

表 7-23 <canvas>标签属性

属性	类型	默认值	说明
canvas-id	string		<canvas>标签的唯一标识符，若指定了 type 则无需再指定该属性
disable-scroll	boolean	false	当在 canvas 中移动时且有绑定手势事件时，禁止屏幕滚动以及下拉刷新
bindtouchstart	eventhandle	16	手指触摸动作开始
bindtouchmove	eventhandle		手指触摸后移动
bindtouchend	eventhandle		手指触摸动作结束
bindtouchcancel	eventhandle		手指触摸动作被打断，打断事件如来电提醒、弹窗
bindlongtap	eventhandle	false	长按 500ms 之后触发，触发了长按事件后进行移动不会触发屏幕的滚动
binderror	eventhandle		当发生错误时触发 error 事件

在使用<canvas>标签时，注意同一页面中的 canvas-id 不可重复，如果使用一个已经出现过的 canvas-id，该<canvas>标签对应的画布将被隐藏并不再正常工作。接下来，声明一个 2rpx 的红色实线边框的画布，其 canvas-id 为 testCanvas。

```
<canvas canvas-id="testCanvas" style="border:2rpx solid #f00" ></canvas>
```

在<canvas>标签的声明完毕后，一个简单的画图显示主要分为 3 个步骤。代码在 JS 文件的 onLoad 声明周期函数中实现，具体如下。

```
/**
     * 生命周期函数--监听页面加载
     * 步骤 1:声明画布上下文(CanvasContext)
     * 步骤 2:使用画布上下文进行绘图描述
     * 步骤 3:画图。
   */
      onLoad: function (options) {
      // 1 创建画布上下文(CanvasContext)
      const ctx = wx.createCanvasContext('testCanvas')
      // 2 设置填充颜色
      ctx.setFillStyle('purple')
      // 3 设置填充区域为矩形
      ctx.fillRect(30,30,150,100)
      // 4 画图
      ctx.draw()
      },
```

任务实施

1. <progress>标签创建多个进度条标签

以下 WXML 代码中通过<progress>标签创建多个进度条标签，并配合常用属性，创建样式不同的进度条。

```
1  <view class="progress-box">
2      <progress percent="20" show-info stroke-width="3"/>
3  </view>
4  <view class="progress-box">
5      <progress percent="40" active stroke-width="3" />
6      <icon class="progress-cancel" type="cancel"></icon>
7  </view>
8  <view class="progress-box">
9      <progress percent="60" active stroke-width="3" />
10 </view>
11 <view class="progress-box">
12     <progress percent="80" color="#10AEFF" active stroke-width="3" />
13 </view>
```

保存编译，查看页面效果。页面显示了多个进度条标签，符合预期。在上述代码中，第 2、5、9、12 行设置了<progress>标签 percent 属性的值和 active stroke-width 属性的值。在第 6 行中将 type 设为 cancel，如图 7-21 所示的一个删除符号。

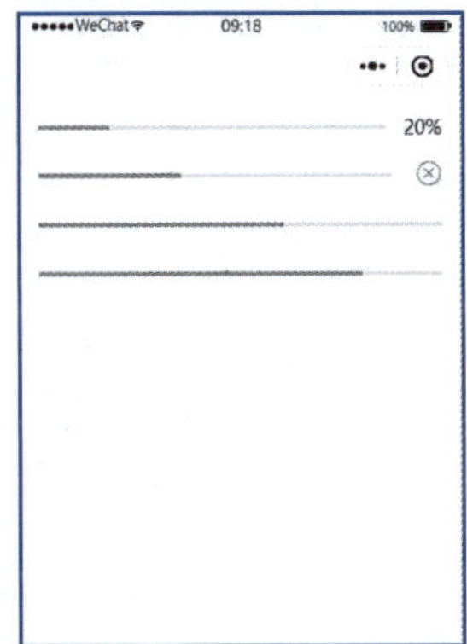

图 7-21　进度条效果

2. 单选按钮和复选框的使用演示

接下来演示<checkbox>标签和<checkbox-group>标签、<radio>标签和<radio-group>标签的使用，WXML 代码如下，效果如图 7-22 所示。

```
<view class="container">
    <form bindsubmit="formSubmit">
        <view>
            <text>姓名:</text>
            <input name="name" value="{{name}}" />
        </view>
        <view>
            <text>性别:</text>
            <radio-group name="gender">
                <label wx:for="{{gender}}" wx:key="value"><radio value="{{item.value}}" checked="{{item.checked}}">{{item.name}}</radio></label>
```

```
11                 </radio-group>
12             </view>
13             <view>
14                 <text>爱好:</text>
15                 <checkbox-group name="hobbies">
16                   <label wx:for="{{hobbies}}" wx:key="value"><checkbox value="{{item.value}}" checked="item.checked">{{item.name}}</checkbox></label>
17                 </checkbox-group>
18             </view>
19             <button style="width:650rpx;" form-type="submit">提交</button>
20         </form>
21 </view>
```

在上述代码中，第 9 行<radio-group>标签将其所有的<radio>标签包裹起来当成一个选项组，组内有一个<radio>标签被选中。第 16 行代码的<check-group>标签将其所有的<checkbox>标签包裹起来当成一个复选框选项组。

在 JS 文件中准备好数据，具体代码如下。

```
data:{
    name:'张三',
    gender:[
        {name:'男',value:'0',checked:true},
        {name:'女',value:'1',checked:false},
    ],
    hobbies:[
        {name:'听歌',value:'music',checked:true},
        {name:'打篮球',value:'basketball',checked: true },
        {name:'阅读',value:'reading',checked:true},
        {name:'学党史',value:'learning',checked: true },
    ]
},
```

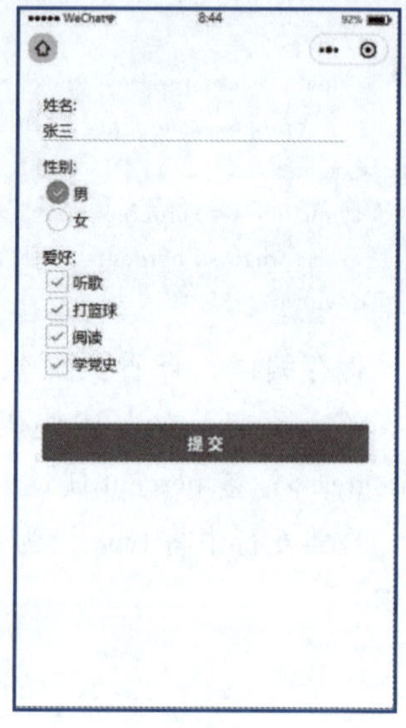

图 7-22 单选框和复选框效果

然后在 WXSS 文件中编写样式，具体代码如下。

```
.container{margin:50rpx;}
view{margin-bottom: 30rpx;}
input{width: 600rpx;border-bottom:2rpx solid #ccc;margin-top: 10rpx;}
label{display: block;margin: 8rpx;}
button{background-color: green;color:#fff;letter-spacing: 10rpx;margin-top:50px;}
```

3. <slider>标签的使用

接下来，简单演示 slider 标签的使用，在 WXML 文件中编写如下代码。

```
<slider value="50" min="25" max="200" show-value></slider>
```

其效果如图 7-23 所示。

图 7-23 效果图

4. <picker>标签的使用

自定义一个简易的省市区选择器，其 WXML 代码片段如下。

```
<view class="box">
    <view class="title">省市区选择器</view>
    <picker mode="region" bindchange="regionChange">
      <view>当前选择的是：{{region}}</view>
    </picker>
</view>
```

在 WXML 代码中定义了一个触发事件 regionChange、{{region}} 用来在页面上显示选项内容。其采用的数据绑定方式，在 JS 文件的 data 中需要定义这个变量。对应的 JS 代码片段如下。

```
data: {
    region:''
},
regionChange:function(e){
    this.setData({
        region:e.detail.value
    })
},
```

运行效果如图 7-24 所示。

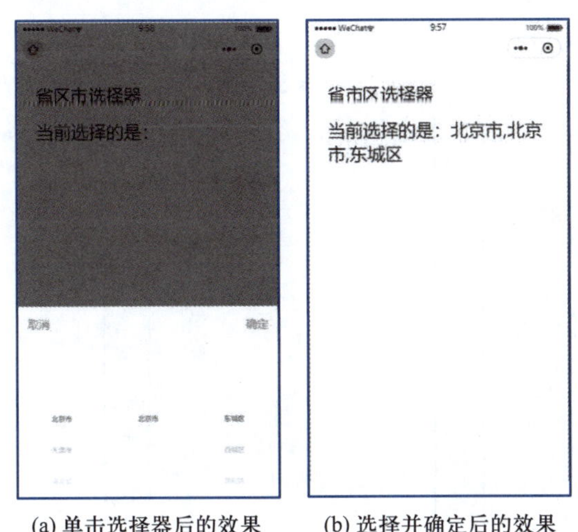

(a) 单击选择器后的效果　(b) 选择并确定后的效果

图 7-24 <picker>的省市区选择器的应用

5. <navigation>标签的使用

接下来，演示 navigation 标签的使用方法。在 app.json 文件中创建 3 个页面，代码如下。

```
{
    "pages":[
        "pages/page1/page1",
        "pages/page2/page2",
        "pages/page3/page3",
}
```

主页面 pages/page1/page1 的代码片段如下。

```
<view class="box">
    <view class="title">1. 单击打开新页面</view>
    <navigator url="../page2/page2">
        <button style="width:600rpx" type="primary">跳转到新页面打开新内容</button>
    </navigator>
</view>
<view class="box">
    <view class="title">2. 单击重定向到新页面</view>
    <navigator url="../page3/page3">
        <button style="width:600rpx" type="primary">在当前页面重新打开新内容</button>
    </navigator>
</view>
```

新页面 pages/page2/page2 的代码片段如下：

```
<text>新窗口打开的新页面,可以返回 p1. wxml</text>
```

新页面 pages/page3/page3 的代码片段如下：

```
<text>重定向的新页面,无法返回 p1. wxml</text>
```

运行效果如图 7-25 所示。

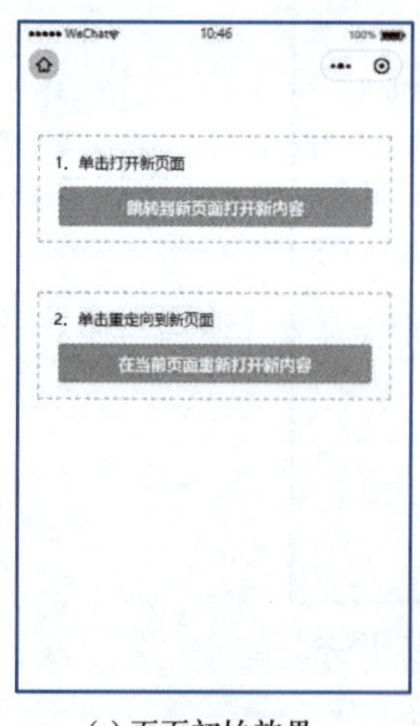

(a) 页面初始效果

(b) 新页面打开新内容

(c) 当前页重新打开新内容

图 7-25 navigator 标签的应用

在主页面代码中使用了两个 navigator 标签，分别打开 page2 和 page3 页面，如图 7-25 所示，新页面打开的新内容可以返回初始页面，而重定向打开的新内容是无法返回初始页面的。

6. <image>标签的使用

接下来演示<image>标签的使用，在 WXML 文件中编写代码，具体如下。

```
<view>缩放模式-scaleToFill</view>
    <image src="../../images/logo.jpg" style="width:300px;height:300px;background-color:#ccc" mode="scaleToFill" >
</image>
<view>裁剪模式-center</view>
    <image src="../../images/logo.jpg" style="width:300px;height:300px;background-color:#ccc" mode="center" >
</image>
```

运行程序测试，效果如图 7-26 所示。

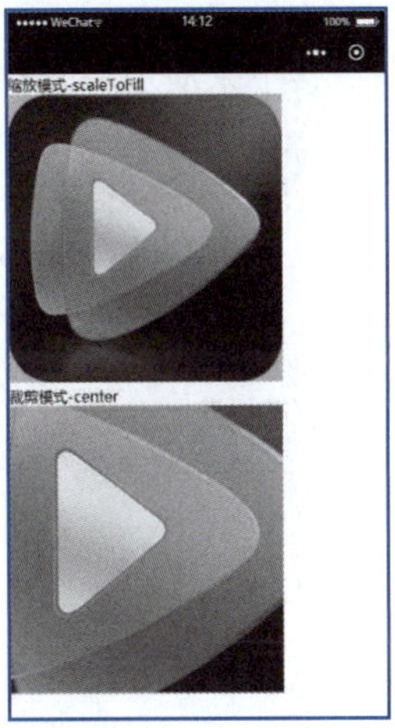

图 7-26　image 标签的使用

7. <video>标签的使用

接下来，代码演示一下<video>标签的使用方法。在 WXML 文件中添加<video>标签播放视频，并开启弹幕功能，代码片段如下。

```
<view>
    <view class="title">播放网络视频</view>
    <video id="videoTest" src="{{src}}" danmu-list="{{danmuList}}" enable-danmu danmu-btn controls >
    </video>
</view>
```

然后在 JS 文件中定义弹幕数据和视频资源地址，具体代码如下。

```
data: {
    src:'http://wxsnsdy.tc.qq.com/105/20210/snsdyvideodownload?filekey=30280201010421301f0201690402534804102ca905ce620b1241b726bc41dcff44e00204012882540400&bizid=1023&hy=SH&fileparam=302c020101042530230204136ffd93020457e3c4ff02024ef202031e8d7f02030f42400204045a320a0201000400',
    danmuList:[
        {text:'第 1s 出现的弹幕',color:'blue',time:1},
        {text:'第 3s 出现的弹幕',color:'red',time:3}
    ]
},
```

同时，在 WXSS 文件中编写相关样式，具体代码如下。

```
page{margin:40px auto;}
.title{font-size: 24px;color:#369;text-align: center;margin-bottom: 20px;}
video{width: 100%;}
input{border:1px solid #999; margin:20rpx;height: 70px;}
```

保存上述代码后，运行程序，页面的显示效果如图 7-27 所示。在图 7-27（a）中，单击播放按钮即可播放视频，在 data 中准备的两条弹幕会在指定的时间出现。

(a) 页面初始效果

(b) 第1秒出现的弹幕效果

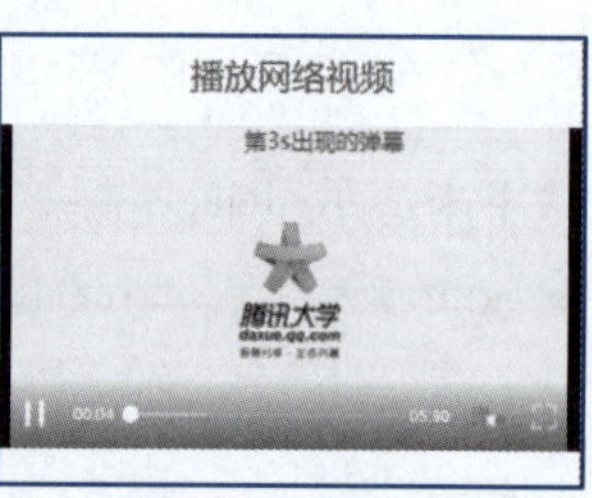

(c) 第3秒出现的弹幕效果

图 7-27 <video>标签的使用

8. <audio>标签的使用

接下来演示一下<audio>标签的应用，WXML 代码片段如下。

```
<view class="title">audio 标签的简单应用</view>
<view class="box">
    <audio id="demoAudio" poster="{{poster}}" name="{{name}}" author="{{author}}" src="{{src}}" controls loop></audio>
    <button style="width:150rpx;margin-right: 10rpx;" bindtap="play">播放</button>
    <button style="width:150rpx;margin-right: 10rpx;" bindtap="pause">暂停</button>
    <button style="width:300rpx;margin-right: 10rpx;" bindtap="reset0">回到开头</button>
</view>
```

WXSS 代码如下。

```
.title{font-size: 28px;text-align: center;color:#369;margin:30px;}
.box{border:1px dashed #ccc;text-align: center;width: 95%; margin:0 auto;}
audio{margin-top: 20px;margin-bottom: 30px;display: block;}
button{display: inline-block;background: #369;color:#fff;}
```

JS 代码如下。

```
Page({
    data: {
        poster:'https://dss2.baidu.com/6ONYsjip0QIZ8tyhnq/it/u=1395245480,1502983232&fm=179&app=42&f=JPEG? w=150&h=150',
        name:"豫北叙事曲",
        author:"群星",
        src:'http://antiserver.kuwo.cn/anti.s?useless=/resource/&format=mp3&rid=MUSIC_67993063&response=res&type=convert_url&'
    },
    onReady:function(){
        this.audioCtx = wx.createAudioContext('demoAudio')
    },
    play:function(e){
        this.audioCtx.play()
    },
    pause:function(e){
```

```
15            this. audioCtx. pause( )
16        },
17        reset0:function(e){
18            this. audioCtx. seek(0)
19        }
20    })
```

在 WXML 中放置了一个<audio>标签和 3 个<button>按钮（分别用于控制音频的播放、暂停和回到开头功能）。其中<audio>标签的相关值在 JS 文件的 data 中填写，包括音频封面图片、歌曲名、演唱者和音频播放时间。3 个按钮也分别添加了单击事件，事件函数在 JS 文件中进行了声明。

JS 代码第 9 行用到了音频的 API，掌握这个 API 的使用方法是实现音乐播放功能的关键，在使用音频 API 时，需要创建一个实例 audioCtx。

(a) 页面初始状态

(b) 正在播放效果

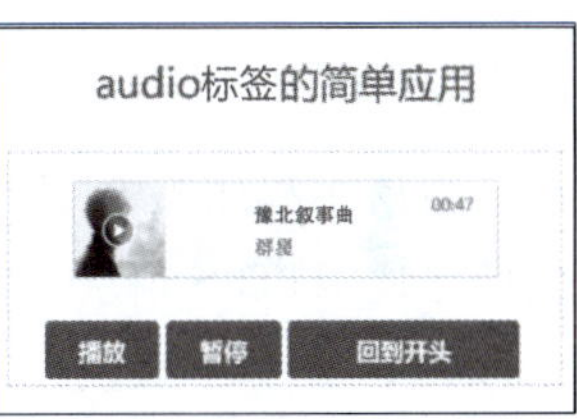

(c) 暂停效果

图 7-28 <audio>标签的使用

在图 7-28 中，图（a）为页面初始状态，此时可以显示音频图片、歌曲名、演唱者和音频播放时间；图（b）是单击“播放”按钮后的效果，播放时间显示播放了 0 分 08 秒，且音频封面图片上的播放/暂停按钮图标也发生了变化；图（c）是单击“暂停”按钮后的效果，此时音乐播放到 0 分 47 秒并停止，且音频封面图片上的图标也回到了初始的暂停状态。

9. <map>标签的使用

假设需要生成一个深圳腾讯总部的地图（如经纬度不确定，可使用坐标拾取器查询），WXML 代码如下。

```
<map latitude="22.540331" longitude="113.934557" scale="18" />
```

因<map>标签默认大小是 300px * 150px，可以在 WXSS 文件中重新定义如下样式。

```
map{ width: 100vw;height:100vh;}
```

最终效果如图 7-29 所示。

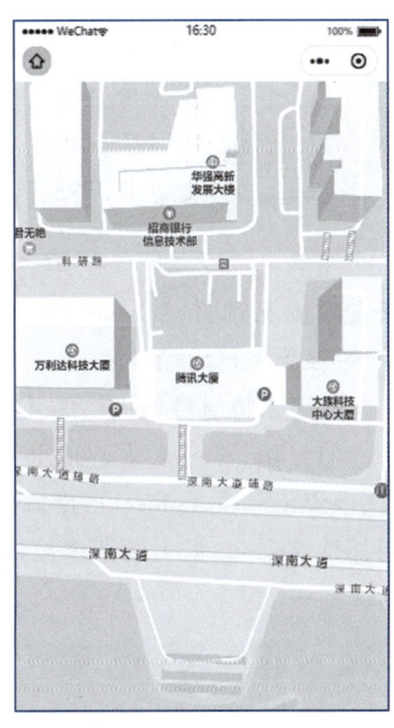

图 7-29 <map>标签的简单应用

任务 7-3 常用接口

任务背景

小程序开发框架提供丰富的微信原生 API，可以方便地调用微信提供的功能，如获取用户信息、本地存储、支付功能等。

知识储备

1. 网络 API

每个微信小程序需要事先设置一个通信域名，小程序可以和指定的域名进行网络通信，包括普通 HTTPS 请求（wx. request）、WebSocket 通信（wx. connectSocket）、上传文件（wx. uploadFile）和下载文件（wx. downloadFile）等。

那么，每一个小程序在与指定域名地址进行网络通信前，都必须将该域名地址添加到管理员后台白名单中。开发者可以填入自己或者第三方的服务器地址域名。

注意：

在填写域名的同时要遵循以下几点。

① 域名不能使用 IP 地址或者 localhost。

② 域名必须经过 ICP 备案。

③ 域名只支持 HTTPS 和 WSS 协议。

在学习阶段，可以在 PC 本机上部署一个临时服务器来进行开发和测试。可以根据自己实际情况选择 Apache、Ngnix、Tomcat 等服务器软件进行安装部署，然后选用 PHP、Node. js 等进行后端开发。

接下来将对微信提供的几个常用的网络 API 接口进行介绍。

（1）wx. request 发起请求

wx. request（object）接口用于发起 HTTPS 请求，请求的默认超时时间和最大超时时间都是 60s，且最大的请求数量限制是 5 个。接口参数（object）的说明见表 7-24。

表 7-24 wx. request object 参数说明

参数	类型	必填	默认值	说明
url	string	是		开发者服务器接口地址
data	string/object/ArrayBuffer	否		请求的参数

续表

参 数	类 型	必填	默认值	说 明
header	Object	否		设置请求的 header，header 中不能设置 Referer。content-type 默认为 application/json
method	string	否	GET	HTTP 请求方法
dataType	string	否	json	返回的数据格式
responseType	string	否	text	响应的数据类型
success	function	否		接口调用成功的回调函数
fail	function	否		接口调用失败的回调函数
complete	function	否		接口调用结束的回调函数（调用成功、失败都会执行）

success( )返回的参数见表 7-25。

表 7-25 wx. request success( )返回参数

参 数	类 型	说 明
data	string/object/ArrayBuffer	请求的参数
statusCode	number	开发者服务器返回的 HTTP 状态码
header	Object	开发者服务器返回的 HTTP Response Header
cookies	Array. <string>	开发者服务器返回的 cookies，格式为字符串数组

示例代码如下。

```
wx. request( {
    url: 'https://www. test. com/test. php', //仅为示例,并非真实的接口地址
    data: {
        x: '',
        y: ''
    },
    header: {
        'content-type': 'application/json'// 默认值
    },
    success (res) {
        console. log(res. data)
    }
})
```

（2） wx. uploadFile 文件上传

wx. uploadFile(object) 接口将本地资源上传到开发者服务器，客户端发起一个 HTTPS POST 请求到服务器，其中 content-type 为 multipart/form-data。

object 参数的说明见表 7-26。

表 7-26 wx. uploadFile object 参数

参 数	类 型	必填	说 明
url	string	是	开发者服务器地址
filePath	string	是	要上传文件资源的路径（本地路径）
name	string	是	文件对应的 key，开发者在服务端可以通过这个 key 获取文件的二进制内容
header	Object	否	HTTP 请求 Header，Header 中不能设置 Referer
formData	Object	否	HTTP 请求中其他额外的 form data
success	function	否	接口调用成功的回调函数
fail	function	否	接口调用失败的回调函数
complete	function	否	接口调用结束的回调函数（调用成功、失败都会执行）

success( )返回的参数见表 7-27。

表 7-27 wx. uploadFile success( ) 返回参数

参 数	类 型	说 明
data	string	开发者服务器返回的数据
statusCode	number	开发者服务器返回的 HTTP 状态码

（3） wx. downloadFile 文件下载

wx. downloadFile（object）可以从服务器下载文件资源到本地。客户端直接发起一个 HTTPS GET 请求，返回文件的本地临时路径（本地路径），单次下载允许的最大文件为 200 MB。关于 object 参数的说明见表 7-28。

表 7-28 wx. downloadFile object 参数

参 数	类 型	必填	说 明
url	string	是	下载资源的 URL
header	Object	否	HTTP 请求的 Header，Header 中不能设置 Referer
success	function	否	接口调用成功的回调函数
fail	function	否	接口调用失败的回调函数
complete	function	否	接口调用结束的回调函数（调用成功、失败都会执行）

success( )返回的参数见表 7-29。

表 7-29 wx. downloadFile success( ) 返回参数

参 数	类 型	说 明
tempFilePath	string	临时文件路径（本地路径）。没传入 filePath 指定文件存储路径时会返回，下载后的文件会存储到一个临时文件
statusCode	number	开发者服务器返回的 HTTP 状态码

示例代码如下。

```
wx.downloadFile({
    url: 'https://example.com/audio/123', //仅为示例,并非真实的资源
    success (res) {
        // 只要服务器有响应数据,就会把响应内容写入文件并进入 success 回调,业务需要自行判断是否下载了想要的内容
        if (res.statusCode === 200) {
            wx.playVoice({
                filePath: res.tempFilePath
            })
        }
    }
})
```

（4） wx.connectSocket 通信接口

wx.connectSocket(object) 接口用于创建一个 WebSocket 连接。object 参数说明见表 7-30。

表 7-30 wx.connectSocket object 参数

参　数	类　型	必填	说　明
url	string	是	开发者服务器 wss 接口地址
header	Object	否	HTTP 请求的 Header，Header 中不能设置 Referer
success	function	否	接口调用成功的回调函数
fail	function	否	接口调用失败的回调函数
complete	function	否	接口调用结束的回调函数（调用成功、失败都会执行）

示例代码如下。

```
wx.connectSocket({
    url: 'wss://example.qq.com',
    header:{
        'content-type': 'application/json'
    },
    protocols: ['protocol1']
})
```

2. 媒体 API

媒体 API 可以让开发者在开发时方便、简捷地实现微信中的图片调用与预览、音频录制与播放、音乐播放控制、视频调用以及文件存储等实用功能。接下来对微信提供的几个常用的媒体 API 接口进行介绍。

（1） 图片 API

图片 API 主要实现对本地相册图片或相机拍照图片的处理，目前主要包括如下 4 个

API 接口。

- wx. chooseImage（object）接口用于从本地相册中选择图片或调用相机拍照。
- wx. preiviewImage（object）接口用于预览图片。
- wx. getImageInfo（object）接口用于获取图片信息。
- wx. saveImageToPhotosAlbum（object）用于保存图片到系统相册。

① wx. chooseImage 选择图片。

wx. chooseImage（object）接口支持从本地相册选择图片或者调用相机拍照，object 参数说明见表 7-31。

表 7-31　wx. chooseImage object 参数

参　　数	类　　型	默认值	说　　明
count	number	9	最多可以选择的图片张数
sizeType	Array. <string>		所选的图片的尺寸
sourceType	Array. <string>		选择图片的来源
success	function		接口调用成功的回调函数
fail	function		接口调用失败的回调函数
complete	function		接口调用结束的回调函数（调用成功、失败都会执行）

success( )返回的参数见表 7-32 所示。

表 7-32　wx. chooseImage success( )返回参数

参　　数	类　　型	说　　明
tempFilePath	Array. <string>	图片的本地临时文件路径列表（本地路径）
tempFiles	Array. <Object>	图片的本地临时文件列表

示例代码如下。

```
wx. chooseImage( {
    count: 1,
    sizeType: ['original', 'compressed'],
    sourceType: ['album', 'camera'],
    success (res) {
        // tempFilePath 可以作为 img 标签的 src 属性显示图片
        const tempFilePaths = res. tempFilePaths
    }
})
```

② wx. preiviewImage 预览图片。

wx. chooseImage (object)接口用于预览图片，object 参数说明见表 7-33。

表 7-33　wx. previewImage object 参数

参　　数	类　　型	默认值	说　　明
urls	Array. <string>		需要预览的图片链接列表，微信 2. 2. 3 版本起支持云文件 ID
current	string	urls 的第一张	当前显示图片的链接
success	function		接口调用成功的回调函数
fail	function		接口调用失败的回调函数
complete	function		接口调用结束的回调函数（调用成功、失败都会执行）

示例代码如下。

```
wx. previewImage({
    current: '',        // 当前显示图片的 HTTP 链接
    urls: []            // 需要预览的图片 HTTP 链接列表
})
```

③ wx. getImageInfo 获取图片信息。

wx. getImageInfo(object) 接口用于获取图片信息，object 参数说明见表 7-34。

表 7-34　wx. getImageInfo object 参数

参　　数	类　　型	默认值	说　　明
urls	Array. <string>		需要预览的图片链接列表，微信 2. 2. 3 版本起支持云文件 ID
current	string	urls 的第一张	当前显示图片的链接
success	function		接口调用成功的回调函数
fail	function		接口调用失败的回调函数
complete	function		接口调用结束的回调函数（调用成功、失败都会执行）

success() 返回的参数如表 7-35 所示。

表 7-35　wx. getImageInfo success() 返回参数

参　　数	类　　型	说　　明
width	number	图片原始宽度，单位 px。不考虑旋转
height	number	图片原始高度，单位 px。不考虑旋转
path	string	图片的本地路径
orientation	string	拍照时设备方向
type	string	图片格式

示例代码如下。

```
wx.getImageInfo({
    src: 'images/a.jpg',
    success (res) {
        console.log(res.width)
        console.log(res.height)
    }
})

wx.chooseImage({
    success (res) {
        wx.getImageInfo({
            src: res.tempFilePaths[0],
            success (res) {
                console.log(res.width)
                console.log(res.height)
            }
        })
    }
})
```

④ wx.saveImageToPhotosAlbum 保存图片。

wx.saveImageToPhotosAlbum（object）接口用于保存图片到系统相册，object 参数说明见表 7-36。

表 7-36 wx.saveImageToPhotosAlbum object 参数

参　数	类　型	说　明
filePath	string	图片文件路径，可以是临时文件路径或永久文件路径（本地路径），不支持网络路径
success	function	接口调用成功的回调函数
fail	function	接口调用失败的回调函数
complete	function	接口调用结束的回调函数（调用成功、失败都会执行）

示例代码如下。

```
wx.saveImageToPhotosAlbum({
    success(res) { }
})
```

（2）视频 API

① wx.chooseVideo 选择视频。

wx.chooseVideo 接口可以从手机相册中选视频或使用相机录制拍摄视频，返回的是视频的临时文件的路径。object 参数说明见表 7-37。

表 7-37　wx. chooseVideo object 参数

参　　数	类　　型	默认值	说　　明
sourceType	Array. <string>	['album', 'camera']	视频选择的来源
compressed	boolean	true	是否压缩所选择的视频文件
maxDuration	number	60	拍摄视频最长拍摄时间，单位秒
success	function		接口调用成功的回调函数
fail	function		接口调用失败的回调函数
complete	function		接口调用结束的回调函数（调用成功、失败都会执行）

success( )返回的参数见表 7-38。

表 7-38　wx. chooseVideo success( )返回参数

参　　数	类　　型	说　　明
tempFilePath	string	选定视频的临时文件路径（本地路径）
duration	number	选定视频的时间长度
size	number	选定视频的数据量大小
height	number	返回选定视频的高度
width	number	返回选定视频的宽度

示例代码如下。

```
wx. chooseVideo( {
    sourceType: ['album','camera'],
    maxDuration: 60,
    camera: 'back',
    success(res) {
        console. log(res. tempFilePath)
    }
})
```

② wx. saveVideoToPhotosAlbum 保存视频。

wx. saveVideoToPhotosAlbum 接口保存视频到系统相册，注意这会需要用户授权。object 参数说明见表 7-39。

表 7-39　wx. saveVideoToPhotosAlbum object 参数

参　　数	类　　型	说　　明
filePath	string	视频选择的来源
success	function	接口调用成功的回调函数
fail	function	接口调用失败的回调函数
complete	function	接口调用结束的回调函数（调用成功、失败都会执行）

示例代码如下。

```
wx.saveVideoToPhotosAlbum({
    filePath: 'wxfile://xxx',
    success (res) {
        console.log(res.errMsg)
    }
})
```

③ wx.createVideoContext 创建对象。

小程序可以通过 wx.createVideoContext（videoID，this）创建并返回上下文 videoContext 对象。将 videoContext 通过 videoID 和一个<video>标签进行绑定后，就可以操作一个<video>标签。第 2 个参数 this 是传入的标签实例。

videoContext 对象的方法说明见表 7-40。

表 7-40 videoContext 对象的方法

方法名	参数	说明
play	无	播放视频
pause	无	暂停视频
seek	position	跳转到指定位置
sendDanmu	danmu	发送弹幕，danmu 包含两个属性 text、color

（3）音频 API

小程序提供了播放音频的 API，使用 wx.createInnerAudioContext 创建并返回一个 innerAudioContext 对象，利用对象的属性和方法可以完成具体的工作。下面通过表 7-41 列举常用的属性和方法。

表 7-41 innerAudioContext 对象属性

属性	说明
src	音频资源地址，用于直接播放
startTime	开始播放的时间（单位：秒），默认为 0
autoplay	是否自动开始播放，默认为 false
loop	是否循环播放，默认为 false
volume	音量。范围为 0~1，默认为 1
duration	音频的时长（单位：秒）。在当前有合法的 src 时返回
currentTime	音频当前播放时间（单位：秒），在当前有合法的 src 时返回
paused	当前是否暂停或停止状态

3. 文件 API

（1）wx.saveFile 保存文件

wx.saveFile（object）保存文件到本地。注意，saveFile 会把临时文件移动，因此调用成功后传入的 tempFilePath 将不可用。object 参数说明见表 7-42。

表 7-42 wx.saveFile object 参数

参　数	类　型	说　明
tempFilePath	string	需要保存的文件的临时路径（本地路径）
success	function	接口调用成功的回调函数
fail	function	接口调用失败的回调函数
complete	function	接口调用结束的回调函数（调用成功、失败都会执行）

示例代码如下。

```
wx.chooseImage({
    success: function(res) {
        const tempFilePaths = res.tempFilePaths
        wx.saveFile({
            tempFilePath: tempFilePaths[0],
            success (res) {
                const savedFilePath = res.savedFilePath
            }
        })
    }
})
```

（2）wx.getFileInfo 获取文件信息

wx.getFileInfo 获取文件信息。object 参数说明如表 7-43 所示。

表 7-43 wx.getFileInfo object 参数

参　数	类　型	说　明
filePath	string	本地文件路径（本地路径）
digestAlgorithm	string	计算文件摘要的算法
success	function	接口调用成功的回调函数
fail	function	接口调用失败的回调函数
complete	function	接口调用结束的回调函数（调用成功、失败都会执行）

示例代码如下。

```
wx.getFileInfo({
    success (res) {
        console.log(res.size)
        console.log(res.digest)
    }
})
```

任务实施

1. chooseImage 的使用

接下来，演示 chooseImage 接口的使用，在 JS 文件中编写如下代码。

```
wx.chooseImage({
    success (res) {
        const tempFilePaths = res.tempFilePaths
        wx.uploadFile({
            url: 'https://example.weixin.qq.com/upload', //仅为示例,非真实接口地址
            filePath: tempFilePaths[0],
            name: 'file',
            formData: {
                'user': 'test'
            },
            success (res){
                const data = res.data
                //do something
            }
        })
    }
})
```

2. innerAudioContext 播放音乐

下面演示如何使用 innerAudioContext 实例播放音乐。在 JS 文件中的 onReady() 事件处理函数中编写如下代码。

```
onReady: function () {
    // 创建 InnerAudioContext 实例
    var innerAudioContext= wx.createInnerAudioContext()
    // 设置音频资源地址
    innerAudioContext.src = 'http://XXX/XX.mp3'
    // 当开始播放时,输出调试信息
    innerAudioContext.onPlay(function () {
        console.log('开始播放')
    })
    // 当发生错误时,输出调试信息
    innerAudioContext.onError(function (res) {
        console.log(res.errMsg)  // 错误信息
    })
    // 开始播放
    innerAudioContext.play()
},
```

任务 7-4 WeUI 框架

任务背景

微信小程序是一个轻量级的应用程序，基于微信平台进行开发，具有快速上线、跨平台、易于推广等优势。然而，微信小程序的开发也需要遵循一定的规范和标准，以确保用户体验的一致性和稳定性。WeUI 框架就是为满足这一需求而设计的一种 UI 标签库，提供了丰富的界面元素和样式，可以帮助开发者快速搭建出符合微信小程序设计规范的应用程序。通过学习和使用 WeUI 框架，可以提高小程序开发的效率和质量，为用户提供更好的体验。

知识储备

WeUI 是一套同微信原生视觉体验一致的基础样式库，由微信官方设计团队为微信内网页和微信小程序量身设计，令用户的使用与感知更加统一。微信小程序的开发过程涉及前端复杂的样式界面问题，需要 WeUI 框架。WeUI 是在微信终端表现非常出色的 UI 样式库，提供了丰富的基础 UI 标签，且拥有和微信一致的视觉体验，在用户从微信切换到小程序时，不会觉得界面变化突兀。

1. 下载 WeUI

获取 WeUI 的方式：在 Github 代码托管平台的官方库下载 WeUI 库。将项目下载后，在目录 dist/style 中可以获取到 weui. wxss。

2. 样式的使用

如果为了查看样式效果，可以使用微信开发者工具创建一个项目。将项目的目录指定为 WeUI 源码中的 src 目录，可以查看小程序的各种标签的样式效果。

如果是需要在自己的项目中引入 WeUI，可以将 weui. css 文件所在的 style 目录文件放入到项目中，然后在 app. wxss 文件中引入 weui. wxss 文件，就可以使用 weui. wxss 中提供的各种 class 为页面中的标签设置样式了。

任务实施

实现导航栏

如需页面的顶部放一个导航栏，可以使用 WeUI 中 navbar 来实现，页面效果如图 7-30 所示。

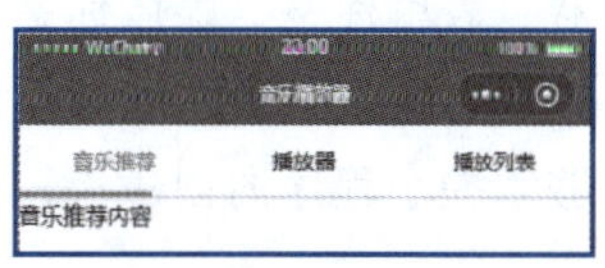

图 7-30 导航栏

在图 7-30 中，有 3 个标签页，分别是“音乐推荐”“播放器”和“播放列表”。单击其中一个标签时，就会跳转到对应的页面。在 WXML 文件中编写导航栏的结构代码如下。

```
<view class="weui-tab">
    <view class="weui-navbar">
        <block wx:for-items="{{tabs}}" wx:key="{{index}}">
            <view id="{{index}}" class="weui-navbar__item {{activeIndex == index? 'weui-bar__item_on':''}}" bindtap="tabClick">
                <view class="weui-navbar__title">{{item}}</view>
            </view>
        </block>
         <view class="weui-navbar__slider" style="left: {{sliderLeft}}px; transform: translateX({{sliderOffset}}px);"></view>
    </view>
    <view class="weui-tab__panel">
        <view class="weui-tab__content" hidden="{{activeIndex != 0}}">
            音乐推荐内容
        </view>
        <view class="weui-tab__content" hidden="{{activeIndex != 1}}">
            播放器内容
        </view>
        <view class="weui-tab__content" hidden="{{activeIndex != 1}}">
            播放列表内容
        </view>
    </view>
</view>
```

在 JS 文件中编写页面中的数据，具体代码如下。

```
data: {
        tabs: ['音乐推荐', '播放器', '播放列表'],        // 标签页标题数组
        activeIndex: 0,                                // 当前选中的标签页索引
        sliderOffset: 0,                               // 指示条的平移距离
        sliderLeft: 0,                                 // 指示条的 left 值
   }
```

项目小结

本项目讲解了微信小程序的入门基础，内容主要包括项目中的各种文件用途，视图容器、表单标签、媒体标签、导航等常用标签，以及网络 API、媒体 API、文件 API 等常用接口，通过任务实施对页面的制作和页面的交互有了基础的了解。通过本项目的学习，能够掌握小程序的创建流程、常用标签和常用 API。

课后练习

选择题

1. 在进入微信小程序开发前，需要先注册（　　），并安装微信开发者工具。

A. AppID　　B. 微信公众号　　C. 企业微信　　D. 服务号

2. 在微信小程序中，（　　）标签不仅能够实现轮播效果，还可以实现标签页切换效果。

A. <view>　　B. <block>

C. <scroll-view>　　D. <swiper>

3. 下列选项中，关于选择器的说法正确的是（　　）。

A. element 选择器，可以通过标签名获取元素

B. class 选择器，可以通过类名获取元素

C. id 选择器，可以通过 id 属性获取元素

D. view：：after 表示在元素 view 标签内的后面插入元素

4. 下列选项中，对于微信小程序中滚动事件对象的说法正确的是（　　）。

A. scrollLeft 表示横向滚动条左侧到视图左边的距离

B. scrollTop 表示纵向滚动条顶部到视图顶部的距离

C. scrollHeight 纵向滚动条在 Y 轴上的最大滚动距离

D. scrollWidth 表示横向滚动条在 X 轴上的最大滚动距离

5. 下面对于微信小程序中 index. js 文件，说法正确的是（　　）。

A. index. js 文件是页面级注册的逻辑代码

B. index. js 文件通过 Page({})，完成页面的注册

C. 在 index. js 文件中，通过调用 getApp()函数获取小程序应用示例

D. index. js 文件是应用级注册的逻辑代码

6. 在微信小程序页面标签中，（　　）表示将其包裹的所有<radio>标签当作一个单选按钮组。

A. <selected-group>　　B. <radio-group>

C. <checkbox-group>　　D. <option-group>

7. 微信小程序中的 Flex 布局，通过（　　）属性控制排列方向。

A. flex　　B. flex-direction　　C. align-item　　D. justify-content

项目8　综合应用——实现音乐播放器微信小程序

学习目标

知识目标

1. 了解熟悉前端框架 uni-app。
2. 掌握使用 uni-app 开发小程序的流程。

技能目标

1. 能够运用主流前端框架开发小程序应用的相关功能。
2. 能够综合应用网页开发技巧和小程序基础知识，独立开发小程序。

素养目标

1. 能够独立学习、获取新知识和新技能。
2. 具有发现问题、分析问题和解决问题的能力。
3. 具有良好的动手能力以及实操能力。

任务 8-1　uni-app 框架简介

1. 什么是 uni-app

uni-app 是一个使用 Vue. js 开发主流前端应用的框架。开发者编写一套代码，可发布到 iOS、Android、Web（响应式），以及各种小程序（微信、支付宝、百度、头条、QQ、钉钉、淘宝等）、快应用等平台。

uni-app 继承自 Vue.js，提供了完整的 Vue.js 开发体验。uni-app 标签规范和扩展 API 与微信小程序基本相同。有一定 Vue.js 和微信小程序开发经验的开发者可快速上手 uni-app，开发的应用兼容多端。

uni-app 在开发者数量、案例、跨端平滑度、扩展灵活性、性能体验、周边生态、学习成本、开发成本等关键指标上拥有优势。

为方便开发者体验 uni-app 的标签、接口、模板，DCloud 发布了 Hello uni-app 演示程序，Hello uni-app 实现了一套代码，同时发布到 iOS、Android、微信小程序。

2. 通过 HBuilderX 创建项目

uni-app 支持通过可视化界面、vue-cli 命令行两种方式快速创建项目。可视化的方式比较简单，HBuilderX 内置相关环境，打开即用，无须配置 Node.js。

在开发前，开发者需要在官方下载地址下载安装 HBuilderX 开发工具。HBuilderX 是通用的前端开发工具，但为 uni-app 做了特别强化。下载 App 开发版，可打开即用；下载标准版，在运行或发行 uni-app 时，会提示安装 uni-app 插件，插件下载完成后方可使用。

（1）创建 uni-app 项目

HBuilderX 工具下载安装好后，在菜单栏选择“文件→新建→项目”，选择类型为 uni-app，输入工程名，选择模板为“uni-ui 项目”，单击“创建”，即可成功创建 uni-app 项目。如图 8-1 和图 8-2 所示。

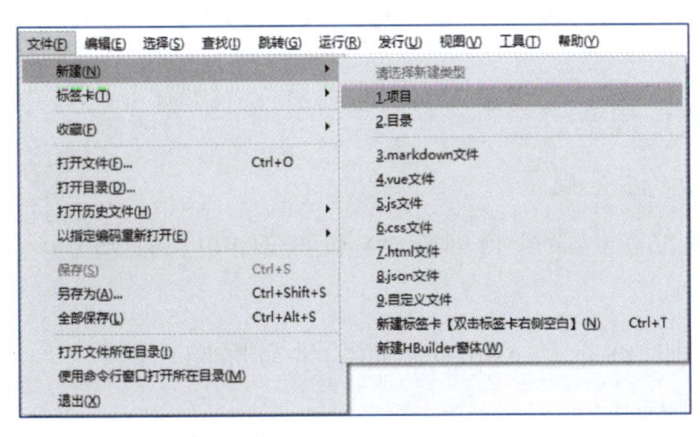

图 8-1　新建项目菜单

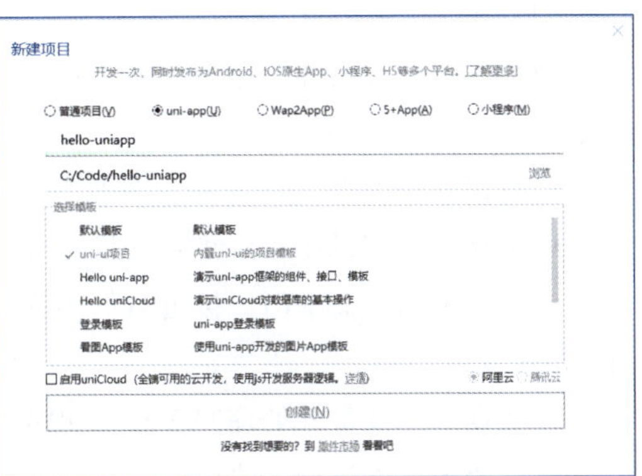

图 8-2　新建项目窗口

（2）运行 uni-app 项目

在菜单栏中选择“运行”，即可出现不同运行环境，如图 8-3 所示，选择“运行到小程序模拟器→微信开发者工具”，即可在微信开发者工具里面体验 uni-app。

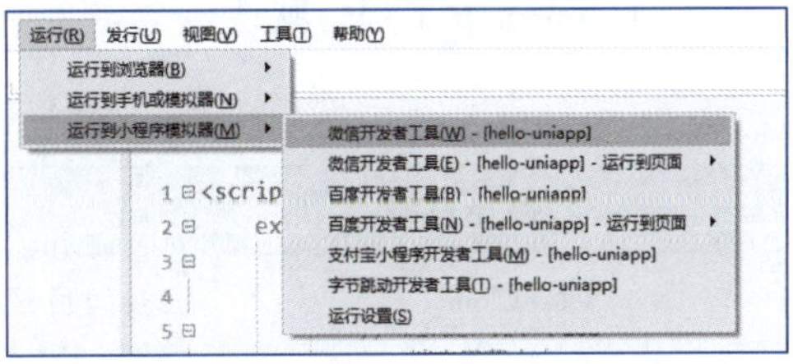

图 8-3　选择运行到小程序模拟器

注意：

① 如果是第一次使用，需要先配置小程序 IDE 的相关路径，才能成功运行。如图 8-4 所示，在“微信开发者工具路径”输入框中输入微信开发者工具的安装路径。若 HBuilderX 不能正常启动微信开发者工具，需要开发者手动启动，然后将 uni-app 生成小程序工程的路径复制并粘贴到微信开发者工具里面。这样在 HBuilderX 中开发的项目，在微信开发者工具里面就可看到实时的效果（uni-app 默认把项目编译到根目录的 unpackage 目录）。

② 在 HbuilderX 中首次运行编译 uni-app 的微信小程序的时候，可能会报“enable ide service (yin)[27d[27c”错误，解决方法是在微信开发者工具单击“设置→安全设置”，开启服务端口，如图 8-5 所示。

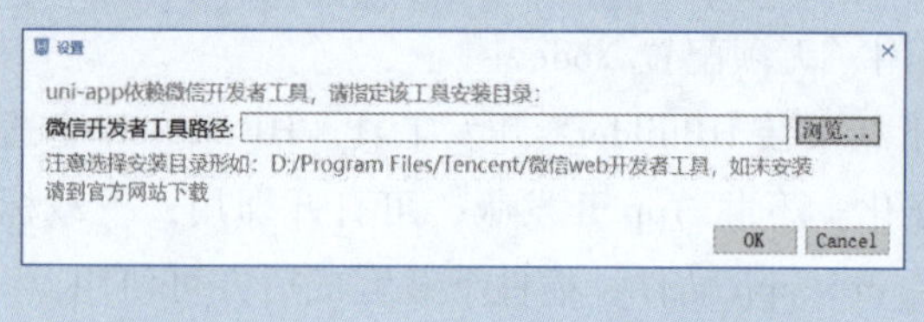

图 8-4 输入微信开发者工具安装路径

图 8-5 开启服务端口

3. 框架简介

(1) 开发规范

为了实现多端兼容，综合考虑编译速度、运行性能等因素，uni-app 拟定了如下开发规范。

- 页面文件遵循 Vue.js 单文件标签（SFC）规范。
- 组件标签接近小程序规范，详见 uni-app 标签规范。
- 接口能力（JS API）接近微信小程序规范，但需要将前缀 wx 替换为 uni，详见 uni-app 接口规范。
- 数据绑定及事件处理同 Vue.js 规范，同时补充了 App 及页面的生命周期功能。
- 为兼容多端运行，建议使用 Flex 布局进行开发。

(2) 目录结构

一个 uni-app 工程，默认包含表 8-1 所示目录及文件。

表 8-1 目录结构说明

路径	说明
uniCloud	云空间目录，阿里云为 uniCloud-aliyun，腾讯云为 uniCloud-tcb
components	符合 Vue.js 标签规范的 uni-app 标签目录

续表

路径	说明
hybrid	App 端存放本地 HTML 文件的目录
platforms	存放各平台专用页面的目录
pages/	业务页面文件存放的目录
pages/index/index. vue	index 页面
pages/list/list. vue	list 页面
static	存放应用引用的本地静态资源（如图片、视频等）的目录，注意：静态资源只能存放于此
uni_modules	存放［uni_module］(/uni_modules) 规范的插件
wxcomponents	存放小程序标签的目录
main. js	Vue. js 初始化入口文件
App. vue	应用配置，用来配置 App 全局模式以及监听
manifest. json	配置应用名称、appid、logo、版本等打包信息
pages. json	配置页面路由、导航栏、选项卡等页面类信息

注意：

① 编译到任意平台时，static 目录下的文件均会被完整打包，且不会编译。非 static 目录下的文件（Vue、JS、CSS 等）只有被引用才会被打包编译。

② static 目录下的 JS 文件不会被编译。如果里面有 ES6 的代码，不经过转换直接运行，在手机设备上会报错。

③ CSS、LESS、SCSS 等资源不要放在 static 目录下，建议将这些公用的资源放在自建的 common 目录下。

④ HbuilderX 1. 9. 0+支持在根目录创建 ext. json、sitemap. json 等小程序需要的文件。

（3）资源路径说明

① 模板内引入静态资源。

template 内引入静态资源，如<image>、<video>等标签的 src 属性时，可以使用相对路径或者绝对路径，形式如下。

```
<!-- 绝对路径,/static 指根目录下的 static 目录,在 cli 项目中/static 指 src 目录下的 static 目录 -->
<image class="logo" src="/static/logo. png"></image>
<image class="logo" src="@/static/logo. png"></image>
<!-- 相对路径 -->
<image class="logo" src="../../static/logo. png"></image>
```

② JS 文件引入。

JS 文件或<script>标签内（包括 renderjs 等）引入 JS 文件时，可以使用相对路径和绝对路径（JS 文件不支持使用“/”开头的方式引入），形式如下。

```
// 绝对路径,@ 指向项目根目录,在 cli 项目中@ 指向 src 目录
import add from '@/common/add.js'
// 相对路径
import add from '../../common/add.js'
```

③ CSS 引入静态资源。

CSS 文件或<style>标签内引入 CSS 文件时（SCSS、LESS 文件同理），可以使用相对路径或绝对路径（HBuilderX 2.6.6）。

```
/* 绝对路径 */
@import url('/common/uni.css');
@import url('@/common/uni.css');
/* 相对路径 */
@import url('../../common/uni.css');
```

④ <template/>和<block/>。

uni-app 支持在 template 模板中嵌套<template/>和<block/>，用来进行列表渲染和条件渲染。<template/>和<block/>并不是一个标签，它们仅仅是一个包装元素，不会在页面中做任何渲染，只接收控制属性。<block/>在不同的平台表现存在一定差异，推荐统一使用<template/>。

第 1 段示例代码如下。

```
<template>
    <view>
        <template v-if="test">
            <view>test 为 true 时显示</view>
        </template>
        <template v-else>
            <view>test 为 false 时显示</view>
        </template>
    </view>
</template>
```

第 2 段示例代码如下。

```
<template>
    <view>
        <block v-for="(item,index) in list" :key="index">
            <view>{{item}} - {{index}}</view>
        </block>
    </view>
</template>
```

任务 8-2　开发前准备 

1. 效果展示

本书提供了配套源代码，读者可以使用微信开发者工具打开项目查看，实操项目运行结果，如图 8-6 所示。

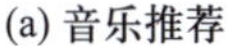
(a) 音乐推荐

(b) 播放列表

图 8-6　效果图

2. 项目分析

从图 8-6（a）中可以看出，音乐小程序的页面由顶部导航栏和内容显示区域两个区域组成。为了更好地描述这两个区域，给分别命名为 tab、content，如图 8-7 所示。

tab 区域用于显示“音乐推荐”和“播放列表”这两个标签页的标题。如果当前位于某个标签页下，该标签标题文本会显示为红色字体，文字下方的线条也会显示为红色。

content 区域可以通过左右滑动，实现标签页的切换。关于这两个标签页的具体说明如下。

- 音乐推荐：主要用于推荐一些热门的音乐。其中底部的 player 区域用于显示当前播放的音乐信息，并且提供了 3 个按钮，分别用于选择上一首、播放/暂停、下一首。
- 播放列表：主要用于显示当前播放的曲目列表，用户可以进行曲目切换。

在 HBuilderX 中创建一个项目，创建成功后，选择“运行到小程序模拟器”选项，初始效果如图 8-8 所示。

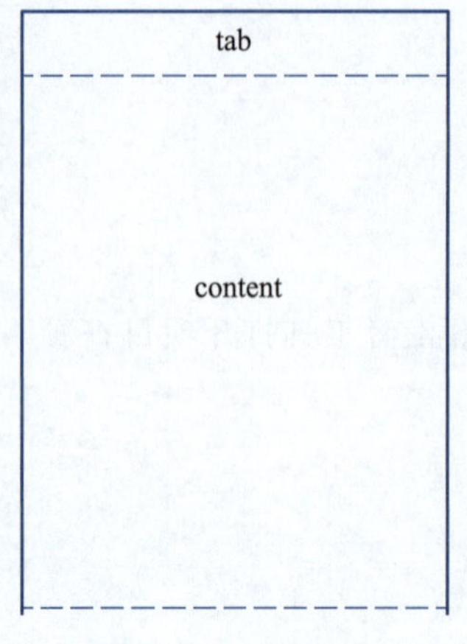

图 8-7 页面结构分析

图 8-8 初始效果

任务 8-3 标签页切换

本任务主要完成“音乐推荐”和“播放列表”两个标签页的切换效果，也就是通过左右滑动页面进行切换，类似于网页开发中的焦点图切换的效果，其设计思想如图 8-9 所示。在图 8-9 中，顶部的两个标签页用 0 和 1 来表示，当前在 content 区域显示的是标签页 0，该标签页的结构保存在标签 recommendMusic 中。

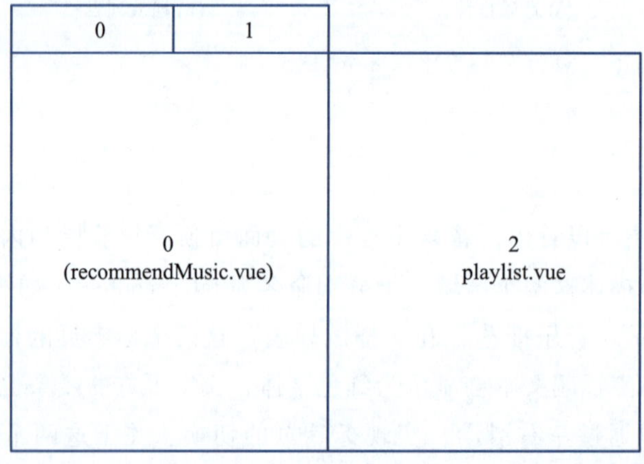

图 8-9 标签页切换

1. 编写页面结构和样式

在分析了页面结构后，下面开始编写音乐小程序的基础页面结构和样式。首先要确定本项目的目录，见表 8-2。

表 8-2 目录结构说明

路　　径	说　　明
common/helper. js	存放公共数据
components	符合 Vue. js 标签规范的 uni-app 标签目录
components/recommendMusic. vue	音乐推荐标签
components/play. vue	播放器控制面板标签
components/playlist. vue	播放列表标签
pages/index/index. vue	index 页面
static	静态资源（图片等）
main. js	Vue. js 初始化入口文件
App. vue	应用配置，用来配置 App 全局样式以及监听
manifest. json	配置应用名称、appid、logo、版本等打包信息
pages. json	配置页面路由、导航条、选项卡等页面类信息

在 main. js 中修改导航栏标题为“音乐”，代码如下。

```
"style": {"navigationBarTitleText": "音乐"}
```

然后在 pages/index/index. vue 文件中编写页面结构代码，具体如下。

```
<template>
    <view class="page">
        <!-- 标签页标题 -->
        <view class="tab">
            <view class="tab-item">音乐推荐</view>
            <view class="tab-item">播放列表</view>
        </view>
        <!-- 内容区域 -->
        <view class="content">
            <swiper>
                <swiper-item>
                    <remusic></remusic>
                </swiper-item>
                <swiper-item>
                    <playlist></playlist>
                </swiper-item>
            </swiper>
        </view>
    </view>
</template>
```

在上述代码中，外层一共有两个<view>标签，分别对应页面的 2 个基本区域。第 10 行在内容区域使用了<swiper>标签，用于实现标签页切换的功能；第 12 行、第 15 行分别引入了音乐推荐、播放列表两个标签页所对应的标签；第 20 行引入了播放器的标签。

接下来在<script>标签中引入标签，具体如下。

```
import remusic from "@/components/ recommendMusic. vue"
import playlist from "@/components/playlist. vue"
export default {
    components:{
    remusic,playlist
    }
}
```

接下来继续在文件<style>标签中编写样式代码，具体如下。

```
1  page{
2      height: 100%;
3  }
4  . page{
5      display: flex;
6      flex-direction: column;
7      background: #FFFFFF;
8      height: 100%;
9  }
10 /* 导航标签部分 */
11 . tab{
12     display: flex;
13 }
14
15 . tab-item{
16     flex: 1;
17     font-size: 10pt;
18     text-align: center;
19     line-height: 72rpx;
20     border-bottom: 6rpx solid #eee;
21 }
22 /* 内容区域 */
23 . content{
24     flex: 1;
25 }
26 . content > swiper{
27     height: 100%;
28 }
```

在上述代码中，第 1 行将 page 的高度设为 100%；第 5 行代码设置在页面中使用 Flex 布局；第 6 行代码设置项目主轴方向为纵轴，其子元素沿垂直方向从上到下排列；在第 24 行将 content 区域设为 flex：1，从而实现页面占满整个屏幕，content 的高度将自动拉伸为

page 高度减去 tab 和 player 的高度，从而适应不同高度的手机屏幕。

完成上述代码后，预览页面效果，如图 8-10 所示。

图 8-10 页面结果和样式效果图

2. 实现标签页切换

在音乐小程序中，切换标签页有两种方式，一种是通过单击 tab 区域中的某一个选项区域切换到对应的标签页，另一种是直接左右滑动 content 区域。先来实现第 1 种方式。修改<template>中的 tab 区域，给两个 tab-item 绑定事件（采用@ tap 的方式）并传入 swiper-item 的索引值。具体代码如下。

```
<view class="tab">
    <view class="tab-item" @tap="changeItem(0)" >音乐推荐</view>
    <view class="tab-item" @tap="changeItem(1)" >播放列表</view>
</view>
```

接下来修改 content 区域，为<swiper>标签的 current 属性绑定变量 item，如下所示。

```
<view class="content">
    <swiper :current="item" >
```

完成上述代码后，在 tab-item 的 changeItem 事件中，将 item 的值设为事件传递过来的参数值，即可实现切换到对应的标签页。修改<script>中的代码如下。

```
export default {
    data() {
        return {
            item: 0
        }
    },
    methods: {
        changeItem(item){
            this.item = item
        }
    }
}
```

切换标签页后，还需要改变当前标签页对应的 tab-item 的样式。将文本颜色和底部的线条颜色设为红色，表示当前标签页处于被选择状态。在 index.vue 中具体代码如下。

```
<view class="tab">
    <view class="tab-item" :class="item==0? 'active':''" @tap="changeItem(0)" >音乐推荐</view>
    <view class="tab-item" :class="item==1? 'active':''" @tap="changeItem(1)" >播放列表</view>
</view>
```

继续编写 CSS 样式，具体代码如下，效果如图 8-11 所示。

```
.tab-item.active{
        color:#c25b5b;
        border-bottom-color: #c25b5b;
    }
```

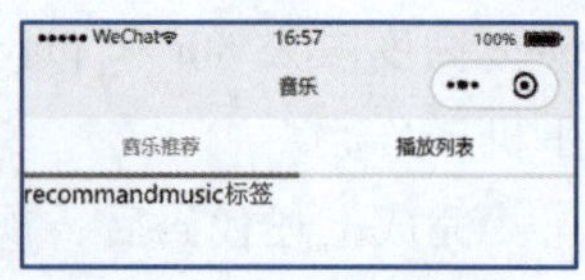

图 8-11 标签页样式完善

下面一种是直接左右滑动 content 区域来实现标签页的切换，具体代码如下。

```
<view class="content">
    <swiper :current="item" @change="changeTab">
```

然后编写 changeTab 事件处理函数，实现当该函数被调用后 item 的值会更改为当前标签页的索引，具体代码如下。

```
changeTab(e){
    this.item = e.detail.current
}
```

完成上述代码后，标签页切换功能已经完成。

任务 8-4 音乐推荐 

音乐推荐是 content 区域中的第一个标签页，其页面内容由 4 部分组成，分别是轮播图、功能按钮、推荐歌曲、播放控制面板。如图 8-12 所示。

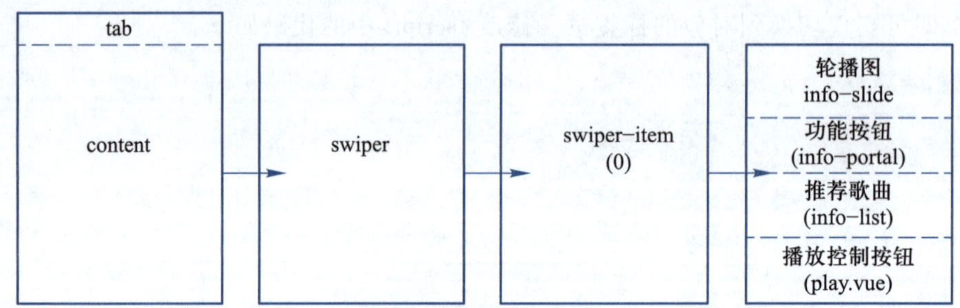

图 8-12 音乐推荐标签页

如图 8-12 所示，最左边的是外层结构，在 content 区域内部有一个<swiper>标签，音乐推荐在两个标签页中的顺序为第 1 个，因此该标签页的内容位于索引为 0 的<swiper-item>标签中。考虑到 content 区域的可显示高度是有限的，但是音乐推荐中的实际内容可能会超过显示区域的高度，因此需要在<swiper-item>标签内使用<scroll-view>标签，用于实现上下页面的滚动。

1. 轮播图

音乐推荐标签页的最上方就是轮播图，切换效果是通过<swiper>标签来实现的。在 recommendMusic.vue 中编写轮播图的页面结构，具体代码如下。

```
1  <view class="remusic">
2      <scroll-view class="content-info" scroll-y >
3      <swiper class="content-info-slide" indicator-color="rgba(255,255,255,.5)" indicator-active-color="#fff" indicator-dots circular autoplay>
4          <swiper-item>
5              <image src="../static/hg1.jpg" mode="widthFix"></image>
6          </swiper-item>
7          <swiper-item>
8              <image src="../static/hg2.jpg" mode="widthFix"></image>
9          </swiper-item>
10             <swiper-item>
11                 <image src="../static/hg3.jpg" mode="widthFix"></image>
12         </swiper-item>
13     </swiper>
14     <!-- 音乐播放器 -->
15     <play></play>
16     </scroll-view>
17 </view>
```

第 3 行设置了指示点的颜色和显示效果为白色、半透明，当前选中的指示点颜色和显示效果为白色、不透明。第 5、8、11 行使用<image>标签引入了轮播图的图片。

接下来，在<style>标签中编写样式，具体代码如下。

```
.remusic{
    color:#007AFF;
    height: 100%;
    width: 100%;
}
.content-info{
    height: 100%;
}
/* 轮播图 */
.content-info-slide{
    height: 302rpx;
    margin-bottom: 20px;
}
.content-info-slide image{
    width: 100%;
    height: 100%;
}
```

完成上述代码后，运行程序，轮播图的效果如图 8-13 所示。

图 8-13　轮播图效果

2. 功能按钮

功能按钮位于轮播图的下方，在 recommendMusic.vue 的轮播图代码的下方继续编写功能按钮的页面结构，代码如下。

```
<!-- 功能按钮 -->
<view class="content-info-portal">
    <view>
        <image src="../static/04.png" />
        <text>每日推荐</text>
    </view>
    <view>
        <image src="../static/05.png" />
        <text>私人 FM</text>
    </view>
    <view>
        <image src="../static/06.png" />
        <text>歌单</text>
    </view>
    <view>
        <image src="../static/07.png" />
        <text>排行榜</text>
    </view>
    <view>
        <image src="../static/08.png" />
        <text>直播</text>
    </view>
</view>
```

接下来，在<style>标签区域内编写样式代码如下。

```
1  /* 按钮 */
2  .content-info-portal{
3      display: flex;
4      margin-bottom: 15px;
5  }
6  .content-info-portal view{
7      flex: 1;
8      font-size: 8pt;
9      text-align: center;
10     color:#2C405A;
11 }
12 .content-info-portal image{
13     width: 50rpx;
14     height: 50rpx;
15     display: block;
16     margin:10rpx auto;
17 }
```

在第 3 行代码中设置了外层容器的布局方式为 Flex 布局，然后通过第 7 行设置内层容器 view 为 flex：1，使得 5 个 view 平均分配整个容器的宽度。完成上述代码后，运行程序，按钮区域的效果如图 8-14 所示。

图 8-14 功能按钮区域效果图

3. 推荐歌曲

推荐歌曲位于功能按钮的下方，实现思路和功能按钮类似。在编写页面结构前，需要在<script>标签中先编写歌曲数据，代码如下。

```
export default {
    data() {
        return {
                components:{
                play,
            },
            recomList:[
                {name:"长江组歌",src:"../static/t1.jpg"},
                {name:"八月桂花遍地开",src:"../static/t2.jpg"},
                {name:"东方红",src:"../static/t3.jpg"},
                {name:"告别",src:"../static/t4.jpg"},
                {name:"过雪山草地",src:"../static/t5.jpg"},
                {name:"松花江上",src:"../static/t6.jpg"},
                {name:"我的祖国",src:"../static/t7.jpg"},
                {name:"在希望的田野上",src:"../static/t8.jpg"},
                {name:"北京欢迎你",src:"../static/t9.jpg"},
            ]
        }
    }
}
```

在准备好页面数据后，开始编写页面结构，具体代码如下。

```
<!-- 推荐歌单 -->
<view class="content-info-list">
    <view class="list-title">推荐歌单</view>
    <view class="list-inner">
        <view class="list-item" v-for="item in recomList">
            <image :src="item.src" /><view>{{item.author}}</view>
        </view>
    </view>
</view>
```

接下来，继续编写标签样式，具体代码如下。

```
.content-info-list{
    font-size: 11pt;
    margin-bottom: 20rpx;
}
.content-info-list .list-title{
    margin:20rpx 35rpx;
    color:#2C405A;
    font-weight: bold;
```

```
}
.content-info-list > .list-inner{
    display: flex;
    flex-wrap: wrap;
    margin:0 20rpx;
}
.content-info-list > .list-inner > .list-item{
    flex:1;
}
.content-info-list > .list-inner > .list-item > image{
    display: block;
    width: 200rpx;
    height: 200rpx;
    margin:0 auto;
    border-radius:10rpx;
    border:1rpx solid #555;
}
.content-info-list > .list-inner > .list-item>view{
    width: 200rpx;
    margin:10rpx auto;
    font-size: 10pt;
    color:#2C405A;
}
```

完成上述代码后，运行程序，推荐歌单的实现效果如图 8-15 所示。

图 8-15 推荐歌单效果

任务 8-5　播放器

播放器是 player 区域中的一个标签，其主要功能是可以实现对歌曲的控制面板呈现，控制上一曲、暂停/播放、下一曲 3 种功能。

1. 定义基础数据

这一部分需要用到歌曲的基础数据，而这一部分数据是和播放列表共享的。所以，此处需要先将基础数据定义到公共代码文件中。在 common/helper.js 文件中定义基础数据 playlist（主要包括音乐的信息和音乐播放路径）代码如下所示。

```
const playlist=[{
            id:1,title:'三门峡畅想曲',singer:'王国潼',
            src:'http://localhost:3000/1.mp3',
            coverImgurl:'../static/singer1.jpg'
      },{
            id:2,title:'保卫黄河',singer:'中国交响乐团合唱团',
            src:'http://localhost:3000/2.mp3',
            coverImgurl:'../static/singer2.jpg'
      },{
            id:3,title:'黄河颂',singer:'2020年中央电视台春节联欢晚会',
            src:'http://localhost:3000/3.mp3',
            coverImgurl:'../static/singer3.jpg'
      },{
            id:4,title:'黄河船大曲',singer:'中国文响乐团',
            src:'http://localhost:3000/4.mp3',
            coverImgurl:'../static/singer4.jpg'
      },{
            id:5,title:'怒吼吧,黄河',singer:'中国乐团合唱团',
            src:'http://localhost:3000/4.mp3',
            coverImgurl:'../static/singer5.jpg'
      },{
            id:6,title:'我们走在大路上',singer:'中国乐团合唱团',
            src:'http://localhost:3000/4.mp3',
            coverImgurl:'../static/singer6.jpg'
      },{
            id:7,title:'在那桃花盛开的地方',singer:'蒋大为',
            src:'http://localhost:3000/4.mp3',
            coverImgurl:'../static/singer7.jpg'
      },{
            id:8,title:'牧童短笛',singer:'孔祥东+上海交响乐团协奏',
            src:'http://localhost:3000/4.mp3',
```

```
            coverImgurl:'../static/singer8.jpg'
        }];
export default{
    audioCtx,
    playlist,
    state,
    playIndex,
    playInfo,
    setMusic
}
```

在上述代码中，id 是每条记录的唯一标识，title 是歌曲名称，singer 是演唱者，src 是网络中的音频文件链接地址，coverImgurl 是专辑封面图片的链接地址。

此时播放列表数据已经准备完成，还需要在 helper.js 文件中定义一些状态属性，记录音乐的播放状态、播放位置等，具体代码如下。

```
//state 表示音乐的播放状态  pasued 表示暂停,running 表示正在播放;
const state = 'paused';
//表示当前播放的曲目在播放列表数组中的索引值
const playIndex = 0;
//当前播放的曲目信息
const playInfo={
        title:'',
        singer:'',
        coverImgurl:''
};
```

2. 实现音乐播放功能

音乐的播放需要调用 uni-app 的音频接口 uni.createInnerAudioContext() 获取一个 audioCtx 对象，然后利用对象的属性和方法来实现音乐控制。

在 common/helper.js 文件中编写代码如下。

```
//在文件第一行创建一个音频对象
const audioCtx = uni.createInnerAudioContext();
//定义 setMusic 方法
function setMusic(index){
    var music = this.playlist[index]
    this.audioCtx.src = music.src
    this.playIndex=index;
    playInfo.title=music.title
    playInfo.singer=music.singer;
    playInfo.coverImgurl=music.coverImgurl;
    this.audioCtx.play();//测试语句,测试播放成功后,即可删除
}
```

在上述代码中，setMusic 函数用于切换当前歌曲的曲目，参数 index 表示播放列表数组中的某个条目的索引值。根据索引值取得音乐信息后，将 src 赋值给音频接口。

在实现了信息的获取后，在 play.vue 标签中编写底部播放器的代码，将当前播放的曲目信息显示在播放器中，具体代码如下。

```
<view class="player">
    <image class="player-cover" :src="coverImgurl" mode="scaleToFill" />
        <view class="player-info">
            <view class="player-info-title">{{title}}</view>
            <view class="player-info-single">{{singer}}</view>
        </view>
        <view class="player-controls">
            <image src="../static/back.png" />
            <image src="../static/start.png" />
            <image src="../static/next.png" />
        </view>
</view>
```

在<style>标签部分编写样式代码如下。

```
.player{
    display: flex;
    align-items: center;
    background: #eee;
    border-top: 1px solid #999;
    height: 112rpx;
    color:#3F536E
}
.player-cover{
    width: 80rpx;
    height: 80rpx;
    margin-left: 15rpx;
    border-radius: 8rpx;
    border:1pxsolid #333;
}
.player-info{
    flex:1;
    font-size:10pt;
    line-height: 38rpx;
    margin-left: 20rpx;
    padding-bottom: 8rpx;
}
.player-info-singer{
    color: #888;
}
.player-controls image{
    width: 50rpx;
```

```
        height: 50rpx;
        margin-right:15rpx;
}
```

在<script>标签部分编写代码如下。

```
<script>
    import helper from '../common/helper.js'
    export default {
        ...helper,
        data() {
            return {
                title:'',
                singer:'',
                coverImgurl:'',
                state:''
            };
        },
        mounted() {
            helper.setMusic(0)
            this.setInfo()
        },
        methods:{
                setInfo(){
                    this.title = helper.playInfo.title
                    this.singer = helper.playInfo.singer
                    this.coverImgurl = helper.playInfo.coverImgurl
                    this.state = helper.state
                    console.log("")
                }
        }
    }
</script>
```

完成上述代码后，运行程序，实现播放器控制面板。页面效果如图 8-16 所示。

图 8-16 播放器控制面板

3. 实现播放器控件功能

为了实现单击“播放”按钮播放音乐，再次单击暂停音乐的效果，修改“播放”按钮的代码，利用条件渲染判断 state 的值来显示不同的按钮，具体代码如下。

```
<view class="player-controls">
    <image src="../static/back.png"  @tap="backMusic" />
    <image v-if="state=='paused'" src="../static/start.png" @tap="playMusic"/>
    <image v-else src="../static/stop.png" @tap="pauseMusic" />
    <image src="../static/next.png" @tap="nextMusic"/>
</view>
```

在 play.vue 标签中编写事件处理函数 playMusic() 和 pauseMusic()，具体代码如下。

```
playMusic(){
    helper.playMusic()
    this.state = "running"
},
pauseMusic(){
    helper.pauseMusic()
    this.state = "paused"
},
```

先将 setMusic() 方法中的音乐播放“this.audioCtx.play();”语句注释，然后在公共代码文件 common/helper.js 中编写音乐播放函数 playMusic() 和音乐暂停函数 pauseMusic()，具体代码如下。

```
function playMusic(){
    this.audioCtx.play()
    this.state="running"
};
function pauseMusic(){
    this.audioCtx.pause()
    this.state="paused"
};
// export default 中添加以下两个语句
export default{
    playMusic,
    pauseMusic
};
```

上述代码中，分别调用 audioCtx 对象的 playMusic() 和 pauseMusic() 方法，实现音乐播放器的播放和暂停功能，同时更改当前音乐的播放状态 state。

接下来还需要实现单击“上一曲”和“下一曲”按钮进行换曲，在 play.vue 标签中继续编写 backMusic() 和 nextMusic() 事件，具体代码如下。

```
nextMusic(){
    var index = helper.playIndex >= helper.playlist.length-1? 0:helper.playIndex+1
    helper.change(index)
    this.setInfo()
    if(helper.state === 'running'){
        helper.playMusic()
    }
},
backMusic(){
    var index = helper.playIndex <= 0 ? helper.playlist.length-1 : helper.playIndex-1
    helper.change(index)
    this.setInfo()
    if(helper.state === 'running'){
        helper.playMusic()
```

```
    }
}
```

为实现切换歌曲后音乐信息在播放面板的更新，在 common/helper. js 文件中添加如下 change 函数。

```
function change( index) {
      this. setMusic( index)
      this. playIndex = index
      this. playMusic( )
}
// export default 中添加以下两个语句
export default{
      change
};
```

完成上述代码后，运行程序，播放器控件的“上一曲”“播放/暂停”“下一曲”3 个按钮的功能已实现。

任务 8-6 播放列表

播放列表是显示在 content 区域中的第 2 个标签页，对应的<swiper-item>的索引为 1，其页面内容为一个列表，通过列表渲染自动生成。在播放列表页面中，列表的每一项显示音乐的基本信息，在右边会显示当前音乐是否正在播放。

播放列表的数据在 helper. js 文件中已经定义，下面在 playlist. vue 标签中编写页面结构，通过列表渲染将播放列表渲染到页面中，具体代码如下。

```
<scroll-view class="content-playlist" scroll-y>
      <view class="playlist-item" v-for="(item,index) in playlist" :key="index" @tap="change" :id
="index">
            <image class="playlist-cover" :src="item. coverImgurl" />
            <view class="playlist-info">
                  <view class="playlist-info-title">
                        {{item. title}}
                  </view>
                  <view class="playlist-info-singer">
                        {{item. singer}}
                  </view>
            </view>
            <view class="playlist-controls">
                  <text v-if="index===playIndex">正在播放</text>
            </view>
      </view>
</scroll-view>
```

在<style>标签中编写样式代码如下。

```
.playlist-item{
    display: flex;
    align-items: center;
    border-bottom: 1rpx dotted #333;
    height: 112rpx;
}
.playlist-cover{
    width: 80rpx;
    height: 80rpx;
    margin-left: 15rpx;
    border-radius: 8rpx;
    border:1px solid #333;
}
.playlist-info{
    flex: 1;
    font-size: 10pt;
    line-height: 38rpx;
    margin-left: 20rpx;
    padding-bottom: 8rpx;
}
.playlist-info-singer{
    color:#888;
}
.playlist-controls{
    font-size:10pt;
    margin-right:20rpx;
    color:#c25b5b;
}
```

在<script>标签中编写代码如下，用户单击播放列表中某一项后会触发执行 change 事件处理函数，实现播放对应的歌曲条目。

```
<script>
    import helper from '../common/helper.js'
    export default {
        ...helper,
        data() {
            return {
                playlist:helper.playlist,
                playIndex:0
            };
        },
        mounted(){
            this.setInfo()
        },
        methods:{
```

```
                setInfo:function(){
                    this.playIndex = helper.playIndex
                },
                change:function(e){
                    var index = Number(e.currentTarget.id)
                    helper.change(index)
                    this.setInfo()
                }
            }
        }
</script>
```

图 8-17 播放列表效果图

完成上述代码后，运行程序，页面效果如图 8-17 所示。

项目小结 

本项目实操了音乐播放器微信小程序的开发过程，完成了音乐推荐和播放列表的页面结构、样式和逻辑编写，对所学知识进行了综合运用。通过本项目的学习，掌握如何使用 uni-app 框架制作一个完整的微信小程序，以及熟悉项目的开发流程，能够通过已学知识解决项目开发中遇到的问题。

课后练习 

请使用 uni-app 实现比较数字大小的微信小程序。如图 8-18 所示，有两个输入框，可以输入数字，输入后单击“比较”按钮，会在按钮的下方显示比较结果，有“第 1 个数大”、“第 2 个数大”和“两数相等”这 3 种情况。

> **注意：**
> 其中<input>标签可以实时监听输入值的事件是@ input。

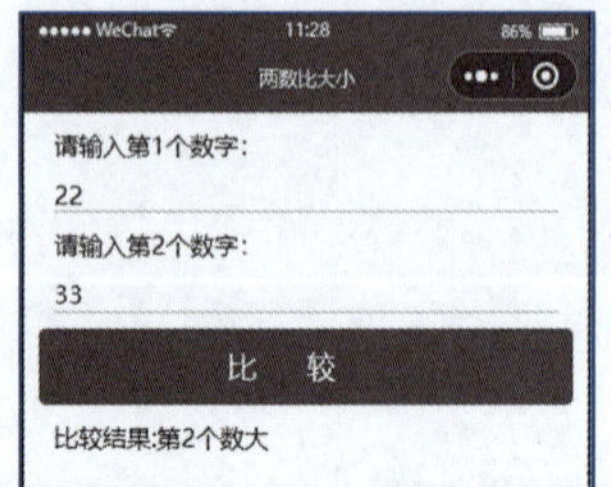

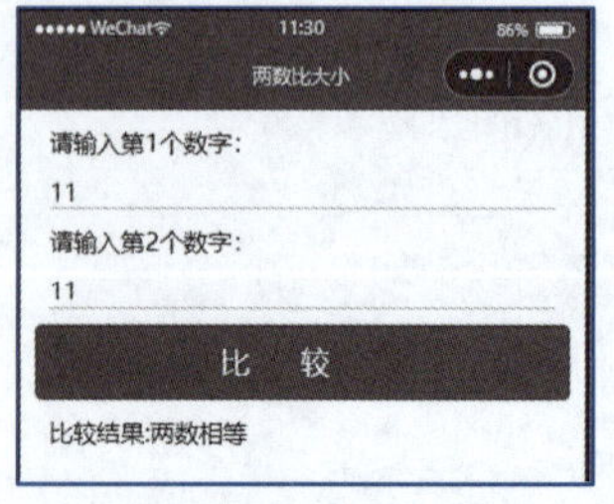

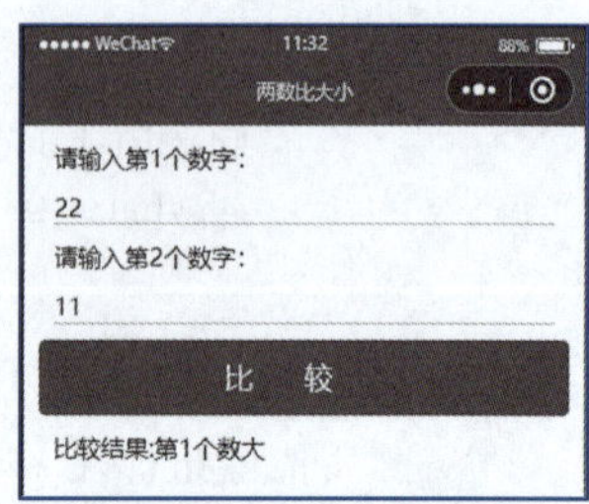

图 8-18 比较数字大小的微信小程序

郑重声明

读者意见反馈

为收集对教材的意见建议，进一步完善教材编写并做好服务工作，读者可将对本教材的意见建议通过如下渠道反馈至我社。

咨询电话　400-810-0598

反馈邮箱　gjdzfwb@pub.hep.cn

通信地址　北京市朝阳区惠新东街4号富盛大厦1座

　　　　　高等教育出版社总编辑办公室

邮政编码　100029